新文科经济管理融合创新系列教材

U0497870

统计学

——实验与习题指导

（第四版）

卢黎霞◎主审

张宏亮　王　鹏◎主编

陆宇嘉　何周蓉　李　恒◎参编

西南财经大学出版社

中国·成都

图书在版编目（CIP）数据

统计学:实验与习题指导/张宏亮,王鹏主编.
4 版.--成都:西南财经大学出版社,2024.11.
ISBN 978-7-5504-6485-8

Ⅰ.C8

中国国家版本馆 CIP 数据核字第 2024E1U060 号

统计学——实验与习题指导(第四版)

卢黎霞　主审

张宏亮　王鹏　主编

策划编辑:李邓超　陈何真璐
责任编辑:陈何真璐
责任校对:石晓东
封面设计:墨创文化
责任印制:朱曼丽

出版发行	西南财经大学出版社(四川省成都市光华村街 55 号)
网　　址	http://cbs.swufe.edu.cn
电子邮件	bookcj@swufe.edu.cn
邮政编码	610074
电　　话	028-87353785
照　　排	四川胜翔数码印务设计有限公司
印　　刷	郫县犀浦印刷厂
成品尺寸	185 mm×260 mm
印　　张	16.375
字　　数	396 千字
版　　次	2024 年 11 月第 4 版
印　　次	2024 年 11 月第 1 次印刷
印　　数	1—2000 册
书　　号	ISBN 978-7-5504-6485-8
定　　价	49.80 元

1. 版权所有,翻印必究。

2. 如有印刷、装订等差错,可向本社营销部调换。

3. 本书封底无本社数码防伪标识,不得销售。

前言
Preface

　　《统计学——实验与习题指导》是四川省"十二五"普通高等教育本科规划教材《统计学》(卢黎霞等主编,西南财经大学出版社出版)的配套教材,2011年4月首次发行,2016年8月及2022年2月先后再版。2024年12月,配合《统计学》(第五版),修订发行《统计学——实验与习题指导》(第四版)。

　　《统计学——实验与习题指导》(第四版)保持了前三版的体例,由统计学课程实验和统计学习题及答案两个部分构成。

　　统计学课程实验部分基于普遍性和易于操作性原则,选用Excel作为基本统计分析工具,结合实例设计了数据的搜集与整理、描述数据的图表方法、数值型描述度量、参数估计、假设检验、方差分析、相关分析与回归分析、时间序列分析八个常见的统计实验。每个实验包括实验目的、实验要求、实验内容及步骤。在讲解统计实验时,《统计学——实验与习题指导》详细地介绍了操作步骤和注意事项,尤其注重对软件分析结果的解释,让学生对实验结果有直观的理解。同时,本教材在实验中通过各种方法将相关知识(如理论知识点、Excel软件函数等)与实验讲解进行有机融合,使学生不再需要过多地去查阅其他知识工具书,方便学生学习。

　　统计学习题及答案部分则参照《统计学》(第五版)教材的章节内容进行设计,保持了与理论教材的一致性。每章包括单选题、多选题、判断改错题、问答题和计算分析题等题型。所有习题均附有答案,以便教师教学和学生学习参考。

　　《统计学——实验与习题指导》(第四版)相对于第三版主要做了两个方面的修订:第一,结合核心知识点,修订每一章的习题——精简了部分习题,调整了部分习题的表述以便与《统计学》(第五版)的概念性表述保持一致,同时修正了部分习题的答案;第二,全面更新数据,引入最前沿的信息。

《统计学——实验与习题指导》(第四版)由西南科技大学统计学教学团队成员张宏亮、王鹏、陆宇嘉、何周蓉、李恒共同编写。具体分工是:第一部分 Excel 的统计分析实验由张宏亮编写;第二部分习题及答案中的第一章、第五章、第六章和第七章由陆宇嘉编写,第二章、第八章和第十一章由何周蓉编写,第三章、第九章和第十章由王鹏编写,第四章由李恒编写。卢黎霞、张宏亮、陆宇嘉、王鹏参与编审。全书的编写及最后的统稿等,都得到了西南科技大学卢黎霞教授的悉心指导。

受编撰人员学识水平所限,书中或仍有不少疏漏之处,恳请同仁、学生指正。

张宏亮

2024 年 11 月

目录 CONTENTS

第一部分

Excel 的统计分析实验

Microsoft Excel 是一款功能齐全的办公软件,它除了具有通过电子表格的形式对数字数据进行组织和计算或将数字数据转化为可视化的图表和数据库管理等我们常用的办公功能外,还是一个强大且易于使用的数据统计和预测工具。

Microsoft Excel 的统计功能主要是通过函数来实现的。Microsoft Excel 函数是预先定义,执行计算、分析等处理数据任务的特殊公式。按照函数的来源,Microsoft Excel 函数可以分为内置函数和分析工具库扩展函数两大类。内置函数只要启动了 Microsoft Excel,用户就可以使用它们。Microsoft Excel 的内置函数主要有 13 种,它们是财务函数(55 条)、日期与时间函数(24 条)、数学和三角函数(74 条)、统计函数(108 条)、查找和引用函数(19 条)、数据库函数(12 条)、文本函数(37 条)、逻辑函数(9 条)、信息函数(21 条)、工程函数(54 条)、多维数据集函数(7 条)、Web 函数(3 条)以及与 2003 版前的旧版本兼容性函数(41 条)。本教材主要介绍统计函数的使用。我们将会在实验中以正文或小贴士的方式介绍实验所需使用的内置函数的作用及语法。

分析工具库扩展函数一般需要通过单击"文件→选项"菜单命令,打开"Excel 选项"对话框,在左侧栏处选择"加载项"后,在对应右侧栏的"管理"下拉框中选择"Excel 加载项",点击"转到",在打开的对话框中选中"分析工具库"复选框,单击确定进行加载,如图1-1-1 所示。

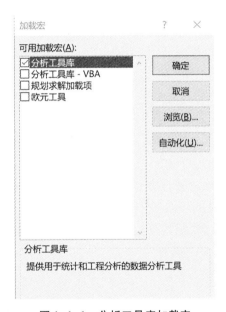

图 1-1-1　分析工具库加载宏

加载结束后,"数据"菜单下会多出一个叫"分析"的卡片集,其中会显示出"数据分析"卡片,单击这个卡片就可以打开分析工具库选择框,从中选择所需使用的分析工具库扩展函数。Microsoft Excel 提供了 19 种分析工具库扩展函数,我们将在后续的实验中一一给大家介绍。除非你重装 Microsoft Excel 软件,否则加载宏的工作不用反复地进行,只用加载一次,"数据分析"卡片就会存在于你的"数据"菜单中。

Microsoft Excel 的统计分析功能除了以内置函数和分析工具库扩展函数来实现以外,也支持第三方开发的类似分析工具库扩展函数的工具加载,这些工具能完成比 Microsoft Excel 自带的分析工具库内置函数更多的工作,展示出更直观的结果,但它们一般由专业的公司开发,主要针对公司用户使用,市场价格较高,所以本教材就不过多涉及这类型工具的使用讲解。

本书的第一部分将以 Microsoft Excel 2016 为例,结合实例介绍涉及统计的操作和统计功能的实现方法,尤其注重对软件分析结果的解释。这个部分对应理论课程教材(《统计学》,卢黎霞等,西南财经大学出版社出版),为大家精选了八个实验,分别是数据的搜集与整理、描述数据的图表方法、数值型描述度量、参数估计、假设检验、方差分析、相关分析与回归分析以及时间序列分析。

实验一　数据的搜集与整理

一、实验目的及要求

(一)实验目的

培养学生处理数据的基本能力。通过本实验,学生应开始了解 Microsoft Excel 的操作界面,在有效搜集数据资源的基础上,利用软件完成数据的输入、导入、保存、编码、分类(组)、筛选、排序等数据整理工作。

(二)实验要求

(1)熟悉 Microsoft Excel 的基本操作界面。

(2)熟悉间接数据的搜集方法、搜集途径,能熟练通过网络搜集间接数据。

(3)了解直接数据的搜集。

(4)掌握不同类型的数据的处理方法,尤其是注意 Microsoft Excel 在数据输入、导入等方面的区别,掌握数据文件的建立和保存方法。

(5)掌握数据的编码、分类(组)、筛选、排序等整理操作的方法。

二、数据的搜集

在生产生活中,很多时候我们都需要搜集数据,例如,市场营销团队需要评估营销方案;药物制造商需要确定一种新药是否比现在用的药物疗效更好;老师想要了解学生学习某门课程的情况;国家想要了解当前的人口数量及结构状况等。一般而言,搜集总体中每个事物的数据是比较困难的,耗时耗力。所以,一般我们都是从样本中搜集数据的。

依据研究目的搜集数据是统计工作的第一步,而确定数据最合适的来源又是搜集数据工作的第一步。这是非常重要的一步,因为如果搜集的数据有偏差、模糊不清或有其他的错误时,即使使用最复杂的统计方法,也无法得出有用的信息。统计数据主要源于两种渠道:一种是源于别人的调查或实验数据,称为间接数据或二手数据;另一种是源于科学实验、观察研究或者直接调查的数据,称为直接数据或一手数据。

(一)间接数据的搜集

间接统计数据主要是公开出版或报道的数据,可以通过年鉴、期刊、报纸、广播、电视等途径搜集获取。在网络广泛普及的今天,通过网络搜集间接数据已经成为一种主流手段。一般来说,在网络上搜集数据可以采用两种方式。

第一种方式是直接进入专业数据库网站查询数据。比如,要搜集中国 2020 年国家社会经济数据,你可以进入网址 http://www.stats.gov.cn,点击首页的"数据",如图 1-1-2 所示。

图 1-1-2　中国国家统计局官网主页

进入统计数据页面,选择数据查询下的"年度数据",如图 1-1-3 所示。

图 1-1-3　中国国家统计局-年度数据查询

进入年度数据查询页面,就可通过顶部的搜索栏或者左侧的导航栏,搜索、查询并下载 2020 年中国国家统计年鉴中相应的社会经济统计数据了,如图 1-1-4 所示。

图 1-1-4　中国国家统计局-年度数据获取

表 1-1-1 列出了常见的获取统计数据的专业数据库网站。

表 1-1-1　常见的统计数据网站

网站名称	网址	简介
中华人民共和国国家统计局	http://www.stats.gov.cn	提供全国的月度数据、季度数据、年度数据、普查数据、专题数据、部门数据和国际数据。同时，从国家统计局的网站链接目录，可以链接进入各地方统计局、地方政府、国外统计机构及国际组织的网站，获取统计数据
中国经济信息网	https://www.cei.cn	提供产业经济、世界经济数据库，行业及地区发展报告，宏观经济监测数据等
中宏数据库	http://www.macrochina.com.cn	涵盖了 20 世纪 90 年代以来宏观经济、区域经济、产业经济、投资消费、统计数字、研究报告等方面的详尽内容

第二种通过网络获取二手数据的方式是使用搜索引擎。比如，我们可以使用百度网站，搜索中国 2020 年国家社会经济数据。在浏览器地址栏中输入 www.baidu.com，敲击回车键进入百度搜索引擎，在搜索框中输入"中国 2020 年经济数据"，如图 1-1-5 所示。

图 1-1-5　百度搜索引擎

单击"百度一下"按钮，获得搜索结果如图 1-1-6 所示，可以在搜索显示出的结果中，选择链接进入查看是否符合自己的搜索目标。

图 1-1-6　百度搜索结果

大家看到搜索引擎的结果会指向第一种方法中的专业数据库网站。但是除此以外,它还会返回很多相关的结果。对于间接数据的搜集,如果目标明确并且能够找到对应专业数据库网站的,就没有必要使用搜索引擎,因为它可能给你提供一些无法判别其真实可靠性的结果。当然,如果目标并不明确,或者专业的数据库网站没有直接提供的,你不妨利用搜索引擎去搜索别人类似的研究的二手数据成果,再通过其他手段去确认其真实可靠性。

(二)直接数据的搜集

直接统计数据可以通过两种途径获得:一是科学试验;二是专门组织的统计调查。科学试验是在所设定的特殊试验场所、特殊状态下,对调查对象进行试验以取得所需资料。进行合适的试验设计是一门课程,本教材就不过多地涉及这方面的分析。专门组织的统计调查是根据统计研究的目的和任务,采取科学的调查方法,有组织、有计划地向客观实际搜集各种统计资料的活动过程,主要包括普查、重点调查、典型调查、抽样调查、统计报表等调查方式。本实验主要介绍抽样调查取得直接数据的方法。

抽样调查的步骤如图 1-1-7 所示:

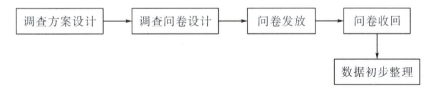

图 1-1-7　抽样调查的步骤

比如,可以按照如下步骤设计调查大学生生活费收支情况:

步骤一:调查方案设计

一、调查方案:

(一)调查目的:通过了解大学生日常收入和消费的主要情况,为学校的助学政策提供参考,同时为大学生消费市场的开发提供一定的参考。

(二)调查对象:西南科技大学经济管理学院在校本科大学生。

(三)调查单位:抽取的样本学生。

（四）调查程序：

1. 设计调查问卷，明确调查方向和内容。

2. 分发调查问卷。随机抽取该大学大一至大四的在校本科大学生，每一年级随机抽出男、女生各30人左右作为调查单位。

3. 根据回收的有效问卷进行分析，具体内容如下：

（1）根据样本的生活费来源、分布状况的均值、方差等分布的数字特征，推断西南科技大学经济管理学院大学生总体分布的相应参数；

（2）根据性别进行男女两个总体生活费均值之差的比较以及方差比的区间估计；

（3）对四个年级的在校本科生进行四个总体生活费均值之差以及方差比的区间估计；

（4）绘制统计图形使样本数据直观化并对统计量进行分析。

（五）调查时间：××年××月××日—××年××月××日。

步骤二：问卷设计

在明确调查目的后，应该思考数据搜集的方法，确定问题的回答方式和问题的用词方式，使得问卷易于回答且不会产生歧义。完成初步问卷的设计和编排后，可以征询相关方面的意见，通过小范围测试或反复修订，得到最终的问卷，用于实施发放。

大学生收支调查问卷

××同学：

您好，请配合我们完成以下调查问卷，请在符合您的实际情况的选项下画"√"。

Q1. 您的性别：A. 男　　　B. 女

Q2. 您的年级：A. 大一　B. 大二　C. 大三　D. 大四

Q3. 您的月生活费支出为：

A. 300 元以下　B. 300～400 元　C. 400～500 元

D. 500～600 元　E. 600～700 元　F. 700 元以上

Q4. 您的生活费主要来源依次是：

A. 父母　B. 勤工俭学　C. 助学贷款　D. 其他_____（请注明）

请排序：　□　→　□　→　□　→　□

Q5. 您的各项开支为（单位：元）

A. 伙食费_____　B. 衣着_____　C. 学习用品_____

D. 日化用品_____　E. 娱乐休闲_____　F. 其他_____

非常感谢您的合作！

步骤三：问卷的发放与收回

本次调查采取分层抽样，对在校本科生各个年级男、女生各发放问卷30份左右；共发放问卷××份，回收问卷××份，其中有效问卷××份。各年级男、女生回收有效问卷具体情况如下：

大一：　　（男生）××份　　　　　（女生）××份

大二：　　（男生）××份　　　　　（女生）××份

大三：　　（男生）××份　　　　　（女生）××份

大四：　　（男生）××份　　　　　（女生）××份

三、数据的整理

在获得了直接或间接的数据以后,我们应该对数据进行初步处理,方便对它们进行进一步分析。一般数据初步处理包括了编码、录入、筛选、排序以及保存数据文件等工作。

当然,这一切都需要与 Microsoft Excel 软件结合来实现。那么我们有必要来简单了解一下 Microsoft Excel 的操作界面,如图 1-1-8 所示。

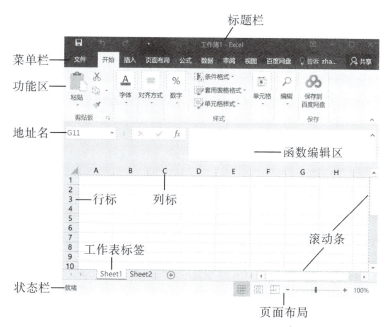

图 1-1-8　Microsoft Excel 的操作界面

当运用 Microsoft Excel 的时候,你实际是将所搜集到的数据放置在工作表中。工作表就像书页一样,可以用鼠标左键点击工作表标签来切换。工作表中包含的网格线将以字母为标题的列和以数字为标题的行分割成单个的单元格,而每一个单元格就是以自己所在的列字母和行数字共同来表示的。比如第二列第一行的单元格称为单元格 B1,第五列第三行的单元格称为单元格 E3 等。当单元格被选中激活时,其名称会显示在地址名框中。

直接使用列字母和行数字标示单元格叫相对地址标示,在公式中使用相对地址引用,公式复制过程中引用地址(值)随位置而变。比如在 C1 单元格中输入" = A1",直接复制 C1 到 C2 粘贴,C2 单元格中的公式将自动地变成" = A2",如果复制到 D1,公式变为"B1",相对引用在公式复制中"横向复制变列号,纵向复制变行号"。列字母和行数字前都加上" $ "符号标示单元格叫绝对地址标示,在公式中使用绝对地址引用,公式复制过程中引用地址(值)保持不变。比如 C1 单元格中输入" = $A$1",其后复制 C1 到任何单元格,该单元格的公式都是" = $A$1"。

在单元格中,既可以输入单个值,又可以输入与其他单元格相关的表达式,但前提是你必须激活这个单元格。激活单元格的方法很简单,用鼠标左键在要激活的单元格上单击一次就可以了。此时被激活的单元格会显示深色的边框,与其他单元格区分开来。除了单个单元格的使用,你也可以选中一个以上的单元格。如果你想表示一组单元格,而这组单元格形成一个连续的矩形区域,可以用以冒号连接的最左上角单元格与最右下角单元格作为单元格区域。比如,单元格区域 A1:B5 表示工作表前五行前两列的区域。Microsoft Excel 中也会显示诸如 A:A 或 3:3 这样的区域,表示第一列或第三行的所有单元格。

(一)数据编码

数据编码是指把需要加工处理的数据库信息,用特定的数字来表示的一种技术,是根据一定数据结构和目标的定性特征,将数据转换为代码或编码字符,在数据传输中表示数据组成,并作为传送、接收和处理的一组规则和约定。由于计算机要处理的数据信息十分庞杂,有些数据库所代表的含义又使人难以记忆。为了便于使用,容易记忆,常常要对加工处理的对象进行编码,用一个编码符号代表一条信息或一串数据。对数据进行编码在计算机的管理中非常重要,可以方便地进行信息分类、校核、合计、检索等操作。因此,数据编码就成为计算机处理的关键。不同的信息记录应当采用不同的编码,一个码点可以代表一条信息记录。人们可以利用编码来识别每一个记录,区别处理方法,进行分类和校核,从而克服项目参差不齐的缺点,节省存储空间,提高处理效率。

其实我们在前面的工作中已经接触过编码。在我们设计的那个抽样调查获取直接数据的方案中,那些封闭式的问题给出了诸如 A、B 等选项答案,就相当于对答案进行了编码,将来我们可以直接在 Microsoft Excel 工作表的单元格中录入 A、B 等字样来代替具体的选项内容,这样只要在旁边附注编码的对应指代内容,就能让使用数据的人明确数据所代表的含义了。

对于开放式的问题,在设计问题的时候没有预先编码,就必须在数据搜集完成以后,依据数据的特征进行归类,而后再进行编码分类。比如,我们设计一个调查消费者消费某种饮料的原因的问题,让受调查者接受开放式的问答,有可能得到以下的结果:

(1)因为它口味比较好;

(2)它具有最好的味道;

(3)我喜欢它的口味;

(4)我不喜欢其他同类饮料太重的口味;

(5)它便宜;

(6)它总做打折活动;

(7)它不像其他饮料那样令我的胃不舒服;

(8)我总是选择这个牌子的饮料;

(9)我已经喝了好多年了;

(10)我周围的朋友都喝它;

(11)我妻子帮我买的;

(12)我家人喜欢喝它;

(13)我没想过;

(14)不知道;

(15)没什么特别原因。

如果你老老实实地把这些结果录入到 Microsoft Excel 工作表中,软件会认为它们是十五种不同的原因,因为它们无论从文字上还是从字数上都不尽相同。显然,这并不是我们想看到的结果,因为我们知道其中有些回答虽然表述不同,但是它代表了一个含义,为此我们要进行编码,使软件也能了解哪几个回答应在同一编码下代表同一个含义。在这个例子中我们可以构建编码(如表 1-1-2 所示),将来在软件录入中用新的编码符号来代替含义一致的回答结果,比如有人回答"我觉得它比某某味道好"就可以用编码符号 1 来录入反映。

表 1-1-2　开放式问题的编码表(例)

原回答结果	编码符号	代表含义
(1)因为它口味比较好;(2)它具有最好的味道;(3)我喜欢它的口味;(4)我不喜欢其他同类饮料太重的口味	1	口味
(5)它便宜;(6)它总做打折活动	2	价格
(7)它不像其他饮料那样令我的胃不舒服	3	舒服
(8)我总是选择这个牌子的饮料;(9)我已经喝了好多年了	4	习惯
(10)我周围的朋友都喝它;(11)我妻子帮我买的;(12)我家人喜欢喝它	5	受别人影响
(13)我没想过;(14)不知道;(15)没什么特别原因	6	不明确

数据的编码应具有系统性、标准性、实用性、扩充性和效率性的特点。比较起来,封闭式问题事先设计、预先编码的方式,让上述这几个特点表现得更为突出明确。但在实际操作的时候,我们切不可一味地去强求封闭式问题的设计,而要从回答问题的一方去考虑。比如,我们想要了解一家工厂班组长希望加强的培训内容,如果设计封闭式的问题,我们可能要穷举班组长工作要涉及的两百多个答案。显然,对于那些回答的班组长而言,光这两百多个答案可能都会看花了眼。所以我们可以给重要的问题设置明确的选项,让班组长对其余的问题给出开放式回答就可以了。

(二)数据的录入

数据的录入是将搜集到的数据直接输入到 Microsoft Excel 工作表中。数据录入既要讲求效率,又要保证质量。Microsoft Excel 的数据录入操作比较简单,一般只要在工作表中单击激活一个单元格就可以录入数据了。单元格的切换可以使用鼠标,也可以在激活一个单元格以后用回车 Enter(或者制表符 Tab)键,向下(或者向右)切换单元格。在单元格内部的换行可以使用"Alt+Enter"组合键。

当然,数据录入中最重要的还是要保证数据形式完整和性质正确。这就需要通过"设置单元格格式"来实现。比如想录入十八位身份证号码 522601197902130800,如果直接激活单元格将这十八位数输入其中,回车或激活其他单元格时,原来的十八位数字就会显示成"5.22601E+17",原因是 Microsoft Excel 将这十八位数默认是数值型变量并且使用了科学记数法显示。这显然不利于使用者去查阅身份证号码。此时,可以激活数字所在单元格,在"格式"菜单下找到"单元格卡片集",然后点击其中的"格式下拉框"箭头,选中"设置单元格格式"打开对话框,选中"数字"卡片,在分类中选中"文本",单击"确定"后再用鼠标双击数字所在单元格就能以文本的方式展示出十八位身份证号码了,如图 1-1-9 所示。(熟悉快捷键的同学也可以在激活单元格后,使用 Ctrl+1 组合键打开设置单元格格式对话框。)

对于录入重复数据或使用二手数据时,大家一般都习惯使用复制功能(Ctrl+C),但是 Microsoft Excel 在简单复制数据时不一定能保证格式的完整性。比如,在某个 Microsoft Excel 工作簿文件中,我们使用公式"=sum(A1:A6)"计算出第一列前六行数据之和,然后我们将这个求和结果简单地复制→粘贴到另一个 Microsoft Excel 工作簿文件中,结果将不再是原来计算出的和值。原因是因为公式只认单元格,在第一个工作簿文件中 A1 到 A6 的数值并不一定就是第二个文件中 A1 到 A6 的数值,再加上公式里使用了相对单元格地址,那粘贴的位置也会对结果造成影响。这个时候,就需要单击鼠标右键,使用"选择性粘贴"菜单,通过设置来实现复制的格式要求。比如对于我们的例子中的数据就该使用选择性粘贴对话框中的粘贴"数值"单选框来实现,如图 1-1-10 所示。

图 1-1-9　设置单元格格式

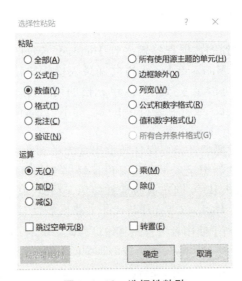

图 1-1-10　选择性粘贴

　　数据的格式既可以事先选中单元格设置,又可以输入以后调整。对于未输入(或未确定格式)的数据,想要实现和已经输入的数据相同的格式要求,可以使用工具栏中的"格式刷"工具按钮。比如 A2 单元格有已经设置好格式的数据,B3 单元格的数据想和 A2 单元格统一,可以激活 A2 单元格,点击格式刷,再点击 B3 单元格就可以了。

(三) 数据的导入

　　有的时候,我们搜集到的二手数据是别人已经做好的数据库文件,唯一令人不满意的是,他们并没有把数据库文件保存成为 Excel 工作簿文件的形式。Microsoft Excel 提供了导入数据文件的功能。数据文件的导入是将别的软件形成的数据或数据库文件转换到 Excel 工作表中。这样,大家就不必要掌握那么多纷繁复杂的软件,以此提高工作效率,也方便协同处理数据。

　　Microsoft Excel 支持文本文件、Office 数据库文件、网页文件、Dbase 文件、Paradox 文件、Xml 文件等多种外部数据源的导入。导入的方法有两种,一是使用"文件-打开"菜单,二是使用"数据-获取外部数据"菜单,两者都是打开导入向导,按向导一步步完成对数据文件的导入。

　　使用"文件-打开"菜单,进入"打开"对话框,在文件类型下拉框中选中所有文件(如图 1-1-11 所示),然后找到你想要打开的数据库文件所在位置,双击鼠标左键或单击"打开"按钮,就可以进入导入向导。

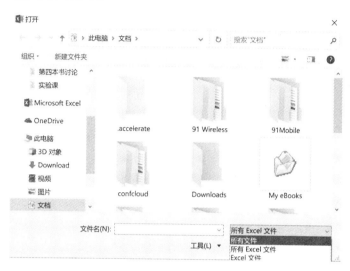

图 1-1-11　"打开"对话框

　　使用"数据-获取外部数据"菜单,可以直接在下拉框中选择需要导入的外部文件类型(如图 1-1-12 所示),然后在对话框中浏览找到你想要打开的数据库文件所在位置,双击鼠标左键或单击"打开"按钮,就可以进入导入向导。

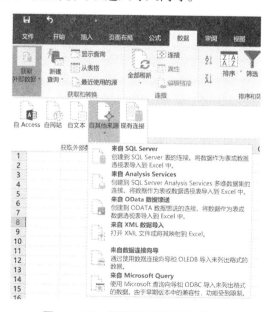

图 1-1-12　"获取外部数据"对话框

接下来，我们用一个导入数据库文件的例子来介绍导入向导。比如，一个已经存在的文本文件"导入练习.txt"中录入了如图 1-1-13 所示的数据内容，我们想将其导入Microsoft Excel 工作表中。

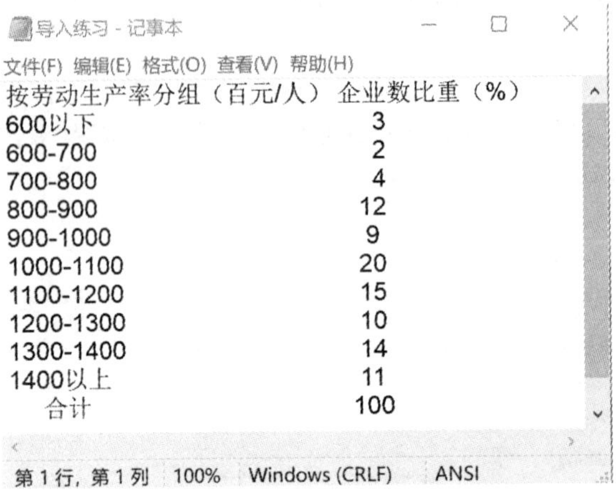

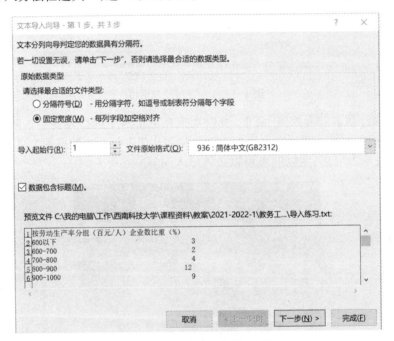

图 1-1-13　导入练习

两种导入方法任选其一，进入导入向导第一个步骤，如图 1-1-14 所示。

图 1-1-14　文本导入向导-步骤一

首先要设置原始数据类型，由于源文本文件中没有使用任何形式的分隔符号，只是使用了空格手工对齐数据，所以选中"固定宽度"单选框。其次要导入起始行并确定源文件格式，源文件中我们是从最左上角的编辑区域输入数据的，因此起始行输入 1——这里可以鼠标左键点击手工输入，也可以使用右侧的上下箭头来调增调减。文件原始格式设置为简体中文。再次，数据包含了标题行，所以要选中"数据包含标题"复选框。最后完成上述工作，点击"下一步"按钮，进入导入向导的第二个步骤，如图 1-1-15 所示。

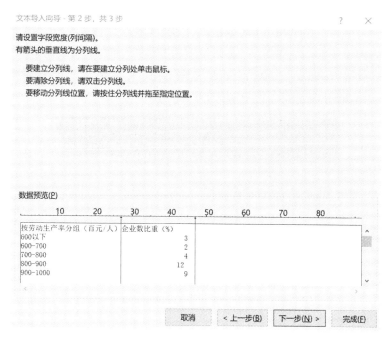

图 1-1-15　文本导入向导-步骤二

文本文件导入的第二个步骤要设置字段的宽度,也就是确定分列的位置。你可以在要建立分列处单击鼠标左键建立分列线,也可以双击分列线取消分列。对于已经形成的分列线,如果你觉得不合适的,可以手工按住分列线并拖至满意的位置。图中的数据预览区域,向上的黑色箭头就是分列线。完成分列位置的设置以后,点击“下一步”按钮,进入导入向导的第三个步骤,如图 1-1-16 所示。

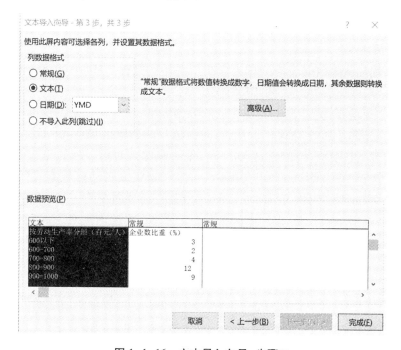

图 1-1-16　文本导入向导-步骤三

文本文件导入的第三个步骤要设置每列的数据类型。方法是用鼠标左键点击数据预览区域的某一列,然后在左上角"列数据格式"设置区域选择数据格式。本例中,"按劳动生产率分组"列由于不参与后续计算,可以设置为"文本",而"企业数比重"列后续可能要参与计算,可以设置为"常规"。点击"完成"按钮,结束文本导入,并可设置将文本数据内容导入形成一个新的工作表或工作簿文件,如图1-1-17所示。

图1-1-17　导入练习结果

需要注意的是,导入不同类型的文件,导入向导展示的步骤或内容会有所不同。导入步骤中前一步骤选择不同,后面步骤要求完成的工作也会有所不同。此外,对于那些 Microsoft Excel 不支持导入的文件类型,Microsoft Excel 会提示出错信息。

(四)数据的筛选

数据的筛选是从大数据表单中选出分析所要用的数据。Microsoft Excel 提供了两种数据的筛选操作,即"自动筛选"和"高级筛选"。

首先介绍"自动筛选"。选中需要筛选的数据区域,然后在"数据"菜单下"排序与筛选"卡片集中点击漏斗形的"筛选"卡片,这时被选中的数据区域的每一列第一个单元格右下角就会出现下拉箭头,可以通过点击下拉箭头来实现对每一列的筛选或设置。如果在下拉箭头中选择"数字筛选-自定义筛选",打开"自定义自动筛选方式"对话框,如图1-1-18所示,可以根据条件(等于、大于等于等)筛选出数据在某一范围内符合条件的记录,自定义中可以用"与""或"来约束区分条件。此外,通过逐次对不同列使用"自动筛选"的"自定义自动筛选方式"还可实现对多个字段进行嵌套组合筛选,此时各字段间限制的条件只能是"与"的关系,并且在结果上还取决于使用下拉箭头的先后顺序,一般先满足先点击的下拉箭头约束,再满足后点击的下拉箭头约束。

图 1-1-18 "自定义自动筛选方式"对话框

"自动筛选"一般用于简单的条件筛选,筛选的结果将不满足条件的数据暂时隐藏起来,只显示符合条件的数据。筛选隐藏并非是仅隐藏数据所在的单元格,而是隐藏数据所在的行,此时如果被筛选的区域左侧或右侧单元格有数据,就会因为筛选隐藏了某行或某几行而随之隐藏起来。为此,自动筛选后再次点击"数据"菜单下"排序与筛选"卡片集中的"筛选"卡片,就能恢复原来的数据状态。

"高级筛选"通过点击"数据"菜单下"排序与筛选"卡片集中的"筛选"卡片右侧的"高级"卡片,调用"高级筛选"对话框来实现筛选,如图 1-1-19 所示。

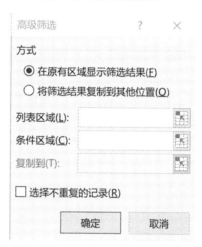

图 1-1-19 "高级筛选"对话框

"高级筛选"一般用于条件较复杂的筛选操作,其筛选的结果可显示在原数据表格中,不符合条件的记录被隐藏起来;也可以在新的位置显示筛选结果,同时保留显示原数据形式,这样就更加便于进行数据的比对了。高级筛选需要在单元格或区域内输入筛选条件,由于 Microsoft Excel 的筛选按列作为筛选字段,所以列标题成为筛选的标题依据。列标题下可以输入筛选的条件,条件放在同一行表示"与"的关系,条件不在同一行表示"或"的关系。

"自动筛选"比较简单,大家可以自己练习操作。下面我们以一个例子来介绍"高级筛选"的使用。在单元格 A1:D12 录入甲、乙、丙、丁四个企业各 11 个工资数据,如图 1-1-20 所示。

	A	B	C	D
1	甲企业	乙企业	丙企业	丁企业
2	1220	1860	1960	1220
3	1600	1800	1580	1200
4	1500	1200	1760	1140
5	1520	1800	1240	1880
6	1100	1080	1620	660
7	1880	1060	1620	1340
8	1640	1980	1500	1700
9	1540	1420	1840	1480
10	1320	1200	1060	1440
11	1680	1900	840	1380
12	1560	1560	1220	1980

图 1-1-20　高级筛选数据

　　如果我们要筛选出四个企业工资收入都大于1200的数据,那么可以将"甲企业""乙企业""丙企业""丁企业"四个列标题复制出放在新行,并且在它们下面输入条件。这里由于是要四个企业工资均大于1200,是"与"的逻辑关系,所以条件应放在一行上。本例我们将上述工作录入到A14:D15单元格,如图1-1-21所示。

	A	B	C	D
14	甲企业	乙企业	丙企业	丁企业
15	>1200	>1200	>1200	>1200

图 1-1-21　高级筛选-条件一

　　选中原始数据所在的A1:D12单元格后,点击"数据"菜单下"排序与筛选"卡片集中的"筛选"卡片右侧的"高级"卡片,打开"高级筛选"对话框。方式选择"将筛选结果复制到其他位置"单选框;列表区域点击右侧的红色箭头,用鼠标拖动选择原始数据所在的单元格A1:D12;条件区域点击右侧的红色箭头,用鼠标拖动选择单元格A14:D15;复制到点击右侧的红色箭头,用鼠标拖动选择单元格F1(如图1-1-22所示)。点击"确定"就能得到筛选结果,如图1-1-23所示。

图 1-1-22　"高级筛选"对话框设置

	F	G	H	I
1	甲企业	乙企业	丙企业	丁企业
2	1220	1860	1960	1220
3	1520	1800	1240	1880
4	1640	1980	1500	1700
5	1540	1420	1840	1480
6	1560	1560	1220	1980

图 1-1-23　高级筛选-结果一

　　如果我们要筛选的条件是甲、乙两家企业的工资大于1200的数据,或者丙、丁两家企业的工资小于1400的数据,那么可以将"甲企业""乙企业""丙企业""丁企业"四个列标题复制出放在新行,并且在它们下面分行输入条件,如图 1-1-24 所示。使用类似上面的步骤,筛选的结果如图 1-1-25 所示。

	A	B	C	D
14	甲企业	乙企业	丙企业	丁企业
15	>1200	>1200		
16			<1400	<1400

图 1-1-24　高级筛选-条件二

	F	G	H	I
1	甲企业	乙企业	丙企业	丁企业
2	1220	1860	1960	1220
3	1600	1800	1580	1200
4	1520	1800	1240	1880
5	1640	1980	1500	1700
6	1540	1420	1840	1480
7	1680	1900	840	1380
8	1560	1560	1220	1980

图 1-1-25　高级筛选-结果二

(五)数据的排序

数据的排序是将数据的次序排列整理并显示出来的过程。排序在显示数据的序数排列结果的同时,也方便查询某些数据,比如一组数据的最大值、最小值等。

Microsoft Excel 的排序功能主要靠"数据"菜单下"排序与筛选"卡片集中的"升序排列"(A→Z)、"降序排列"(Z→A)工具按钮或"排序"工具卡片实现。在选中需排序区域数据后,点击"升序排列"(或"降序排列")工具按钮,数据将按升序(或降序)快速自动排序。

选中需要排序的数据区域,点击"数据"菜单下"排序与筛选"卡片集中的"排序"工具卡片,打开"排序"对话框,依次完成主关键字、排序依据和次序等排序条件设置。如果需要同时设置多个关键字(变量)的排序,可以点击"添加条件",增加次要关键字;如果被选中的排序数据区域包含变量名称,还应选中"数据包含标题"前的复选框,图 1-1-26 所示。

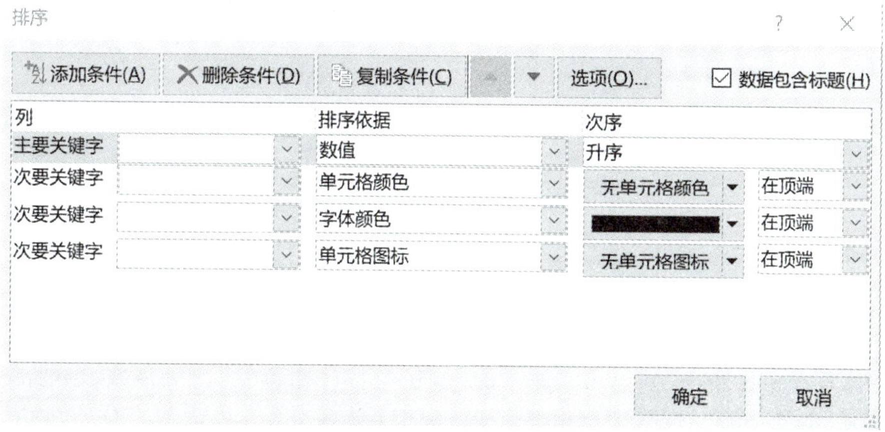

图 1-1-26　"排序"对话框

同时,在"排序"对话框中还可以进行自定义排序,来实现那些直观从数据、时间、文本或字母上排序无意义的数据排序的特殊要求。比如,想要将学校教师的职称按照"教授、副教授、讲师、助教"来排序,如果交给 Microsoft Excel 默认的排序处理,它会按照词组第一个字的大写拼音来安排升序或降序,形成"副教授、讲师、教授、助教"的升序或降序结果。为此,要使用自定义序列。在排序对话框的"次序"条件设置时,点击下拉箭头选择"自定义序列",打开自定义序列对话框,在输入序列区域手工输入排序次序"教授,副教授,讲师,助教",每个词之间通过回车分割开,然后点击"添加"按钮,在自定义序列框下就会多出一组序列"教授,副教授,讲师,助教",如图 1-1-27 所示。

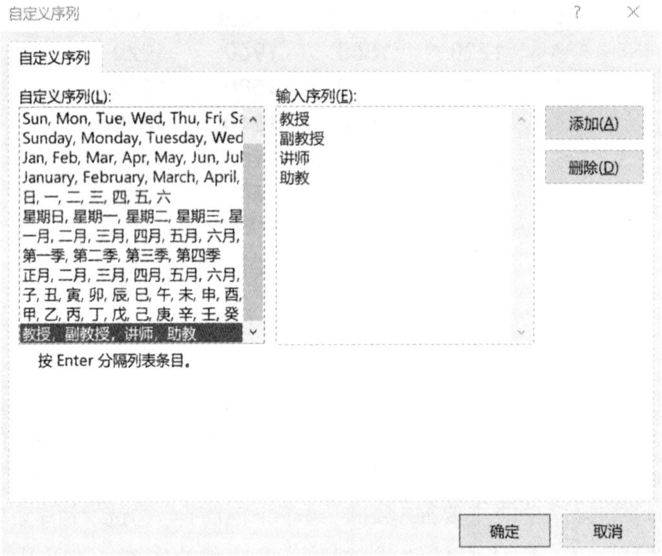

图 1-1-27　自定义序列

选中新增的序列,点击"确定",自定义的排序规则就会显示在"次序"条件设置中,如图 1-1-28 所示,接下来就可以继续使用"排序"功能,实现自己定义的排序次序来排列数据次序了。

图 1-1-28　"排序"选项

此外,Microsoft Excel 分析工具库中的"排位与百分比排位"扩展函数,也能部分实现显示排序结果的功能。其调用菜单路径为"数据-数据分析-排位与百分比排位",打开"排位与百分比排位"对话框。这里,我们仍然以前面图 1-1-20 的四个企业的工资数据为例,来调用"排位与百分比排位"分析工具库扩展函数,如图 1-1-29 所示。

图 1-1-29　排位与百分比排位工具

在输入区域点击右侧的红色箭头,用鼠标拖动选择数据所在单元格 A1:D12;由于四个企业的数据以列分开,所以分组方式选中"列"单选框;输入区域包括了标志名称,选中"标志位于第一行"复选框,让分析工具知道不要把标志名计入分析过程;输出区域右侧的红色箭头,选中一个右侧和下侧没有数据的单元格(否则有的数据会被覆盖),这里我们选中 F1 单元格,点击"确定"按钮就能得到输出结果,如图 1-1-30 所示。输出结果中,"点"代表了数据在原序列所在的排位位置,"甲企业"等标志下是按降序排列的数据,"排位"是降序排列构成的新序列号。

F	G	H	I	J	K	L	M	N	O	P	Q	R	S	T	U
点	甲企业	排位	百分比	点	乙企业	排位	百分比	点	丙企业	排位	百分比	点	丁企业	排位	百分比
6	1880	1	100.00%	7	1980	1	100.00%	1	1960	1	100.00%	11	1980	1	100.00%
10	1680	2	90.00%	10	1900	2	90.00%	8	1840	2	90.00%	4	1880	2	90.00%
7	1640	3	80.00%	1	1860	3	80.00%	1	1760	3	80.00%	7	1700	3	80.00%
2	1600	4	70.00%	2	1800	4	60.00%	5	1620	4	60.00%	8	1480	4	70.00%
11	1560	5	60.00%	4	1800	4	60.00%	6	1620	4	60.00%	9	1440	5	60.00%
8	1540	6	50.00%	11	1560	6	50.00%	2	1580	6	50.00%	10	1380	6	50.00%
4	1520	7	40.00%	8	1420	7	40.00%	7	1500	7	40.00%	6	1340	7	40.00%
3	1500	8	30.00%	3	1200	8	20.00%	4	1240	8	30.00%	1	1220	8	30.00%
9	1320	9	20.00%	9	1200	8	20.00%	11	1220	9	20.00%	2	1200	9	20.00%
1	1220	10	10.00%	5	1080	10	10.00%	9	1060	10	10.00%	3	1140	10	10.00%
5	1100	11	0.00%	6	1060	11	0.00%	10	840	11	0.00%	5	660	11	0.00%

图 1-1-30　排位与百分比排位工具输出结果

思考练习

1. 请搜集间接数据"北京市 2020 年人口数",理解专业数据库网站搜集数据和搜索引擎搜集数据的联系和区别,以及它们各自的优缺点。

2. 思考在设计调查问卷搜集直接数据时,定类尺度、定序尺度、定距尺度和定比尺度四种统计数据计量尺度,各适合什么形式的编码设计?

3. 现有两个企业的月工资资料如下(元):

甲企业:1220,1600,1500,1520,1100,1880,1640,1540,1320,1680,1560,1220,1200,1140,1880,660,1340,1700,1480,1440,1380,1980,1480,1440,1300,1460,1760,1840,1600,1360,1700,1900,1480,1360,1560,1540,1400,1960,1800,500,960,1680,1560,

1520,1500,1280,1560,1300,1160,1340,1520,960,1580,1200

乙企业：1860,1800,1200,1800,1080,1060,1980,1420,1200,1900,1960,1580,1760,
1240,1620,1620,1500,1840,1060,840,1220,1560,1500,820,1280,1440,1600,1560,
1700,1640,1620,1620,1680,1860,1400,1600,1560,1560,1200,1020,1200,1200,1680,
1640,1540,1680,1880,1700,1840,1680,1520,1880,1800,1480,1240,1480,1820

试根据以上资料完成下述操作：

（1）新建Microsoft Excel工作簿,将资料录入Microsoft Excel工作表中(注意：一家企业的数据录为一列)，并保存工作簿文件名为"练习1.xls"。

（2）对数据完成"甲企业工资大于等于1400""甲企业月工资大于1500且乙企业月工资小于1800""甲企业月工资大于1500且乙企业月工资小于1800"三项筛选工作。

（3）对甲、乙企业的月工资数据进行排序。

实验二　描述数据的图表方法

一、实验目的及要求

（一）实验目的

培养学生处理数据的基本能力。通过软件辅助,将数据转化成为直观的统计表和生动形象的统计图。

（二）实验要求

（1）熟练掌握 Microsoft Excel 的统计制表功能。

（2）熟练掌握 Microsoft Excel 的统计制图功能。

（3）掌握各种统计图表的功能,并能准确地根据不同对象的特点加以应用。

二、分类数据的图表

（一）汇总表

汇总表列出了一系列分类数据的次数、频率、总数或百分比,可以直接看出不同类型数据间的区别。汇总表通常会在第一列内列示出分类的不同情况,然后分别用其他列列示次数、频率、百分比等内容。下面我们用一个例子来说明如何构建汇总表。

某次市场调研中,观察员随机记录了 20 位消费者的性别和消费饮料类型的数据并录入 Microsoft Excel 工作表,如图 1-2-1 所示。选中激活 B1:C21 单元格,点击"插入-数据透视表"菜单,打开"创建数据透视表"对话框,如图 1-2-2 所示。

图 1-2-1　分类汇总原始数据（例）　　图 1-2-2　"创建数据透视表"对话框

将选择放置"数据"透视表的位置定位于现有工作表的一个右侧和下侧没有数据的单元格(如 F1)后,点击"确定"按钮,软件将从 F1 单元格开始,向右下方占用单元格显示空白数据透视表,并在表格右侧显示"数据透视表字段"设置区域,如图 1-2-3 所示。接下来,只需要把"数据透视表字段"设置区域的标志名称,用鼠标拖动到下方的相应的布局区域中,就可以实现对定性数据的分类汇总统计。比如,将性别标志拖动到列区域,将饮料类型拖动到行区域,同时将饮料类型拖动到∑值区域,就能实现不同性别消费不同类型饮料的分类汇总,如图 1-2-4 所示。

图 1-2-3 数据透视表空白设置区

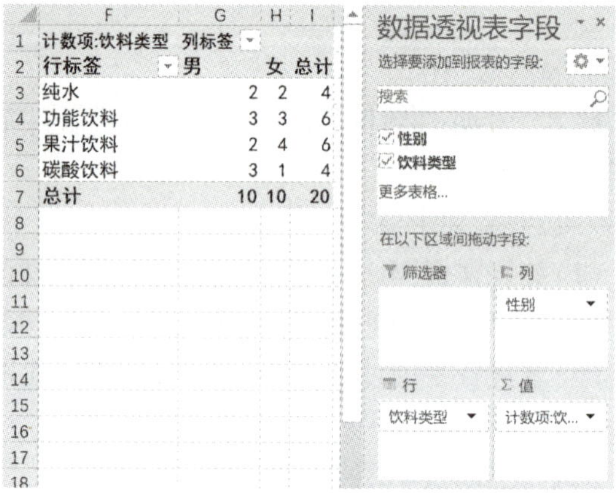

图 1-2-4 数据透视表设置结果

(二)柱状图(或条形图)

柱状图能在不同类别数据间进行比较,在柱状图中,每个柱代表一个分类,其长度表示该分类的总数、频数。条形图也具有类似的功能,不过条形图通常是水平的,而柱状图通常是垂直的。

比如,我们可以利用图 1-2-4 数据透视表所得到的分类汇总数据,做出柱状图,步骤如下:

第一步,选中 F3:F6 以及 I3:I6 单元格(按住 Ctrl 键可以帮助你在 Excel 中选择不连续的单元格),在"插入"菜单下找到图表卡片集,点击其中的"插入柱形图或条形图"按钮(或点击这个按钮的下拉箭头,选择子图,如选择二维柱形图),就能初步得到柱状图,如图 1-2-5 所示。如果对图形的细节不满意,还可以在图形处于选中(激活)状态时,通过"设计"菜单来调整图形的坐标、网格线、图形名称、图例、柱体颜色(或样式)、在图形中显示数据内容以及更改子图等。

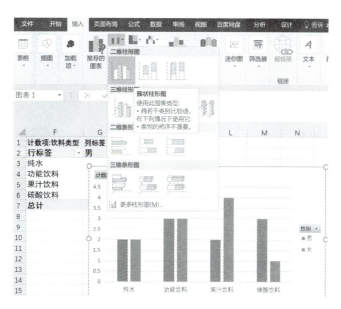

图 1-2-5　插入柱形图

小贴士:"设计"菜单

　　Microsoft Excel 的"设计"菜单,只有在图形处于激活状态时才能够显示,否则你在单元格界面是找不到这个菜单的。所以,选中图形是调用"设计"菜单的前提。

(三)饼图(或圆环图)

　　饼图是将一个圆饼分割成几部分,表示不同类别。圆饼每部分的大小因其分类数据的百分比不同而不同,一般用来表示频率的大小。圆饼本身代表 100%,分割部分的大小占圆饼的面积代表各个分类的频率。圆环图与饼图类似,能发挥反映现象结果的作用。圆环图中间有一个空洞,用"环段"代表分类,环段对应的面积对比反映各个分类的频率。

　　将图 1-2-4 数据透视表所得到的分类频数,进一步处理得到每组的比重数据,如图 1-2-6 所示。每组比重的计算,可以调用单元格地址,用"每组频数/所有组频数之和"的基础公式计算。比如,针对"纯水"组,可以激活 O2 单元格,输入公式"=N2/SUM($N$2:$N$5)",回车就可以计算出"纯水"组的比重了。

小贴士:SUM 函数

　　用途:返回某一单元格区域中数字、逻辑值及数字的文本表达式之和。

　　语法:SUM(number1,number2,…)或者 SUM(列名)

　　参数:number1,number2,…为 1 到 30 个需要求和的参数。

　　举例:激活一个单元格,在其中输入"=SUM(20,30)",回车,返回结果为 50。

　　选中 M1:M5 以及 O1:O5 单元格,在"插入"菜单下找到图表卡片集,点击其中的"插入饼图或圆环图"按钮(或点击这个按钮的下拉箭头,选择子图,如选择二维饼图),就能初步得到饼图,经过"设计"菜单修饰后,最终如图 1-2-7 所示。

	M	N	O
1	饮料类型	频数	比重
2	纯水	4	20.00%
3	功能饮料	6	30.00%
4	果汁饮料	6	30.00%
5	碳酸饮料	4	20.00%

图 1-2-6　频数分布表（例）

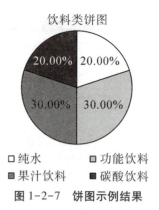

图 1-2-7　饼图示例结果

三、数值数据的图表

（一）频数频率表

频数频率表也是一种汇总表，是将数值型数据分成有序组。频数频率表必须注意选择合理的组数，确定合理的组宽，确定每组的组限边界以避免重复。这些软件没有办法帮你决定，软件只能帮你实现你决定了这些合理条件以后的频数频率表展示。

Microsoft Excel 提供了两种获取频数频率表的方式，一是使用 Frequency 函数，二是使用"直方图"分析工具扩展函数。这里我们举例介绍 Frequency 函数获取频数频率的方法，"直方图"分析工具扩展函数放到下一点中去介绍。

比如，已经知道甲企业十四名工人的月工资数据：2220，2600，2500，2520，2100，2880，2640，2540，2320，2680，2560，2220，2200，2140，希望得到 2000～2200，2200～2600，2600～3000 三组的频数频率情况，步骤如下：

第一步，将数据输入到 A1：A14 单元格。在 B1：B3 单元格输入 2199、2599、2999。

第二步，激活 D2：D4 单元格，点击函数调用卡片 *fx* 打开"插入函数"对话框，在选择类别下拉框中选中"统计"，在选择函数框中选择"Frequency"函数，并观察其函数语法及功能，如图 1-2-8 所示。

图 1-2-8　"插入函数"对话框-Frequency 函数

第三步,点击"确定"按钮进入"函数参数"对话框。Data_array 代表需分组的原始数据,可点击右侧箭头,选中 A1:A14 单元格;Bins_array 代表分组依据,可点击右侧箭头,选中 B1:B3 单元格,如图 1-2-9 所示。

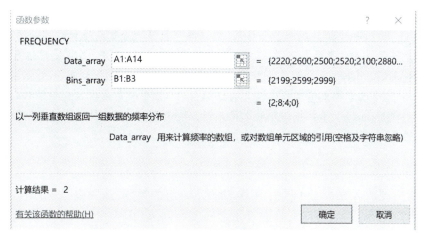

图 1-2-9　"函数参数"对话框

第四步,使用组合键"Ctrl+Shift+Enter",得到频数返回结果,如图 1-2-10 所示。

第五步,对结果进行修饰,加入分组标志及其值,再加入频数的具体名称,并且计算频率。在 C1 单元格输入"工人月工资(元)";在 D12 单元格输入"工人数";C2 至 C4 单元格分别输入"2000-2200""2200-2600""2600-3000";E1 单元格输入"比率";E2 单元格输入公式"=D2/SUM($D$2:$D$4)",回车后,再次激活 E2 单元格,使用拖拉权柄至 D4 单元格;选中 D2 至 D4 单元格,鼠标右键选择"设置单元格格式"打开对话框,在"设置单元格格式"对话框的"数字"卡片下选择"百分比",设置小数位为 0,点击"确定"。最终处理结果如图 1-2-11 所示。

	A	B	C	D
1	2220	2199		
2	2600	2599		2
3	2500	2999		8
4	2520			4
5	2100			
6	2880			
7	2640			
8	2540			
9	2320			
10	2680			
11	2560			
12	2220			
13	2200			
14	2140			

图 1-2-10　Frequency 函数频数返回结果

	C 工人月工资(元)	D 工人数	E 比率
1	工人月工资(元)	工人数	比率
2	2000-2200	2	14%
3	2200-2600	8	57%
4	2600-3000	4	29%

图 1-2-11　Frequency 函数频数频率表

小贴士:Frequency 函数

用途:以一列垂直数组返回某个区域中数据的频数分布。它可以计算出在给定的值域和接收区间内,每个区间包含的数据个数。

语法:FREQUENCY(data_array,bins_array)

参数:data_array 是用来计算一个数组的频率,或对数组单元区域的引用。bins_array 是数据接收区间,为一数组或对数组区域的引用,设定对 data_array 进行频率计算的分段点。

举例:如果 A1 = 2,A2 = 5,A3 = 8,A4 = 11,A5 = 12,A6 = 19,A7 = 21,A8 = 32,A9 = 45,A10 = 48,B1 = 10,B2 = 20,B3 = 30,B4 = 40,选中 C1 至 C5 单元格,输入" = FREQUENCY(A1:A10,B1:B4)",然后使用"Ctrl+Shift+Enter"输入该公式作为数组公式。返回 C1 = 3,C2 = 3,C3 = 1,C4 = 1,C5 = 2。

注意:① Frequency 函数返回多个结果(结果的个数等于分组的组数),因此要事先激活一列上大于等于返回结果个数的单元格。②要同时返回多个结果,必须使用组合键"Ctrl+Shift+Enter",仅使用 Enter 或点击函数对话框的确定按钮,只能得到第一个分组的频数。③bins_array 可以选中单元格中预先设置的分组条件,也可以直接输入分组条件,输入的方法是{;;}。④Frequency 函数按组距的上限分组,当相邻组限重叠时,输入的数据为比每组上限少 1 的数据,不接受非数值字符的分组。

(二)直方图

一般直方图的 X 轴表示不同的值,Y 轴表示每组的频数(或频率)。每组数值数据的频数(或频率)表示成独立直条,临近直条之间没有间隔(因为横轴代表的数值分组数值连续且无遗漏),直条的宽度代表对应组的组距。仍然以甲企业十四名工人的月工资数据 2220,2600,2500,2520,2100,2880,2640,2540,2320,2680,2560,2220,2200,2140,按 2000~2200,2200~2600,2600~3000 分成三组为例,调用"直方图"分析工具扩展函数,步骤如下:

第一步,将数据输入到 A1:A14 单元格。在 B1:B3 单元格输入 2199、2599、2999。

第二步,使用"数据-数据分析"菜单,打开"数据分析"对话框,选择"直方图",如图 1-2-12 所示。

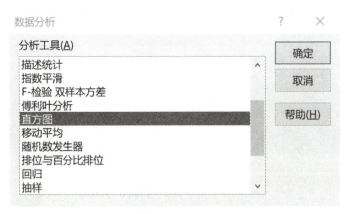

图 1-2-12　数据分析-直方图

第三步,单击"确定"按钮,进入"直方图"分析工具库对话框。输入区域点击右侧箭头选择 A1 至 A14 单元格;接收区域点击右侧箭头选择 B1 至 B3 单元格;输入区域不包含标志名称,所以不选择"标志"复选框;输出选项可以有输出区域、新工作表、新工作簿三个可供选择,这里我们选中输出区域,点击右侧箭头选择一个当前工作表中右侧和下侧没有数据的单元格(否则原工作表中的数据可能会被覆盖),比如 F1;选中"图表输出"复选框,如图 1-2-13 所示。

图 1-2-13 "直方图"分析工具库对话框

小贴士：直方图工具中的柏拉图和累计百分率

在图 1-2-13 中，输出选项中还有两个复选框"柏拉图"和"累积百分率"。当选中"累积百分率"复选框以后，输出结果中的频数表会多出一列，用来显示各组累计频率（或百分数）值；输出结果中的图形会多出一条折线表示累计百分比变化。当选中"柏拉图"复选框以后，输出结果中的频数表会将分组按出现频数结果的大小按降序排列，输出结果中的图形就变成了一般我们所说的"帕累托图"。

帕累托图是进行优化和改进的有效工具，反映的是帕累托原则。当绝大部分数据分布在很少类别中，剩下极少数据分散在大部分类别中时，我们调整和控制那些很少的类别就能起到较好的修正效果，这就是帕累托原则，也即我们经常说的"至关重要的极少数"和"微不足道的大多数"。帕累托图能从"微不足道的大多数"区分出"至关重要的极少数"，从而使你更关注于重要的类别。

第四步，单击"确定"按钮，得到直方图分析工具扩展函数的返回结果。如图 1-2-14 所示，结果由两个部分构成，一个部分是返回的频数表，另一个部分是一个名为"直方图"的图形。

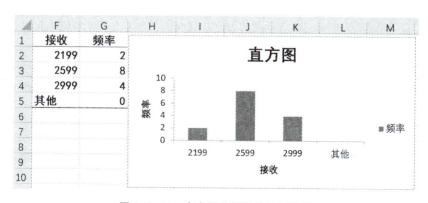

图 1-2-14 直方图分析工具返回结果

第五步,对结果进行修饰。显然,在 1-2-14 所示的结果中,有两个地方不够令人满意。一是返回的频数表示以"接收"为标志和分组的表达不符合一般的表述方式且多出了一行其他,频率标志下的数据其实是频数;二是直方图不符合"临近直条之间没有间隔"的特点。我们可以对频数表进行类似 Frequency 函数第五步的处理。对于直方图的修正,首先要用鼠标左键点击激活其中一个直条;其次单击鼠标右键选择"设置数据系列格式"菜单打开"设置数据系列格式"对话框,把"分类间距"修改为0%(可以直接在数据区域输入,也可以鼠标拖动滑条至最左端),如图 1-2-15 所示;最后,还可以直接在直方图中修改图名、坐标名以及删除不必要的图例等,修饰的结果如图 1-2-16 所示。

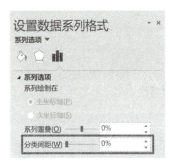

图 1-2-15　"设置数据系列格式"对话框

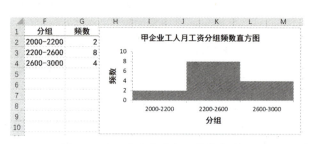

图 1-2-16　直方图分析工具修饰结果

(三)折线图

当同时比较几组数值数据分组情况时,使用直方图很不方便,因为把一张直方图的直条添加到另一直方图中比较麻烦,展现的结果不便分析直方图。此时,可以用横轴做分组(通常使用组中值作为每组代表值计入横轴),纵轴做每组的频数(或频率),构建折线图来描述数据。

比如,甲、乙两个企业各十四名工人的月工资资料如下(元):

甲企业:2220,2600,2500,2520,2100,2880,2640,2540,2320,2680,2560,2220,2200,2140;乙企业:2860,2800,2200,2800,2080,2060,2980,2420,2200,2900,2960,2580,2760,2240。

用折线图来反映两个企业工人月工资样本在 2000~2200,2200~2400,2400~2800,2800~3000 分组条件下的情况,步骤如下:

第一步:用前面频数频率表或直方图的方法获取两个企业工人月工资频率表,如图 1-2-17 所示。

第二步,选中 D1 至 F5 单元格,在"插入"菜单中找到"图表卡片集",点击其中的"插入折线图或面积图"的下拉箭头,选择子图(如二维折线图),初步得到折线图。经过"设计"菜单,完成调整坐标名称、删除网格线、添加数据标签及调整图例等工作后,最终折线图结果如图 1-2-18 所示。

注意:作折线图或直方图时,为了不扭曲数据的特点,Y 轴应该显示的是真实原点,X 轴不需要显示原点,数据的范围应占据数轴的大部分区域。

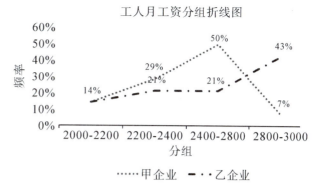

	D	E	F
1	分组	甲企业	乙企业
2	2000-2200	14%	14%
3	2200-2400	29%	21%
4	2400-2800	50%	21%
5	2800-3000	7%	43%

图 1-2-17　两组数据频率表

图 1-2-18　折线图示例结果

(四)散点图

当有两组数值变量,并且想反映它们之间的可能关系,可以使用散点图。用 X 轴表示一个变量,用 Y 轴表示另外一个变量。比如,某企业产品产量与单位产品成本的数据如图 1-2-19 所示。

	A	B
1	产品产量（吨）	单位产品成本（万元）
2	260	3.6
3	270	3.5
4	280	3.4
5	290	3.3
6	300	3.2
7	350	3.1
8	380	3.0
9	390	2.9
10	400	2.8
11	420	2.6

图 1-2-19　散点图示例数据

选中激活 A1 至 B11 单元格,在"插入"菜单中找到"图表卡片集",点击其中的"插入散点图或气泡图"的下拉箭头,选择子图(如散点图),初步得到散点图。经过"设计"菜单,完成调整图名、坐标名称、删除网格线等工作后,最终散点图结果如图 1-2-20 所示。由结果可以看出,产品产量和单位产品成本之间存在着明显的负相关关系。两组数值数据的关系,我们将在相关分析与回归分析实验中继续研究。

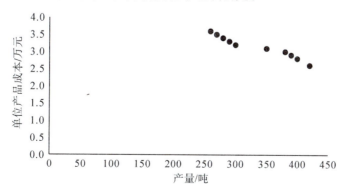

图 1-2-20　产品产量与单位产品成本散点图示例结果

思考练习

1. 一个分类变量有三类,各分类频数如下表所示:

类别	频数
A	15
B	33
C	12

(1)计算每一类的频率。

(2)绘制柱状图(或条形图)。

(3)绘制饼图。

2. 以下数据代表50个随机调查消费者每月消费在 A 类商品上的金额(单位:元)。

96	151	200	168	157	102	153	189	186	82	152	185	90
116	111	172	148	213	130	156	131	139	205	175	128	132
144	168	167	108	95	150	153	143	130	187	166	149	138
152	109	118	183	152	114	135	191	137	129	168		

(1)将上述数据录入 Microsoft Excel 工作表中,并保存工作簿文件名为"练习 2.xls"。

(2)按小于 100,100~110,110~120,120~130,130~140,140~150,150~160,160~170,170~180,180~190,190 以上的分组条件,制作频数频率表。

(3)按照(2)中的分组条件制作直方图。

(4)A 类商品的消费金额集中在哪个范围?

3. 以下是十二对样本数据:

X	21	24	18	36	27	54	15	9	30	12	45	39
Y	7	8	6	12	9	18	5	3	10	4	15	13

(1)将上述数据录入 Microsoft Excel 工作表中,并保存工作簿文件名为"练习 3.xls"。

(2)作出 X 和 Y 的散点图。

(3)X 与 Y 之间有什么关系?

实验三　数值型描述度量

一、实验目的及要求

(一)实验目的
应用统计软件,描述统计数据的集中趋势、离散程度、分布偏度以及峰度等分布特征。

(二)实验要求
(1)熟练掌握 Microsoft Excel 中描述统计指标对应的函数,包括算数平均数、调和平均数、几何平均数、众数、中位数、标准差、方差、偏度、峰度等。

(2)运用 Microsoft Excel"描述统计"分析工具进行描述统计,注意其结果解释。

(3)注意比较函数方法和"描述统计"工具所得结果。

二、集中趋势度量

大部分数据都显示出围绕一个典型值或中心值的明显趋势,我们把这种趋势称为集中趋势,通常可以由均值、中位数和众数三种方法来度量。

(一)均值
平均数是最常见的集中趋势度量方法,一般有算术平均数、几何平均数和调和平均数三种计算均值的方法。

1. 算术平均数

Microsoft Excel 使用 Average 函数来计算简单算术平均数,其基本情况如下:

用途:计算所有参数的算术平均值。

语法:Average(number1,number2,…)。

参数:number1, number2,…是要计算平均值的1~255 个数值参数。除了使用逗号分隔数值的形式外,还可使用数组或对数组的引用。

比如,随机抽取五个同学的统计学原理的考试成绩,分别是100,70,92,78,82,想要计算这五人的平均成绩,可以将数据输入 A1 至 A5 单元格,然后激活一个空白单元格,输入公式"=Average(A1:A5)",回车返回结果为84.4。

简单算术平均数因为所有的数据都具有相同的权重,因而它的结果将极大地受到异常值的影响。当异常值出现时,应避免使用简单算术平均数。

算术平均数的另一种计算方法是加权算术平均数。Microsoft Excel 没有提供专门的加权算术平均数内置函数,可以依据数据特征,使用表格和其他函数共同处理来得到加权算术平均数的结果。比如,全班统计学的成绩分组频率数据如图1-3-1所示,计算全班统计学课程的平均成绩。

第一步,计算各组的组中值,作为该组成绩的一般代表,分别写入 C2 至 C6 单元格。

第二步,激活一空白单元格(如 D2),输入公式"=(C2 * B2+ C3 * B3+ C4 * B4+ C5 * B5+ C6 * B6)/SUM(B2:B6)"回车返回结果为 77.55,即为所求加权算术平均数,如图 1-3-2 所示。

	A	B
1	成绩分组	比率
2	0-60	5%
3	60-70	14%
4	70-80	32%
5	80-90	36%
6	90-100	13%

图 1-3-1 加权算术平均数示例

图 1-3-2 加权算术平均数计算示例结果

小贴士:函数结果的修饰

从前面的操作我们可以看出,函数仅能返回结果,但对结果没有做任何形式的说明。如果时间久了,或者别人使用你的数据时,单看返回结果不利于记忆和交流。所以,一般我们都要对函数结果进行修饰,在结果左侧(或上侧)相邻单元格给函数的返回结果一个标识名称,比如加权平均数上的"平均成绩"的称法。

2. 几何平均数

Microsoft Excel 使用 Geomean 函数来计算几何平均数,其基本情况如下:

用途:返回正数数组或数据区域的几何平均值。

语法:Geomean(number1,number2,…)。

参数:number1,number2,…为需要计算其平均值的 1~255 个数值参数,除了使用逗号分隔数值的形式外,还可使用数组或对数组进行引用。

几何平均数一般用于度量随时间变量的改变比率。比如,某流水生产线前后衔接的五道工序,各工序产品的合格率分别为 95%,92%,90%,85%,80%,计算整个流水生产线产品的平均合格率。可以将五个合格率顺次输入 A1 至 A5 单元格,激活一个空白单元格,输入公式"=Geomean(A1:A5)",回车返回结果为 88.24%。

3. 调和平均数

Microsoft Excel 使用 Harmean 函数来计算调和平均数,其基本情况如下:

用途:返回数据集合的调和平均值。(调和平均值与倒数的算术平均值互为倒数。对同一组数据调用不同函数计算的话,调和平均值总小于几何平均值,而几何平均值总小于算术平均值。)

语法:Harmean(number1,number2,…)。

参数:number1,number2,…是需要计算其平均值的 1~255 个数值参数。可以使用逗号分隔参数的形式,还可以使用数组或数组的引用。

比如,A1=100,A2=70,A3=92,A4=78,A5=82,激活一个空白单元格,输入公式"=Harmean(A1:A5)",回车返回结果为 83.10。

(二)中位数

中位数是数值变量取值从小到大排列后的位于中间的数值。数据的一半小于或等于中位数,另一半大于或等于中位数。中位数不受极端值影响,可以在数据有极端值的时候使用中位数代表集中趋势。

Microsoft Excel 使用 Median 函数来计算中位数,其基本情况如下:

用途:返回给定数值集合的中位数(它是在一组数据中居于中间的数。换句话说,在这组数据中,有一半的数据比它大,有一半的数据比它小)。

语法:Median(number1,number2,…)。

参数:number1,number2,…是需要找出中位数的 1~255 个数字参数。

比如,Median(11,12,13,14,15)返回 13;Median(1,2,3,4,5,6)返回 3.5,即 3 与 4 的平均值。

小贴士:位置平均数

中位数是一种位置平均数,代表数据从小到大排列后的位于中间的数值。但有的时候,我们除了关心位于中间的数值,还会关心位于四分位位置上的数值,或者位于百分数位置上的数值。

(1)Microsoft Excel 使用 Quartile.inc 函数来计算四分位数,其基本情况如下:

用途:返回一组数据的四分位点。

语法:Quartile.inc(array,quart)。

参数:array 为需要求得四分位数值的数组或数字引用区域,quart 决定返回哪一个四分位值。如果 quart 取 0、1、2、3 或 4,则函数 Quartile.inc 依次返回最小值、第一四分位数、中位数、第三四分位数和最大值。

比如,如果 A1 = 78,A2 = 45,A3 = 90,A4 = 12,A5 = 85,则公式" = QUARTILE(A1:A5,3)"返回 85。

(2)Microsoft Excel 使用 Percentile.inc 函数来计算百分数位置数值,其基本情况如下:

用途:返回数值区域的 k 百分比数值点。

语法:Percentile.inc(array,k)。

参数:array 为需要求百分位数值的数组或数值区域;k 为数组中需要得到其排位的值,取值在 0 至 1 之间。

比如,如果某次考试成绩为 A1 = 71,A2 = 83,A3 = 71,A4 = 49,A5 = 92,A6 = 88,则公式" = Percentile.inc(A1:A6,0.8)"返回 88,即考试排名要想在 80% 以上,则分数至少应当为 88 分。

(三)众数

众数表示数据中出现频数(频率)最大的数据,和中位数一样,众数不会受到极端值的影响,可以在有极端值的时候代表数据的集中趋势。

Microsoft Excel 使用 Mode.sngl 函数来计算众数,其基本情况如下:

用途:返回在某一数组或数据区域中的众数。

语法:Mode.sngl(number1,number2,…)。

参数:number1,number2,…是用于众数计算的 1~255 个数值参数。

比如,A1 = 71,A2 = 83,A3 = 71,A4 = 49,A5 = 92,A6 = 88,则公式" = Mode.sngl(A1:A6)"返回 71。

需要注意的是,数据中有时没有众数或者有几个众数,此时就不能使用众数来代表集中趋势了。比如,序列 1,2,3,4,5,6,7,8 中就没有众数,因为每个数据出现一次,没有一个数据是典型的。

三、离散程度度量

除了集中趋势,数据还要用离散程度来描述数据围绕集中趋势代表值的发散程度。通常可以用极差、方差(或标准差)、变异系数等来度量离散程度。

(一)极差

极差也成为全距,是最简单的离散程度度量形式,它等于数值变量取值中的最大值减去最小值。但极差不能精确地表示最大值和最小值之间的数据分布,当存在极端值的时候,不能使用极差。

Microsoft Excel 使用 Max 和 Min 函数组合来计算极差,基本情况如下:

1. Max 函数返回数组中的最大数值

语法:Max(number1,number2,…)。

参数:number1,number2,…是需要找出最大数值的 1~255 个数值。

比如,A1=71,A2=83,A3=76,A4=49,A5=92,A6=88,A7=96,则公式"=Max(A1:A7)"返回 96。

2. Min 返回数组中的最小数值

语法:Min(number1,number2,…)。

参数:number1,number2,…是要从中找出最小值的 1~255 个数字参数。

比如,A1=71,A2=83,A3=76,A4=49,A5=92,A6=88,A7=96,则公式"=Min(A1:A7)"返回 49;而"=Min(A1:A5,0,-8)"返回-8。

3. 利用极差的定义,构建函数减法运算式 Max-Min,就能计算出极差

比如,A1=71,A2=83,A3=76,A4=49,A5=92,A6=88,A7=96,则公式"=Max(A1:A7)-Min(A1:A7)"返回 47,即为该组数据的极差。

小贴士:四分位差

与极差相类似的概念还有四分位差,它等于第三四分位数减去第一四分位数。因为四分位差没有考虑比第一四分位数小和比第三四分位数大的数,所以不受极端值的影响。

利用四分位差的概念,可以使用 Quartile.inc 函数来计算。比如,A1=71,A2=83,A3=76,A4=49,A5=92,A6=88,A7=96,则公式"=Quartile.inc(A1:A7,3)-Quartile.inc(A1:A7,1)"返回 17 即为四分位差的值。

(二)方差和标准差

极差不能表示数据如何分布及分布的倾向。方差和标准差是真正考虑所有数据值在平均值(集中趋势)周围分布的度量离散程度的方式。在考虑围绕平均值变动的度量方法时,最简单的度量也许是计算每个值和平均值的差,然后对这些差求和。如果你真的这样做了,你会发现这个求和值始终等于零。这是因为平均值是一组数据的集中平衡点,数组中数值和它的离差之和等于零。方差的方法是求每个值与均值之差的平方和(SS),再用此平方和除以数据的个数来衡量离散趋势的,标准差是方差的算术平方根。

方差和标准差依据处理数据对象的不同,分为总体方差、样本方差、总体标准差和样本标准差。在方差的计算方法上,如果以"数据个数"作为除数,则所计算的量为总体方

差,对应的标准差为总体标准差;如果"数据个数 − 1"作为除数,则所计算的量为样本方差,对应的标准差为样本标准差。

Microsoft Excel 使用 Var.p、Var.s、Stdev.p 和 Stdev.s 四个函数分别计算总体方差、样本方差、总体标准差和样本标准差,基本情况如下:

1. Var.p 用于计算样本总体的方差

语法:Var.p(number1,number2,⋯)。

参数:number1,number2,⋯为对应样本总体的 1~255 个数值参数。其中的逻辑值(True 或 False)和文本将被忽略。

比如,统计学原理的某次补考只有 5 名学生参加,成绩为 A1 = 88,A2 = 55,A3 = 90,A4 = 72,A5 = 85,用 Var.p 函数估算成绩方差,则公式" = Var.p(A1:A5)"返回 171.6。

2. Var.s 用于估算样本方差

语法:Var.s(number1,number2,⋯)。

参数:number1,number2,⋯对应总体样本的 1~255 个参数。

比如,假设抽取统计学原理某次考试中的 5 个分数,并将其作为随机样本,用 Var.s 函数估算成绩方差,样本值为 A1 = 78,A2 = 45,A3 = 90,A4 = 12,A5 = 85,则公式" = Var.s(A1:A5)"返回 1089.5。

3. Stdev.p 用于返回整个样本总体的标准偏差

语法:Stdev.p(number1,number2,⋯)。

参数:number1,number2,⋯为对应样本总体的 1~255 个参数。可以使用逗号分隔参数的形式,也可以使用单一数组,即对数组单元格的引用。Stdev.p 函数在计算过程中忽略逻辑值(TRUE 或 FALSE)和文本。如果逻辑值和文本不能忽略,应当使用 Stdevpa 函数。

比如,统计学原理课程某次考试只有 5 名学生参加,成绩为 A1 = 78,A2 = 45,A3 = 90,A4 = 12,A5 = 85,则计算的所有成绩的标准偏差公式为" = Stdev.p(A1:A5)",返回的结果等于 29.522872。

4. Stdev.s 用于估算样本的标准偏差

语法:Stdev.s(number1,number2,⋯)。

参数:number1,number2,⋯为对应于总体样本的 1~255 个参数。可以使用逗号分隔的参数形式,也可使用数组,即对数组单元格的引用。

注意:Stdev.s 函数假设其参数是总体中的样本。函数忽略参数中的逻辑值(TRUE 或 FALSE)和文本。如果不能忽略逻辑值和文本,应使用 Stdeva 函数。当样本数较多时,Stdev.s 和 Stdev.p 函数的计算结果相差很小。

比如,假设某次统计学原理考试的成绩样本为 A1 = 78,A2 = 45,A3 = 90,A4 = 12,A5 = 85,则估算所有成绩标准偏差的公式为" = Stdev.s(A1:A5)",其结果等于 33.007575。

(三)变异系数

变异系数也称为离散系数或标准差系数,它是一组数据的标准差与其相应的均值之比,是测度数据离散程度的相对指标,一般以百分比形式表现。变异系数主要用于对不同组别数据的离散程度进行比较,变异系数大说明该组数据的离散程度相对较大,变异系数小说明该组数据的离散程度相对较小。

比如，某企业A、B两种产品销售额的数据如图1-3-3所示，试比较六个随机抽取的样本企业A、B两种产品销售额的离散程度。

第一步，在B9单元格输入“产品A销售额变异系数=”，B10单元格输入“产品B销售额变异系数=”。

第二步，在C9单元格输入公式“=Stdev.s(B2:B7)/Average(B2:B7)”，回车返回结果0.450873941；在C10单元格输入公式“=Stdev.s(C2:C7)/Average(C2:C7)”，回车返回结果0.370761081。

第三步，选中激活C9和C10单元格，单击鼠标右键，点击“设置单元格格式”菜单，打开对话框。在“数字”卡片的分类中，选择“百分比”，小数位数保留“2”位。点击“确定”按钮，结果如图1-3-4所示。

第四步，比较结果，由于产品A销售额变异系数45.09%大于产品B销售额变异系数37.08%，所以产品A销售额的离散程度大于产品B销售额的离散程度。

	A	B	C
1	企业编号	产品A销售额（万元）	产品B销售额（万元）
2	1	170	950
3	2	220	860
4	3	390	750
5	4	430	550
6	5	480	480
7	6	650	320

图1-3-3　变异系数计算示例数据

	A	B	C
1	企业编号	产品A销售额（万元）	产品B销售额（万元）
2	1	170	950
3	2	220	860
4	3	390	750
5	4	430	550
6	5	480	480
7	6	650	320
8			
9		产品A销售额变异系数=	45.09%
10		产品B销售额变异系数=	37.08%

图1-3-4　变异系数计算示例结果

小贴士：Z值

Z值也称为标准化值，其计算公式是用数组中某个数值与数组均值的离差除以对应标准差，Z值越大，表示这个用于计算的数组中的数据远离均值的程度越大。

对于问题“假如小张参加了两次难度不同的考试，第一次考试成绩均值和标准差分别为80分和10分，第二次考试的成绩均值和标准差分别为70分和7分。而小张第一次拿了92分，第二次拿了80分，那么相对于全班而言，小张哪一次考得更好些？”，就可以使用Z值来分析。小张第一次考试的Z值为$(92-80)/10=1.2$，第二次考试的Z值为$(80-70)/7=1.4$，$1.4>1.2$，所以相对于全班而言，小张第二次考试考得更好些。

Z值还可以用来度量数组数据中是否存在极端值。一般Z值小于-3.0或大于3.0时，被认为是极端值。

四、形状分布

形状分布是数据分布的形状特点，在横向上可以观察数据分布是否对称，在纵向上可以观察数据分布是否尖锐。

在对称分布中，小于均值的数据和大于均值的数据相同，大小数据相互平衡；在不对称的分布中，数据围绕均值大小分布不平衡。数据分布对称与否可以由均值和中位数的关系来度量：

（1）均值大于中位数，数据分布不对称，呈现右偏斜（或称为正偏斜）。这是因为一些极端大的值使得均值增大，从而超过了中位数。

（2）均值等于中位数，数据分布对称。

（3）均值小于中位数，数据分布不对称，呈现左偏斜（或称为负偏斜）。这是因为一些极端小的值使得均值减小，从而小于中位数。

Microsoft Excel 使用 Skew 函数来计算反映数据对称情况的结果，我们称之为偏度系数。基本情况如下：

用途：返回一个分布的不对称度。它反映以平均值为中心的分布的不对称程度，正不对称度表示不对称边的分布更趋向正值。负不对称度表示不对称边的分布更趋向负值。

语法：Skew(number1 , number2 , ⋯)。

参数：number1 , number2⋯是需要计算不对称度的 1 ~ 255 个参数，包括逗号分隔的数值、单一数组和名称等。

比如，公式" = Skew(｛22 , 23 , 29 , 19 , 38 , 27 , 25｝, ｛16 , 15 , 19 , 17 , 15 , 14 , 34｝) "返回 0.8546314。结果表明两个数组构成的 14 个数据分布呈现出右偏斜的状态。

对于数据的形态分布，除了分析横向是否对称以外，还要分析纵向的陡缓情况。Microsoft Excel 使用 Kurt 函数来反映数据的陡缓情况，其基本情况如下：

用途：返回数据集的峰值。它反映与正态分布相比时某一分布的尖锐程度或平坦程度，正峰值表示相对尖锐的分布，负峰值表示相对平坦的分布。

语法：Kurt(number1 , number2 , ⋯)。

参数：number1 , number2 , ⋯为需要计算其峰值的 1 ~ 255 个参数。它们可以使用逗号分隔参数的形式，也可以使用单一数组，即对数组单元格的引用。如果数据点少于 4 个，或样本标准偏差等于 0，函数 Kurt 返回错误值 #DIV/0!。

比如，如果某次学生考试的成绩为 A1 = 71，A2 = 83，A3 = 76，A4 = 49，A5 = 92，A6 = 88，A7 = 96，则公式" = Kurt(A1 : A7) "返回 1.485982，说明这次的成绩相对正态分布是一个比较尖锐的分布。

注意：上面的例子可以反映出 Microsoft Excel 是把数据分布情况同正态分布情况作比较，比正态分布更陡峭称为尖锐，比正态分布更平缓称为平坦。因此，Kurt 的返回结果是一个比较结果，而不是直接的峰度系数。一般而言，标准正态分布的峰度系数为 3，而上面例子中 Kurt 的返回结果 1.485982，说明这七个学生的成绩分布峰度系数为 4.485982，即为 3+1.485982。由峰度系数，可以度量数据分布的凹凸性：峰度系数为零，则数据呈带状分布；峰度系数为正，则数据呈凸状分布；峰度系数为负，则数据呈凹状分布。正态分布就是一种凸状分布。

五、"描述统计"分析工具扩展函数

Microsoft Excel 提供了"描述统计"分析工具扩展函数来综合度量反映数据集中趋势、离散程度和形状分布的结果。"描述统计"分析工具将数组数据均视为样本数据，所以其计算出的结果都是样本函数计算的结果，如方差就是按样本方差函数 Var.s 计算出的结果。

下面就一个例子来说明"描述统计"分析工具扩展函数的使用方法。在我们实验一提供的中国国家统计局网站的统计数据中可以搜集到 2011 年至 2020 年的中国国内生产总值数据，如图 1-3-5 所示。使用"描述统计"分析工具来获取相关指标结果。

第一步，使用“数据-数据分析”菜单，打开“数据分析”对话框，从分析工具下框中选择“描述统计”，如图 1-3-6 所示。

	A	B
1	年份	国内生产总值（亿元）
2	2011	487940.2
3	2012	538580.0
4	2013	592963.2
5	2014	643563.1
6	2015	688858.2
7	2016	746395.1
8	2017	832035.9
9	2018	919281.1
10	2019	986515.2
11	2020	1015986.2

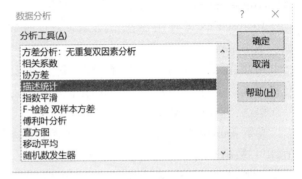

图 1-3-5　中国 2011—2020 年国内生产总值数据

图 1-3-6　数据分析-描述统计分析工具

第二步，点击“数据分析”对话框的“确定”按钮进入“描述统计”对话框。输入区域点击右侧箭头，选择需要分析描述统计结果的数据（可以同时选择多组定量数据，分析工具会就每一组数据返回结果），本例中选择 B1 至 B14 单元格；分组方式确认数据以列还是以行来分组，此处选择“列”单选框（因为变量及变量值以列的方式呈现）；输入数据包含了 B1 单元格的标志值，所以选中“标志位于第一行”复选框（如果分组方式为“行”，这里会显示标志位于第一列）；输出选项选择输出区域，点击右侧箭头，选择一个下侧和右侧没有数据的空白单元格，本列中选择了 D1 单元格；“汇总统计”“平均置信度”“第 K 大值”和“第 K 小值”虽然设计的是复选框，但是使用“描述统计”分析工具要求至少四择其一，否则返回结果会提示出错信息。这里，我们将四个都选中，其中最重要的是“汇总统计”，它返回的结果是一个包含了集中趋势、离散程度和形状分布函数等多个结果在内的汇总数据表。“平均数置信度”“第 K 大值”和“第 K 小值”保持其默认数值，如图 1-3-7 所示。

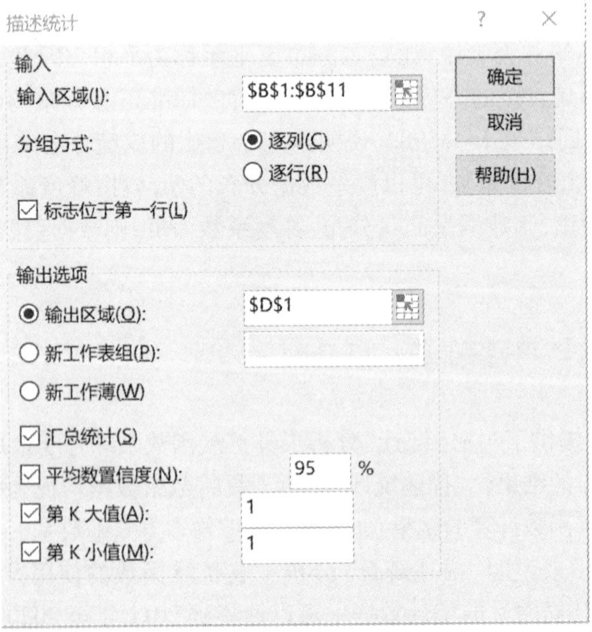

图 1-3-7　“描述统计”对话框

第三步,点击"描述统计"对话框"确定"按钮,得到描述统计输出结果。为了方便结果比较,我们将返回汇总表主要数据对应所用的函数方法表示在数据右侧,如图 1-3-8 所示。

	D	E	F
1	国内生产总值（亿元）		
2			
3	平均	745211.82	=Average（B2:B11）
4	标准误差	59156.97121	
5	中位数	717626.65	=Median(B2:B11)
6	众数	#N/A	=Mode.sngl(B2:B11)
7	标准差	187070.7685	=Stdev.s(B2:B11)
8	方差	34995472430	=Var.s(B2:B11)
9	峰度	-1.38112055	=Kurt(B2:B11)
10	偏度	0.195665694	=Skew(B2:B11)
11	区域	528046	=Max(B2:B11)-Min(B2:B11)
12	最小值	487940.2	=Min(B2:B11)
13	最大值	1015986.2	=Max(B2:B11)
14	求和	7452118.2	=Sum(B2:B11)
15	观测数	10	=Count(B2:B11)
16	最大(1)	1015986.2	
17	最小(1)	487940.2	
18	置信度(95.0%)	133822.3662	

图 1-3-8　描述统计分析工具输出结果对应函数处理方法

此外,还要对描述统计工具使用及结果作如下几点说明:

1. 观测数

描述统计分析工具返回结果中的观测数代表的是数据的样本容量。Microsoft Excel 使用 Count 函数来计算数组数据的个数,其基本情况如下:

用途:返回数字参数的个数。它可以统计数组或单元格区域中含有数字的单元格个数。

语法:Count(value1,value2,…)。

参数:value1,value2,…是包含或引用各种类型数据的参数(1~255 个),其中只有数字类型的数据才能被统计。

举例:A1 = 90,A2 = 人数,A3 = "",A4 = 54,A5 = 36,则公式"= Count(A1:A5)"返回 3。

2. 第 K 大值和第 K 小值

第 K 大值和第 K 小值是在对数据排序基础上反映出来的描述统计结果。第 K 大值表明的是第 K 大的数,相当于对数据按降序排列,排在第 K 位的数据;第 K 小值表明的是第 K 小的数,相当于对数据按升序排列,排在第 K 位的数据。"描述统计"对话框中默认第 K 大值和第 K 小值的数值都为 1,则第一大值就是最大值,第一小值就是最小值。

3. 标准误差

"描述统计"分析工具分析结果中的标准误差并不是指标准差,而是指抽样平均误差。它是利用抽样的方法,使用样本统计量推断总体参数时,抽样中所有可能样本的样本估计量与总体参数的离差平方和的算术平均数的平方根,即样本估计量的标准差。抽样平均误差越小,样本对总体的代表性越大;反之,样本对总体的代表性越小。

　　Microsoft Excel 使用 Count、Stdev.s 和 Sqrt 三个函数组合套用来计算标准误差。Count 和 Stdev.s 前面已经介绍过,分别用于计算数据的个数(样本容量)和样本标准差。Sqrt 函数的基本情况如下:

　　用途:返回某一正数的算术平方根。

　　语法:Sqrt(number)。

　　参数:number 为需要求平方根的正数。

　　举例:如果 A1 = 16,则公式" = Sqrt(A1)"返回 4。

　　图 1-3-8 中,标准误差的计算公式为" = Stdev.s(B2:B11)/Sqrt(Count(B2:B11))"。该计算公式也表明"描述统计"分析工具分析结果中的标准误差是按照重复抽样的方法计算的。

　　4. 平均数置信度

　　"描述统计"对话框中的"平均数置信度"复选框被选中后,要求手工输入均值的置信度,默认值为95%。选中该复选框以后,返回的表格结果中会多出最后一行"置信度(95%)数值",其中的数值代表平均数(表格第一行平均后的数值结果)在95%置信度水平下置信区间半径。关于置信度和置信区间,我们将在实验四中给大家详细介绍。

思考练习

　　1. 从某班统计学原理成绩中随机抽取 10 个成绩样本数据,分别是:45,68,85,76,82,77,69,84,82,73。将上述数据录入 Microsoft Excel 工作表中,并保存工作簿文件名为"练习 4.xls",利用内置函数完成下述工作:

　　(1)计算均值、中位数和众数。

　　(2)计算极差、方差和标准差。

　　(3)计算 Z 值,判断有无极端值。

　　(4)描述数据的形状。

　　2. 某厂长想研究星期一的产量是否低于其他几天,连续观察六个星期同期的产量,整理后的资料如下:

星期一产量情况表

周	1	2	3	4	5	6
星期一产量/吨	110	150	170	210	150	120

非星期一产量情况表

日产量/吨	天数/天
100~150	8
150~200	10
200~250	4

日产量/吨	天数/天
>250	2
合计	24

（1）将上述数据录入 Microsoft Excel 工作表中，并保存工作簿文件名为"练习 5.xls"。

（2）计算六个星期一产量的算术平均数、中位数。

（3）计算非星期一产量的算术平均数、中位数和众数。

（4）计算星期一和非星期一产量的极差、方差和标准差。

（5）比较星期一和非星期一产量的相对离散程度，哪个更大一些？

（6）数据如何分布？

3. 一家生产轮胎工厂的运营经理希望比较两种轮胎 X、Y 的内部直径，每种期望在 575 毫米。每种等级选择 5 只轮胎，轮胎内部直径的结果，从小到大排列如下表所示：

X	568	570	575	578	584
Y	573	574	575	577	578

（1）将上述数据录入 Microsoft Excel 工作表中，并保存工作簿文件名为"练习 6.xls"。

（2）计算每种轮胎的均值、中位数和标准差。

（3）哪种轮胎的质量更好？

（4）如果 Y 轮胎最后一个样本值是 588 而不是 578，对（2）、（3）问中的结果有什么影响？

实验四　参数估计

一、实验目的及要求

(一)实验目的

应用统计软件,完成抽样工作,并且在获取抽样数据的基础上,计算样本统计量,对相应总体参数进行区间估计。

(二)实验要求

(1)了解抽样组织形式,掌握抽取样本数据的方法。

(2)掌握 Microsoft Excel 应用函数表单进行参数估计的方法和步骤,注意各区间估计的假设前提。

(3)了解"描述统计"分析工具"平均数置信度"复选框的结果解释。

二、抽样

从客观现象总体中抽取一部分单位组成样本,从样本中搜集数据并得到有关总体分布的结论,这是统计推断过程的一部分。Microsoft Excel 可以使用"抽样"分析工具扩展函数来完成抽样工作。使用"数据−数据分析"菜单打开"数据分析"对话框,如图 1-4-1 所示。从分析工具下框中选择"抽样",点击"确定"打开"抽样"对话框,如图 1-4-2 所示。

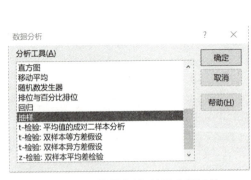

图 1-4-1　数据分析-抽样分析工具

图 1-4-2　"抽样"分析工具对话框

1. 输入

输入包含想要抽样的数值总体的数据区域引用。我们可以点击输入区域右侧的箭头来选择数据区域,"抽样"分析工具将输入区域中的数据视为总体,并使用总体来建立样本。Microsoft Excel 会依次按第1列、第2列等的顺序抽取样本。如果输入区域的第一行或列中包含了标志,那么选中"标志"复选框;如果输入区域中没有标志,则清除"标志"复选框。

2.抽样方法

选择"周期"或"随机"单选框以选取需要的抽样方法。"周期"抽样需要输入周期间隔,输入区域中位于间隔点处的数值以及此后每一个间隔点处的数值将被复制到输出列中。当到达输入区域的末尾时,抽样将停止;"随机"抽样是指直接输入样本数,电脑自行抽样,不受间隔的规律限制,每一个数值都是从输入区域的任意位置上抽出,并且任何数值都可以重复选取。

3. 输出选项

(1)如果选中"输出区域"单选框,则点击输出区域右侧箭头,选择一个下侧和右侧没有数据的单元格,这个单元格代表输出结果最左上角单元格的引用。数据会被写入单元格下面的单列中。如果选取"周期"单选按钮,输出表格的数值个数等于输入区域的数值个数除以间隔数(抽样率);如果选取"随机"单选按钮,输出表格的数值个数等于样本数。

(2)如果选中"新工作表组"单选框,则可以在当前的工作簿中插入新的工作表,并从新工作表的 A1 单元格开始粘贴结果。如果要给新的工作表命名,那么在该单选框右边的文本框中输入名称。

(3)如果选中"新工作簿"单选框,可以建立新的工作簿,并将新工作表中的结果粘贴到新工作簿中。

比如,要从如图 1-4-3 所示的数据中抽取 10 个随机样本数据,步骤如下:

第一步,使用"数据-数据分析"菜单打开"数据分析"对话框,从分析工具下框中选择"抽样",点击"确定"打开"抽样"对话框。

第二步,点击输入区域右侧的箭头,鼠标拖动选择 A1 至 D10 单元格;数据区域不包含标志值,所以不选中"标志"复选框;选中"随机"抽样方法,在样本数框中输入 10;输出选项选择"输出区域",点击右侧的箭头,鼠标选择 E2 单元格,如图 1-4-4 所示。

图 1-4-3　抽样示例数据　　　图 1-4-4　抽样示例分析工具对话框

第三步,点击"抽样"对话框的"确定"按钮,返回结果。在 E1 单元格输入"抽样结果"字样,结果如图 1-4-5 所示。

	A	B	C	D	E
1	55	60	63	58	抽样结果
2	63	59	60	61	59
3	59	58	59	59	60
4	58	60	59	59	59
5	58	59	59	63	63
6	60	60	60	59	60
7	63	60	60	60	60
8	61	61	60	60	60
9	60	57	59	60	59
10	61	57	63	62	57
11					57

图 1-4-5　抽样示例分析工具分析结果

三、区间估计

总体参数估计就是用样本统计量去估计未知的总体参数,其基本方法有点估计和区间估计两种。点估计又称为定值估计,即令样本统计量直接作为总体参数的估计值,用 Microsoft Excel 实现的方法,也就是直接调用 Average、Var.s、Stdev.s 等函数计算出样本数据的均值、方差、标准差等统计量,然后用它们直接分别代表总体的均值、方差和标准差。显然,点估计的误差是很大的。因此,除非迫不得已,总体参数估计都不直接采用点估计,而更多采用区间估计。本实验主要介绍区间估计的方法和步骤。

区间估计是利用样本统计量,在给定的概率$(1-\alpha)$保证下,给总体参数构造一个估计区间,这个区间覆盖在点估计值的周围,而总体参数可以以$(1-\alpha)$概率认为落在这个区间之内。概率$(1-\alpha)$称为置信度(或置信水平),其中 α 称为显著性系数(或显著水平),构造的这个区间就称为置信区间。

区间估计的实验就是要通过软件,实现一定置信度水平下的置信区间反映结果。Microsoft Excel 没有提供专门的分析工具库扩展函数来分析各种情况下的参数区间估计结果,所以我们只能使用函数或函数表单来实现实验目标。此外,还记得实验三中"描述统计"对话框中的"平均数置信度"复选框和它的返回结果吗?它也能实现参数估计的结果,不过需要对使用条件进行解释,我们将在介绍区间估计的函数方法的过程中,利用函数计算结果和"平均数置信度"返回结果来对比说明它的作用。

(一)总体标准差已知,均值的置信区间估计

如果总体服从正态分布,那么从总体中随机抽样形成的样本的均值服从正态分布;如果总体的分布是非正态的,但样本容量足够大时,样本的均值近似服从正态分布。"总体标准差已知,均值的置信区间估计"正是在这两个假设前提下展开的。另外为了简便处理,所有的参数区间估计实验中,我们都假设样本数据是采用简单重复随机抽样的组织形式获取的(在理论课中,大家应该学习到,抽样方法也会影响到抽样平均误差的计算公式表达)。

小贴士:总体标准差已知,总体均值的置信区间

$$\bar{X} - Z\frac{\sigma}{\sqrt{n}} \leqslant \mu \leqslant \bar{X} + Z\frac{\sigma}{\sqrt{n}}$$

其中,Z 代表标准正态分布中,对应于分布曲线面积为"1 - 显著性系数 /2"的值(即上尾概率为"显著性系数 /2")。σ 代表总体标准差,n 代表样本容量。

1.Confidence.norm 函数

用途:使用正态分布,返回总体平均值的置信区间。

语法:Confidence.norm(alpha,standard_dev,size)。

参数:alpha 是用于计算置信区间的显著性水平,alpha＝1－置信水平,且以 0～1 之间的小数状态表达。(比如置信水平为 95%,alpha＝0.05);standard_dev 是已知的总体标准差(或其所在的单元格地址);size 为样本容量。

举例:假设样本为随机抽取的 46 名学生的考试成绩,他们的平均分为 60 分,总体标准偏差为 5 分,当置信水平为 95%时,公式"＝Confidence.norm(0.05,5,46)"返回 1.45,即在 95%的置信水平条件下,全班考试平均成绩的置信区间为(60－1.45,60＋1.45)分。

2. 函数表单

函数表单是一种利用函数和命名组合形成的可以反复使用的电子表格,也是 Microsoft Excel 进行总体参数区间估计的主要方法。下面,我们就以一个例子来介绍"总体标准差已知,均值的置信区间估计"实验函数表单的构建方法。

比如,随机抽取 32 名学生的统计学成绩,如图 1-4-6 所示,已知全班统计学成绩的标准差为 11 分,对全班统计学课程平均成绩进行区间估计。

第一步,用鼠标左键单击 A 列的列标,选中激活整个 A 列。在"公式"菜单中找到"定义的名称"卡片集,点击"根据所选内容创建"卡片,打开"以选定区域的值创建名称"对话框,如图 1-4-7 所示。在对话框中,选中"首行"复选框后,点击"确定"按钮。这样我们就完成了对变量数据的命名,A 列上的所有数据都被命名为"统计学成绩",后续在函数的参数设置时,不用再调用单元格地址,直接调用命名的名称就可以了。

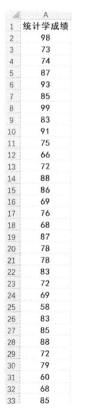

图 1-4-6　区间估计-大样本函数表单示例数据

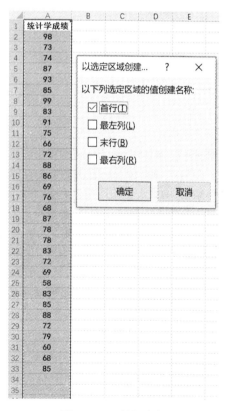

图 1-4-7　数据命名

第二步，构建函数表单框架。C2 单元格输入“样本统计量”；C3 单元格输入“样本容量”；C4 单元格输入“样本均值”；C5 单元格输入“用户输入”；C6 单元格输入“总体标准差”；C7 单元格输入“置信水平”；C8 单元格输入“计算结果”；C9 单元格输入“抽样平均误差”；C10 单元格输入“Z 值”；C11 单元格输入“置信区间半径”；C12 单元格输入“置信区间下限”；C13 单元格输入“置信区间上限”。按住“Ctrl”键，选中 C3:D3、C4:D4、C6:D6、C7:D7、C9:D9、C10:D10 和 C11:D11 七组单元格，在“公式”菜单中找到“定义的名称”卡片集，点击“根据所选内容创建”卡片，打开“以选定区域的值创建名称”对话框。在对话框中，选中“最左列”复选框后，点击“确定”按钮，完成对函数表单框架的命名。

第三步，输入框架下对应的数据和函数公式。D3 单元格输入公式“=Count(统计学成绩)”；D4 单元格输入公式“=Average(统计学成绩)”；D6 单元格输入已知的总体标准差 11；D7 单元格输入置信水平，如 0.95；D9 单元格输入公式“=总体标准差/Sqrt(样本容量)”；D10 单元格输入公式“=ABS(Norm.s.inv((1-置信水平)/2))”；D11 单元格输入公式“Z 值＊抽样平均误差”；D12 单元格输入公式“=样本均值-置信区间半径”；D13 单元格输入公式“=样本均值+置信区间半径”。输入内容如图 1-4-8 所示。

在 E11 单元格输入公式“=Confidence.norm(0.05,总体标准差,样本容量)”，将结果与 D11 单元格的置信区间半径作对比。最后的置信区间结果如图 1-4-9 所示，即在 95% 的置信水平条件下，全班统计学课程的平均成绩(总体均值)落在区间(75.19,82.81)内。

	C	D
1	总体方差已知，均值区间估计	
2	样本统计量	
3	样本容量	=Count(统计学成绩)
4	样本均值	=Average(统计学成绩)
5	用户输入	
6	总体标准差	11
7	置信水平	0.95
8	计算结果	
9	抽样平均误差	=总体标准差/Sqrt(样本容量)
10	Z值	=ABS(Norm.s.inv((1-置信水平)/2))
11	置信区间半径	=Z值*抽样平均误差
12	置信区间下限	=样本均值-置信区间半径
13	置信区间上限	=样本均值+置信区间半径

图 1-4-8 总体标准差已知的均值估计-函数表单

E11 =CONFIDENCE.NORM(0.05,总体标准差,样本容量)

	C	D	E	F	G	H
1	总体方差已知，均值区间估计					
2	样本统计量					
3	样本容量	32.00				
4	样本均值	79.00				
5	用户输入					
6	总体标准差	11.00				
7	置信水平	0.95				
8	计算结果					
9	抽样平均误差	1.94				
10	Z值	1.96				
11	置信区间半径	3.81	3.81			
12	置信区间下限	75.19				
13	置信区间上限	82.81				

图 1-4-9 总体标准差已知的均值估计-表单结果

小贴士：函数表单的使用

函数表单构建好后，将来可以就符合假设条件的数据反复使用它来得到分析结果。比如前面的总体标准差已知的均值的置信区间估计的函数表单，将来有了新的数据，我们可以指定数据名称为“统计学成绩”(虽然数据可能和统计学没有一点关系)，然后调用同一函数表单来对新数据的总体均值进行区间估计。当然，最好的做法是我们在构建函数表单的时候，并不指定数据名称为有代表含义的内容，可以统一叫作“样本数据”，这样将来使用起来就更方便了。在下面的实验中，我们都统一使用“样本数据”来命名。

函数表单使用的函数中，Count 和 Average 函数已经在前文中介绍过了，下面就 ABS 函数、Norm.s.inv 函数及其复合计算结果作出说明。

(1)ABS 函数

用途：返回数字的绝对值。

语法：ABS(number)。

参数：number 参数可以是任意有效的数值表达式。

举例：公式"ABS(-100)"返回的结果为 100。

（2）Norm.s.inv 函数

用途：返回标准正态分布的概率度。该分布的平均值为 0，标准偏差为 1。

语法：Norm.s.inv(probability)。

参数：probability 为正态分布的概率值，通常为分布区间点左侧的累积概率值。

举例：公式" = Norm. s. inv (0. 908789)"返 回 结 果 为 1. 33333，正 态 分 布 概 率 为
0. 908789 时，标准正态区间点值为 1. 33333。

总体标准差已知的均值的置信区间估计的函数表单中，Z 值称为（标准正态）分布的
临界值，其计算公式" = ABS(Normsinv((1-置信水平) /2))"的返回结果标准正态分布中，
对应于分布曲线面积为"1-(1-置信水平)/2"的值（即上尾概率为"(1-置信水平)/2"）。
由于标准正态分布是对称分布，所以公式" = ABS(Normsinv((1-置信水平) /2))"与公式
"Normsinv(1-(1-置信水平) /2)"的返回结果是相同的。

那么，为什么我们不把置信水平尽可能地提高到 100% 呢？不妨改变函数表单中置信
水平的用户输入值，会发现随着置信水平的提高，Z 值会逐渐增大，从而使得置信区间半
径加大，降低了对总体参数区间估计的精确性，这显然是统计分析所不愿意看到的。因此
我们总要维持置信区间长度和置信水平之间的平衡关系，一般软件默认都会选择 95% 作
为置信水平。

（二）总体标准差未知，均值的置信区间估计

在实际获取的数据中，总体的标准差很少是已知的，在求均值的置信区间时，只能用
样本标准差来对总体标准差进行点估计。此时，如果面对的是大样本，那么样本均值的抽
样分布仍然服从正态分布，可以利用前面的 Confidence.norm 函数或类似函数表单（只需
要在用户输入下去掉总体标准差一行，而在样本统计量下增加一行计算样本标准差，适当
调整函数调用的参数即可）就可以完成总体均值的区间估计。

如果面对的是小样本，那么样本均值的抽样分布服从 t 分布。如果随机变量 X 服从
正态分布，则统计量 $t = \dfrac{\bar{X} - \mu}{S/\sqrt{n}}$ 服从自由度为 $n-1$ 的 t 分布。从形状上看，t 分布和正态分
布很相似，它们都是钟形。但是与正态分布相比，t 分布的中心面积较小，而两侧尾部面积
较大。

自由度是指可以自由变动的样本值个数。t 统计量计算公式中，分子含有样本均值，
分母也含有样本均值（样本方差等于各样本值与样本均值的离差平方和），因此样本均值
决定的自由变动的样本值个数就是该统计量的自由度。而当计算出样本均值后，样本容
量已知为 n，就仅有 $n-1$ 个样本值可以自由变动了。比如，样本均值计算为 25，样本容量
为 4，则当已知其中 3 个变量值时，第 4 个就不能自由变动了，因为总和一定要等于 100
（25×4 = 100）。所以，t 统计量服从自由度为 $n-1$ 的 t 分布，其中 n 为样本容量。

小贴士:总体标准差未知,小样本,总体均值的置信区间

$$\bar{X} - t_{n-1}\frac{S}{\sqrt{n}} \leq \mu \leq \bar{X} + t_{n-1}\frac{S}{\sqrt{n}}$$

其中,t_{n-1} 代表自由度为 $n-1$,上尾概率是"显著性系数/2"的 t 分布临界值,S 代表样本标准差,n 代表样本容量。

下面,我们就来介绍"总体标准差未知,小样本,均值的置信区间估计"的方法和步骤。

1. Confidence.t 函数

用途:使用学生 t 分布,返回总体平均值的置信区间。

语法:Confidence.t(alpha,standard_dev,size)。

参数:alpha 是用于计算置信区间的显著性水平,alpha = 1-置信水平,且以 0~1 之间的小数状态表达(如置信水平为 95%,alpha = 0.05);standard_dev 是标准差(或其所在的单元格地址),在总体标准差未知时,可以利用 Stdev.s 函数嵌套计算样本标准差进行点估计;size 为自由度,通常等于样本容量-1。

举例:假设样本为随机抽取的 16 名学生的考试成绩,他们的平均分为 60 分,样本标准偏差为 5 分,当置信水平为 95% 时,公式" = Confidence.t(0.05,5,16)"返回 2.66,即在 95% 的置信水平条件下,全班考试平均成绩的置信区间为(60-2.66,60+2.66)分。

2. 函数表单

样本为随机抽取的 15 名学生的统计学成绩,总体标准差未知,并将 A1 单元格的"统计学成绩"改为"样本数据",如图 1-4-10 所示。

第一步,用鼠标左键单击 A 列的列标,选中激活整个 A 列。在"公式"菜单中找到"定义的名称"卡片集,点击"根据所选内容创建"卡片,打开"以选定区域的值创建名称"对话框,选中"首行"复选框后,点击"确定"按钮,将 A 列命名为"样本数据"。

第二步,构建函数表单框架。C2 单元格输入"样本统计量";C3 单元格输入"样本容量";C4 单元格输入"样本均值";C5 单元格输入"样本标准差";C6 单元格输入"用户输入";C7 单元格输入"置信水平";C8 单元格输入"计算结果";C9 单元格输入"抽样平均误差";C10 单元格输入"自由度";C11 单元格输入"t 值";C12 单元格输入"置信区间半径";C13 单元格输入"置信区间下限";C14 单元格输入"置信区间上限"。按住"Ctrl"键,选中 C3、D3、C4、D4、C5:D5、C7:D7、C9:D9、C10:D10、C11:D11 和 C12:D12 八组单元格,在"公式"菜单中找到"定义的名称"卡片集,点击"根据所选内容创建"卡片,打开"以选定区域的值创建名称"对话框,选中"最左列"复选框后,点击"确定"按钮,完成对函数表单框架的命名。

第三步,输入框架下对应的数据和函数公式。D3 单元格输入公式" = Count(样本数据)";D4 单元格输入公式" = Average(样本数据)";D5 单元格输入公式" = Stdev.s(样本数据)";D7 单元格输入置信水平,如 0.95;D9 单元格输入公式" =样本标准差/Sqrt(样本容量)";D10 单元格输入公式" =样本容量-1";D11 单元格输入公式" =T.inv.2t(1-置信水平,自由度)";D12 单元格输入公式" =t 值*抽样平均误差";D13 单元格输入公式" =样本均值-置信区间半径";D14 单元格输入公式" =样本均值+置信区间半径"。输入内容如图 1-4-11 所示。

	A
1	样本数据
2	98
3	73
4	74
5	87
6	93
7	85
8	99
9	83
10	91
11	75
12	66
13	72
14	88
15	86
16	69

	C	D
1	小样本，总体方差未知，均值区间估计	
2	样本统计量	
3	样本容量	=COUNT(样本数据)
4	样本均值	=AVERAGE(样本数据)
5	样本标准差	=STDEV.S(样本数据)
6	用户输入	
7	置信水平	0.95
8	计算结果	
9	抽样平均误差	=样本标准差/SQRT(样本容量)
10	自由度	=样本容量-1
11	t值	=T.inv.2t(1-置信水平,自由度)
12	置信区间半径	=t值*抽样平均误差
13	置信区间下限	=样本均值-置信区间半径
14	置信区间上限	=样本均值+置信区间半径

图 1-4-10　区间估计-小样本函数表单示例数据　图 1-4-11　总体方差未知的小样本均值区间估计-函数表单

在 E12 单元格输入公式"=Confidence.t(1-置信水平,样本标准差,样本容量)",结果同 D12 单元格的置信区间半径作对比。最终结果如图 1-4-12 所示,即在 95%的置信水平条件下,全班统计学平均成绩落在区间(76.78,88.42)分内。显然,这个置信区间要比图 1-4-9 所演示的大样本均值置信区间宽,这主要是因为 t 分布比正态分布要平缓松散。

E12	fx	=CONFIDENCE.T(1-置信水平,样本标准差,样本容量)				
	C	D	E	F	G	H
1	小样本，总体方差未知，均值区间估计					
2	样本统计量					
3	样本容量	15.00				
4	样本均值	82.60				
5	样本标准差	10.51				
6	用户输入					
7	置信水平	0.95				
8	计算结果					
9	抽样平均误差	2.71				
10	自由度	14.00				
11	t值	2.14				
12	置信区间半径	5.82	5.82			
13	置信区间下限	76.78				
14	置信区间上限	88.42				

图 1-4-12　总体方差未知的小样本均值区间估计-函数表单结果

函数表单中使用 T.inv.2t 函数来计算 t 值,下面就这个函数的基本情况作简要介绍:

用途:返回作为概率和自由度函数的 t 分布的双尾概率度。

语法:T.inv.2t(probability,degrees_freedom)。

参数:probability 为对应于双尾 t 分布的概率,degrees_freedom 为分布的自由度。

举例:公式"=T.inv.2t(0.5,60)"返回 0.6786007。

与 Norm.s.inv 函数不同,T.inv.2t 函数的 probability 参数就是显著性系数,而 Normsinv 函数的 probability 参数是一个左侧累计概率,累计概率达到(1-显著性系数/2)。Microsoft Excel 也提供了一个函数 T.inv 来计算服从 t 分布的左侧累计概率对应的概率度,大家感兴趣也可以自行测试。

3."描述统计"对话框中的"平均数置信度"复选框

"描述统计"对话框中的"平均数置信度"复选框也能返回置信区间半径。利用图1-4-10的示例数据，使用"数据-数据分析"菜单，打开"数据分析"对话框，从分析工具下框中选择"描述统计"，点击"确定"按钮进入"描述统计"对话框。输入区域点击右侧箭头，选择A1至A16单元格；分组方式选择"列"单选框；因为输入数据包含了A1单元格的标志值，所以选中"标志位于第一行"复选框；输出选项选择输出区域，点击右侧箭头，选择E10单元格（任意一个右侧和下侧没有数据的单元格即可）；"汇总统计""平均置信度""第K大值"和"第K小值"中只选中"平均值置信度"复选框，保持默认值为95%，如图1-4-13所示。

点击"确定"按钮，得到返回结果。为了方便比较，我们把输出区域定在了E10单元格，输出结果和函数表单的结果放在同一行，如图1-4-14所示。由结果可以看出，"描述统计"对话框中的"平均数置信度"复选框的结果和总体标准差未知的小样本均值置信区间估计的置信区间半径结果是一致的。所以，在处理总体标准差未知的小样本均值置信区间估计问题时，用"描述统计"对话框中的"平均数置信度"可以快速获得置信区间半径，用"描述统计"对话框"汇总统计"复选框返回结果中的"平均"值可以获得样本均值，再使用"样本均值-置信区间半径"和"样本均值+置信区间半径"两个公式分别计算置信区间的下限和上限，最终获取置信区间。

图1-4-13 "描述统计"中"平均数置信度"

图1-4-14 "描述统计"中"平均数置信度"返回结果

(三)总体比率的置信区间估计

总体比率的估计就是利用样本比率对总体比率进行区间估计，当样本容量足够大时，样本比率p的抽样分布近似服从正态分布。说明：若样本容量为n，样本比率为p，则np或$n(1-p)$小于5时，抽样分布服从二项分布；np和$n(1-p)$大于5时，抽样分布近似服从正态分布。

小贴士：总体比率的置信区间

$$p - Z\sqrt{\frac{p(1-p)}{n}} \leqslant \pi \leqslant p + Z\sqrt{\frac{p(1-p)}{n}}$$

其中，p代表样本比率，π代表总体比率，Z为标准正态分布临界值，n为样本容量，且假设np和$n(1-p)$均大于5。

对于总体比率区间估计的函数表单构建方法就不再详述，仅以图1-4-15展示函数表单框架及对应输入的函数公式。

C	D
1	大样本，总体比例估计	
2	样本统计量	
3	样本容量	=COUNT(样本数据)
4	用户输入	
5	样本比率	
6	置信水平	0.95
7	计算结果	
8	抽样平均误差	=Sqrt(样本比率*（1-样本比率）/样本容量)
9	Z值	=ABS(Norm.s.inv((1-置信水平)/2))
10	置信区间半径	=Z值*抽样平均误差
11	置信区间下限	=样本比率-置信区间半径
12	置信区间上限	=样本比率+置信区间半径

图 1-4-15　总体比率的区间估计-函数表单

(四)总体方差的估计

总体方差的估计就是用样本方差对总体方差进行区间估计。对于来自正态总体的简单随机样本,其方差的抽样分布服从自由度为 $n-1$ 的卡方分布。因此,用卡方分布构造总体方差的置信区间。

小贴士:总体方差的置信区间

$$\frac{(n-1)S^2}{\chi_{\frac{\alpha}{2}}^2} \leq \sigma^2 \leq \frac{(n-1)S^2}{\chi_{1-\frac{\alpha}{2}}^2}$$

其中,S 代表样本标准差,σ 代表总体标准差,n 为样本容量,$\chi_{\frac{\alpha}{2}}^2$ 是单尾概率为"显著性系数 $/2$"的卡方临界值 $\chi_{1-\frac{\alpha}{2}}^2$ 是单尾概率为"$1-$ 显著性系数 $/2$"的卡方临界值。

对于总体方差区间估计的函数表单仅以图 1-4-16 展示函数表单框架及对应输入的函数公式。

C	D
1	总体方差估计	
2	样本统计量	
3	样本容量	=Count(样本数据)
4	样本方差	=Var.s(样本数据)
5	用户输入	
6	置信水平	0.95
7	计算结果	
8	自由度	=样本容量-1
9	a/2卡方值	=CHISQ.INV.RT((1-置信水平)/2,自由度)
10	1-a/2卡方值	=CHISQ.INV.RT(1-(1-置信水平)/2,自由度)
11	置信区间下限	=自由度*样本方差/(a/2卡方值)
12	置信区间上限	=自由度*样本方差/(1-a/2卡方值)

图 1-4-16　总体方差的区间估计-函数表单

函数表单中使用 Chisq.inv.rt 函数来计算卡方值,下面就这个函数的基本情况作简要介绍:

用途:返回具有给定右侧累计概率的卡方分布概率度。

语法:Chisq.inv.rt(probability,degrees_freedom)。

参数:probability 为卡方分布的右侧累计概率,degrees_freedom 为自由度。

举例:公式"=Chisq.inv.rt(0.5,2)"返回 1.386294361。Microsoft Excel 还提供了一个函数 Chisq.inv 来返回具有给定左侧累计概率的卡方分布概率度,大家感兴趣可以自行测试。

(五)两个总体方差之比的区间估计

两个总体方差之比的区间估计就是用两个样本方差之比对总体方差之比进行估计。两个样本方差之比的抽样分布服从自由度为 n_1-1 和 n_2-1 的 F 分布。

小贴士:两个总体方差之比的置信区间

$$\frac{S_1^2/S_2^2}{F_{\frac{\alpha}{2}}} \leq \frac{\sigma_1^2}{\sigma_2^2} \leq \frac{S_1^2/S_2^2}{F_{1-\frac{\alpha}{2}}}$$

其中,S_1 代表样本1标准差,S_2 代表样本2标准差,σ_1 代表总体1标准差,σ_2 代表总体2标准差,n 为样本容量,$F_{\frac{\alpha}{2}}$ 是单尾概率为"显著性系数/2"的 F 分布临界值,$F_{1-\frac{\alpha}{2}}$ 是单尾概率为"1 - 显著性系数/2"的 F 分布临界值。

对于总体方差之比区间估计的函数表单仅以图 1-4-17 展示函数表单框架及对应输入的函数公式。

	C	D
1		两个总体方差之比的区间估计
2	样本统计量	
3	样本1容量	=Count（样本数据1）
4	样本2容量	=Count（样本数据2）
5	样本1方差	=Var.s(样本数据1)
6	样本2方差	=Var.s(样本数据2)
7	用户输入	
8	置信水平	0.95
9	计算结果	
10	分子自由度	=样本1容量-1
11	分母自由度	=样本2容量-1
12	a/2F值	=F.inv.rt((1-置信水平)/2,分子自由度,分母自由度)
13	1-a/2F值	=F.inv.rt(1-(1-置信水平)/2,分子自由度,分母自由度)
14	置信区间下限	=（样本1方差/样本2方差）/(a/2F值)
15	置信区间上限	=（样本1方差/样本2方差）/(1-a/2F值)

图 1-4-17 总体方差之比的区间估计-函数表单

函数表单中使用 F.inv.rt 函数来计算 F 值,下面就这个函数的基本情况作简要介绍:

用途:返回右尾 F 概率分布的逆函数值,即 F 分布的概率度。

语法:F.inv.rt(probability, degrees_freedom1, degrees_freedom2)。

参数:probability 是 F 分布的右侧累计概率值,degrees_freedom1 是分子自由度,degrees_freedom2 是分母自由度。

举例:公式"= F.inv.rt(0.1,86,74)"返回 1.337887726。Microsoft Excel 还提供了一个函数 F.inv 来返回左尾 F 概率分布的概率度,大家感兴趣可以自行测试。

思考练习

1. 构建"两个总体均值之差的区间估计"函数表单,并保存工作簿文件名为"练习 7.xls"。

2. 构建"两个总体比率之差的区间估计"函数表单,并保存工作簿文件名为"练习 8.xls"。

3. 构建"必要样本容量"的函数表单,并保存工作簿文件名为"练习 9.xls"。

实验五 假设检验

一、实验目的及要求

(一)实验目的

应用统计软件,在样本数据已获取的基础上,对总体参数进行假设检验。

(二)实验要求

(1)了解不同假设检验内容要求的不同检验统计量和检验方法。

(2)掌握 Microsoft Excel 中应用函数表单进行假设检验的方法和步骤。

(3)掌握 Microsoft Excel 中应用分析工具库进行假设检验的方法和步骤。

二、总体标准差已知,总体均值的假设检验——Z 检验

假设检验是对总体的概率分布或分布参数做出某种声明(断言或假设),然后根据抽样得到的样本观测值,运用数理统计的分析方法,检验这种声明是否应被否定,从而决定拒绝还是不拒绝该声明的统计推断过程。

小贴士:总体标准差已知,总体均值的假设检验——Z 检验

$$检验统计量 Z = \frac{\bar{X} - \mu}{\dfrac{\sigma}{\sqrt{n}}}$$

(一)临界值法构建函数表单

一般假设检验要完成六步工作:

第一步,提出原假设 H0 及备择假设 H1。

第二步,选择显著性水平 α,列示已知数据,如样本容量 n 等。

第三步,确定合适的检验统计量及抽样分布。

第四步,确定划分拒绝域的临界值。

第五步,搜集样本数据,计算检验统计量的值。

第六步,将检验统计量与拒绝域临界值对比,给出统计学和专业上的结论。统计学的结论表达为拒绝还是不拒绝原假设 H0;专业性结论则要结合研究问题及数据背景等,给出拒绝或不拒绝原假设在专业问题上意味着什么。

Microsoft Excel 假设检验的临界值法函数表单方法,就是将上述六个步骤在工作表上逐步实现的过程。由于函数表单的设计是要开发一个能反复使用的工具,所以一般第六步函数表单仅给出统计学意义上的结论,而经济管理学等专业意义上的结论可以依据统

计学的结论并结合实际分析的经济管理等专业含义来表述。下面使用数据来说明"总体标准差已知,总体均值的假设检验"的临界值法函数表单的构建方法和步骤。

比如,统计了学生早上起床到收拾好东西去上课所需要的时间,随机选取 25 个人,统计时间单位为分钟,取整数值统计,样本数据如图 1-5-1 所示。总体的标准差已知为 8 分钟,能否在 0.05 的显著性系数下认为全部学生该类时间耗费的均值为 50 分钟呢?

	A
1	样本数据
2	44
3	52
4	50
5	40
6	56
7	33
8	43
9	41
10	45
11	40
12	41
13	49
14	31
15	45
16	55
17	52
18	55
19	39
20	59
21	50
22	43
23	48
24	47
25	43
26	39

图 1-5-1 "总体标准差已知,总体均值的假设检验"样本数据

第一步,用鼠标左键单击 A 列的列标,选中激活整个 A 列。在"公式"菜单中找到"定义的名称"卡片集,点击"根据所选内容创建"卡片,打开"以选定区域的值创建名称"对话框,选中"首行"复选框后,点击"确定"按钮,将 A 列命名为"样本数据"。

第二步,构建函数表单框架。C2 单元格输入"双侧检验";C3 单元格输入"H0:总体均值=总体均值假设值";C4 单元格输入"H1:总体均值≠总体均值假设值";C5 单元格输入"样本统计量";C6 单元格输入"样本容量";C7 单元格输入"样本均值";C8 单元格输入"用户输入";C9 单元格输入"总体标准差";C10 单元格输入"显著性水平";C11 单元格输入"总体均值假设值";C12 单元格输入"双侧结果";C13 单元格输入"抽样平均误差";C14 单元格输入"检验统计量";C15 单元格输入"检验临界值双";C16 单元格输入"双侧检验结论";C17 单元格输入"左侧检验";C18 单元格输入"H0:总体均值≥总体均值假设值";C19 单元格输入"H1:总体均值<总体均值假设值";C20 单元格输入"检验临界值左";C21 单元格输入"左侧检验结论";C22 单元格输入"右侧检验";C23 单元格输入"H0:总体均值≤总体均值假设值";C24 单元格输入"H1:总体均值>总体均值假设值";C25 单元格输入"检验临界值右";C26 单元格输入"右侧检验结论"。按住"Ctrl"键,选中 C6:D6、C7:D7、C9:D9、C10:D10、C11:D11、C13:D13、C14:D14、C15:D15、C20:D20 和 C25:D25 等十组单元格,在"公式"菜单中找到"定义的名称"卡片集,点击"根据所选内容创建"卡片,打开"以选定区域的值创建名称"对话框,选中"最左列"复选框后,点击"确定"按钮,完成对函数表单框架的命名。

第三步,输入框架下对应的数据和函数公式。D6 单元格输入公式"=Count(样本数据)";D7 单元格输入公式"=Average(样本数据)";D9 单元格输入已知的总体标准差,如示例中的 8;D10 单元格输入显著性水平值,如 0.05;D11 单元格输入总体均值的假设值,如示例中的 50;D13 单元格输入公式"=总体标准差/Sqrt(样本容量)";D14 单元格输入公式"=(样本均值−总体均值假设值)/抽样平均误差";D15 单元格输入公式"=ABS(Norm.s.inv(显著性水平/2))";D16 单元格输入公式"=If(Abs(检验统计量)>检验临界值双,"拒绝 H0","不拒绝 H0")";D20 单元格输入公式"=Norm.s.inv(显著性水平)";D21 单元格输入公式"=If(检验统计量<检验临界值左,"拒绝 H0","不拒绝 H0")";D25 单元格输入公式"=Norm.s.inv(1−显著性水平)";D26 单元格输入公式"=If(检验统计量>检验临界值右,"拒绝 H0","不拒绝 H0")"。输入内容如图 1-5-2 所示。

	C	D
1		总体标准差已知,总体均值检验
2	双侧检验	
3		H0:总体均值=总体均值假设值
4		H1:总体均值≠总体均值假设值
5	样本统计量	
6	样本容量	=Count(样本数据)
7	样本均值	=Average(样本数据)
8	用户输入	
9	总体标准差	8
10	显著性水平	0.05
11	总体均值假设值	50
12	双侧结果	
13	抽样平均误差	=总体标准差/Sqrt(样本容量)
14	检验统计量	=(样本均值−总体均值假设值)/抽样平均误差
15	检验临界值双	=ABS(Norm.s.inv(显著性水平/2))
16	双侧检验结论	=If(Abs(检验统计量)>检验临界值双,"拒绝H0","不拒绝H0")
17	左侧检验	
18		H0:总体均值≥总体均值假设值
19		H1:总体均值<总体均值假设值
20	检验临界值左	=Norm.s.inv(显著性水平)
21	左侧检验结论	=If(检验统计量<检验临界值左,"拒绝H0","不拒绝H0")
22	右侧检验	
23		H0:总体均值≤总体均值假设值
24		H1:总体均值>总体均值假设值
25	检验临界值右	=Norm.s.inv(1−显著性水平)
26	右侧检验结论	=If(检验统计量>检验临界值右,"拒绝H0","不拒绝H0")

图 1-5-2　"总体标准差已知,总体均值检验"临界值法函数表单

对示例给出的数据使用函数表单的结果如图 1-5-3 所示。显然,由抽出的 25 个随机样本数据来看,在 0.05 显著性水平条件下,双侧检验结果拒绝了平均时间为 50 分钟的假设。我们可以试着去改变函数表单中 D11 单元格代表总体均值的假设值,或者改变 D10 单元格的显著性水平值,来观察检验结果。比如我们观察到 D7 单元格的样本均值为 45.60,可以在 D11 单元格中输入 45,双侧检验结果就会变为"不拒绝",说明通过样本数据分析,能在 0.05 显著性水平条件下认为平均时间为 45 分钟。

图 1-5-3 "总体标准差已知,总体均值检验"临界值法函数表单结果

当然,一次具体的假设检验工作,只可能是双侧、左侧或右侧检验其中的一个。但作为应用性工具开发,假设检验临界值法函数表单的开发,因为有很多的内容在双侧、左侧和右侧检验中是重复的(比如检验的方向并不会影响样本容量、样本均值、抽样平均误差等),所以在开发时可以在一个表单里同时呈现双侧、左侧和右侧的统计结论。在使用时,依据假设检验的工作来观察相应的结论(忽略其他的结论)就可以了。

> **小贴士:IF 函数**
>
> 用途:判断一个条件是否满足,如果满足返回一个值,如果不满足则返回另一个值。
>
> 语法:IF(logical_test,value_if_true,value_if_false)。
>
> 参数:logical_test 表示计算结果为 true 或 false 的任意值或表达式。例如,A10 = 100 就是一个逻辑表达式,如果单元格 A10 中的值等于 100,表达式即为 true,否则为 false。Logical_test 参数可使用任何比较运算符。value_if_true 是 logical_test 结果为 true 时返回的值,如果 logical_test 为 true 而 value_if_true 为空,则返回 0(零)。value_if_true 也可以是其他公式。value_if_false 是 logical_test 结果为 false 时返回的值。如果 logical_test 为 false 且忽略了 value_if_false(即 value_if_true 后没有逗号),则会返回逻辑值 false。如果 logical_test 为 false 且 value_if_false 为空(即 value_if_true 后有逗号,并紧跟着右括号),则本参数返回 0(零)。value_if_false 也可以是其他公式。
>
> 需要注意的是,value_if_true 或 value_if_false 的值如果是文本型,需要用英文双引号框定。比如计划返回的是"拒绝原假设"这五个字,需要输入"拒绝原假设",把字符框在英文双引号内。

(二)P 值法函数表单

包括 Microsoft Excel 在内的很多软件,在运行扩展函数的时候都会计算出 P 值。P 值通常被认为是观察到的显著性水平(或由样本计算出的显著性水平),是在给定的原假设

正确的情况下,统计量等于或超过由样本计算出的统计量的值的概率。它是原假设不被拒绝的最小概率水平。P 值法就是利用计算出来的 P 值同给定的显著性水平 α 进行比较:如果 P 值大于等于 α,不拒绝原假设;如果 P 值小于 α,拒绝原假设。

假设检验中求 P 值要经过五个步骤:

(1)提出原假设 H0 及备择假设 H1。

(2)选择显著性水平 α,给出已知量,比如样本容量 n 等。

(3)确定合适的检验统计量及抽样分布。

(4)搜集样本数据计算样本统计值和 P 值。

(5)比较 P 值和显著性水平 α,给出统计学意义上的结论和经济管理学等专业上的结论。

Microsoft Excel 假设检验的 P 值法函数表单,就是将上述五个步骤在工作表上逐步实现的过程。下面我们仍然使用图 1-5-1 的数据和假设来说明"总体标准差已知,总体均值的假设检验"P 值法函数表单的基本情况。图 1-5-4 即为"总体标准差已知,总体均值的双侧假设检验"的 P 值法函数表单。

将图 1-5-1 的数据和假设输入 P 值法函数表单当中,返回的结果如图 1-5-5 所示。当然你也可以通过调整 D11 单元格代表总体均值的假设值,或者改变 D10 单元格的显著性水平值来观察结果的变化。

	C	D
1	总体标准差已知,总体均值检验	
2	双侧检验	
3	H0:总体均值=总体均值假设值	
4	H1:总体均值≠总体均值假设值	
5	样本统计量	
6	样本容量	=COUNT(样本数据)
7	样本均值	=AVERAGE(样本数据)
8	用户输入	
9	总体标准差	8
10	显著性水平	0.05
11	总体均值假设值	50
12	双侧结果	
13	抽样平均误差	=总体标准差/SQRT(样本容量)
14	检验统计量	=(样本均值-总体均值假设值)/抽样平均误差
15	P值双	=2*(1-(Norm.s.dist(Abs(检验统计量), true)))
16	双侧检验结论	=IF(P值双>显著性水平, "不拒绝H0", "拒绝H0")
17	左侧检验	
18	H0:总体均值≥总体均值假设值	
19	H1:总体均值<总体均值假设值	
20	P值左	=NORM.S.DIST(检验统计量, TRUE)
21	左侧检验结论	=IF(P值左>显著性水平, "不拒绝H0", "拒绝H0")
22	右侧检验	
23	H0:总体均值≤总体均值假设值	
24	H1:总体均值>总体均值假设值	
25	P值右	=1-NORM.S.DIST(检验统计量, TRUE)
26	右侧检验结论	=IF(P值右>显著性水平, "不拒绝H0", "拒绝H0")

图 1-5-4　"总体标准差已知,总体均值检验"
P 值法函数表单

	C	D
1	总体标准差已知,总体均值检验	
2	双侧检验	
3	H0:总体均值=总体均值假设值	
4	H1:总体均值≠总体均值假设值	
5	样本统计量	
6	样本容量	25.00
7	样本均值	45.60
8	用户输入	
9	总体标准差	8.00
10	显著性水平	0.05
11	总体均值假设值	50.00
12	双侧结果	
13	抽样平均误差	1.60
14	检验统计量	-2.75
15	P值双	0.01
16	双侧检验结论	拒绝H0
17	左侧检验	
18	H0:总体均值≥总体均值假设值	
19	H1:总体均值<总体均值假设值	
20	P值左	0.00
21	左侧检验结论	拒绝H0
22	右侧检验	
23	H0:总体均值≤总体均值假设值	
24	H1:总体均值>总体均值假设值	
25	P值右	1.00
26	右侧检验结论	不拒绝H0

图 1-5-5　"总体标准差已知,总体均值检验"
P 值法函数表单结果

小贴士:Norm.s.dist 函数

在 P 值法函数表单中,我们使用了 Norm.s.dist 函数来计算 P 值,下面就这个函数的用法作简要介绍:

用途:返回标准正态分布的函数(或累计函数)值,该分布的平均值为 0,标准偏差为 1。

语法:NORMSDIST(z,cumulative)。

参数:z 为需要计算其分布的区间点;cumulative 是逻辑值,当函数为累计分布函数时,返回为 true,当函数为概率密度函数时,返回值为 false。

举例:公式"=Norm.s.dist(1.96,true)"的计算结果为 0.975002105。

(三)综合函数表单

从临界值法和 P 值法的函数表单来看,基本计算量都差不多,所以我们可以把它们合并成一个综合表格,同时用临界值和 P 值来判定结论。图1-5-6展示了"总体标准差已知,总体均值检验"的综合函数表单。实际上,两种方法针对同一个样本数据、同一个具体的假设,其统计结论肯定是一样的。所以,综合函数表单只是给大家提供了综合性的展示,不用在 P 值和临界值法的选择上纠结。

	C	D
1		总体标准差已知,总体均值检验
2	双侧检验	
3		H0:总体均值=总体均值假设值
4		H1:总体均值≠总体均值假设值
5	样本统计量	
6	样本容量	=COUNT(样本数据)
7	样本均值	=AVERAGE(样本数据)
8	用户输入	
9	总体标准差	
10	显著性水平	
11	总体均值假设值	
12	双侧结果	
13	抽样平均误差	=总体标准差/SQRT(样本容量)
14	检验统计量	=(样本均值-总体均值假设值)/抽样平均误差
15	检验临界值双	=ABS(NORM.S.INV(显著性水平/2))
16	P值双	=2*(1-(NORM.S.DIST(ABS(检验统计量),TRUE)))
17	双侧检验结论(临界)	=IF(ABS(检验统计量)>检验临界值双,"拒绝H0","不拒绝H0")
18	双侧检验结论(P值)	=IF(P值双>显著性水平,"不拒绝H0","拒绝H0")
19	左侧检验	
20		H0:总体均值≥总体均值假设值
21		H1:总体均值<总体均值假设值
22	检验临界值左	=NORM.S.INV(显著性水平)
23	P值左	=NORM.S.DIST(检验统计量,TRUE)
24	左侧检验结论(临界)	=IF(检验统计量<检验临界值左,"拒绝H0","不拒绝H0")
25	左侧检验结论(P值)	=IF(P值左>显著性水平,"不拒绝H0","拒绝H0")
26	右侧检验	
27		H0:总体均值≤总体均值假设值
28		H1:总体均值>总体均值假设值
29	检验临界值右	=NORM.S.INV(1-显著性水平)
30	P值右	=1-NORM.S.DIST(检验统计量,TRUE)
31	右侧检验结论(临界)	=IF(检验统计量>检验临界值右,"拒绝H0","不拒绝H0")
32	右侧检验结论(P值)	=IF(P值右>显著性水平,"不拒绝H0","拒绝H0")

图1-5-6 "总体标准差已知,总体均值检验"综合函数表单

三、总体标准差未知,总体均值的假设检验——t 检验

就如同我们在总体均值区间估计的时候所说的那样,在很多情况下,我们并不知道总体标准差。如果样本为大样本,则可以继续用类似于"总体标准差已知,总体均值假设检验"的函数表单,只是不能在用户输入处输入已知的总体标准差,而要在样本统计量下增设一行,用以计算样本标准差,并在计算抽样平均误差时,用样本标准差对总体标准差进行点估计,带入抽样平均误差的计算公式。

如果总体服从正态分布,样本为小样本,则样本均值的抽样分布服从自由度为 $n-1$ 的 t 分布。

小贴士:**总体标准差未知,总体均值的假设检验——** t **检验**

$$检验统计量\ t = \frac{\bar{X} - \mu}{\dfrac{S}{\sqrt{n}}}$$

接下来,我们就不再分临界法和 P 值法,直接来讨论"总体标准差未知,总体均值假设检验"的综合函数表单,如图 1-5-7 所示。

	C	D
1		总体标准差未知,小样本,总体均值检验
2	双侧检验	
3		H0:总体均值=总体均值假设值
4		H1:总体均值≠总体均值假设值
5	样本统计量	
6	样本容量	=COUNT(样本数据)
7	样本均值	=AVERAGE(样本数据)
8	样本标准差	=Stdev.s(样本数据)
9	用户输入	
10	显著性水平	
11	总体均值假设值	
12	双侧结果	
13	抽样平均误差	=总体标准差/SQRT(样本容量)
14	自由度	=样本容量-1
15	检验统计量	=(样本均值-总体均值假设值)/抽样平均误差
16	检验临界值双	=T.inv.2t(显著性水平,自由度)
17	P值双	=T.dist.2t(abs(检验统计量),自由度)
18	双侧检验结论(临界)	=IF(ABS(检验统计量)>检验临界值双,"拒绝H0","不拒绝H0")
19	双侧检验结论(P值)	=IF(P值双>显著性水平,"不拒绝H0","拒绝H0")
20	左侧检验	
21		H0:总体均值≥总体均值假设值
22		H1:总体均值<总体均值假设值
23	检验临界值左	=T.inv(显著性水平,自由度)
24	P值左	=T.dist(检验统计量,自由度,True)
25	左侧检验结论(临界)	=IF(检验统计量<检验临界值左,"拒绝H0","不拒绝H0")
26	左侧检验结论(P值)	=IF(P值左>显著性水平,"不拒绝H0","拒绝H0")
27	右侧检验	
28		H0:总体均值≤总体均值假设值
29		H1:总体均值>总体均值假设值
30	检验临界值右	=T.inv(1-显著性水平,自由度)
31	P值右	=T.dist.rt(检验统计量,自由度)
32	右侧检验结论(临界)	=IF(检验统计量>检验临界值右,"拒绝H0","不拒绝H0")
33	右侧检验结论(P值)	=IF(P值右>显著性水平,"不拒绝H0","拒绝H0")

图 1-5-7 "总体标准差未知,小样本,总体均值假设检验"的综合函数表单

函数表单中使用了 T.inv.2t、T.inv 两个函数分别计算双尾和左尾 t 分布的概率度临界值,还使用了 T.dist.2t、T.dist、T.dist.rt 三个函数分别计算双尾、左尾和右尾 t 分布的概率 P 值。其中 T.inv.2t 函数,我们在实验四中已经做了介绍,下面就其他四个函数的基本情况作简要介绍:

1. T.inv

用途:返回作为概率和自由度函数的 t 分布的左尾概率度。

语法:T.inv(probability,degrees_freedom)。

参数:probability 为对应于左尾 t 分布的累积概率,degrees_freedom 为分布的自由度。

举例:公式"=T.inv(0.25,2)"返回-0.816496581。

2. T.dist.2t

用途:返回双尾学生 t 分布的百分点(概率)。

语法:T.dist.2t(x,degrees_freedom)。

参数:x 为需要计算分布的数字,一般为双尾右侧分布数字,所以需要是正数;degrees_freedom 为表示自由度的整数。

举例:公式"=T.dist.2t(60,2)"返回 0.000277662。

3. T.dist

用途:返回左尾学生 t 分布的百分点(概率)。

语法:T.dist(x,degrees_freedom,cumulative)。

参数:x 为需要计算分布的数字,degrees_freedom 为表示自由度的整数,cumulative 是逻辑值。当函数为累计分布函数时,返回为 True;当函数为概率密度函数时,返回值为 False。

举例:公式"=T.dist(60,2,True)"返回 0.999861169。

4. T.dist.rt

用途:返回右尾学生 t 分布的百分点(概率)。

语法:T.dist.rt(x,degrees_freedom)。

参数:x 为需要计算分布的数字,degrees_freedom 为表示自由度的整数。

举例:公式"=T.dist.rt(60,2)"返回 0.000138831。

四、比率的假设检验——Z 检验

总体比率的假设检验构建的检验统计量为

$$Z = \frac{p - \pi}{\sqrt{\dfrac{\pi(1 - \pi)}{n}}}$$

其中,p 代表样本比率,π 代表总体比率假设值,n 为样本容量,且要求 np 和 $n(1-p)$ 均大于5。

图 1-5-8 展示了总体比率假设检验的综合函数表单。

	C	D
1		总体比率的假设检验
2	双侧检验	
3		H0:总体比率=总体比率假设值
4		H1:总体比率≠总体比率假设值
5	样本统计量	
6	样本容量	=COUNT(样本数据)
7	用户输入	
8	样本比率	
9	显著性水平	
10	总体比率假设值	
11	双侧结果	
12	抽样平均误差	=Sqrt(样本比率*(1-样本比率)/样本容量)
13	检验统计量	=(样本比率-总体比率假设值)/抽样平均误差
14	检验临界值双	=Norm.s.inv(1-显著性水平/2)
15	P值双	=2*(1-(Norm.s.dist(Abs(检验统计量),true)))
16	双侧检验结论(临界)	=IF(ABS(检验统计量)>检验临界值双,"拒绝H0","不拒绝H0")
17	双侧检验结论(P值)	=IF(P值双>显著性水平,"不拒绝H0","拒绝H0")
18	左侧检验	
19		H0:总体比率≥总体比率假设值
20		H1:总体比率<总体比率假设值
21	检验临界值左	=Norm.s.inv(显著性水平)
22	P值左	=NORM.S.DIST(检验统计量,TRUE)
23	左侧检验结论(临界)	=IF(检验统计量<检验临界值左,"拒绝H0","不拒绝H0")
24	左侧检验结论(P值)	=IF(P值左>显著性水平,"不拒绝H0","拒绝H0")
25	右侧检验	
26		H0:总体比率≤总体比率假设值
27		H1:总体比率>总体比率假设值
28	检验临界值右	=Norm.s.inv(1-显著性水平)
29	P值右	=1-NORM.S.DIST(检验统计量,TRUE)
30	右侧检验结论(临界)	=IF(检验统计量>检验临界值右,"拒绝H0","不拒绝H0")
31	右侧检验结论(P值)	=IF(P值右>显著性水平,"不拒绝H0","拒绝H0")

图 1-5-8 总体比率假设检验的综合函数表单

五、总体方差的检验——卡方检验

总体方差的假设检验构建的检验统计量为

$$\chi^2 = \frac{(n-1) S^2}{\sigma_0^2}$$

其中，S 代表样本标准差，σ_0 代表总体标准差假设值，n 为样本容量。检验统计量服从自由度为 $n-1$ 的卡方分布。

图 1-5-9 展示了总体方差假设检验的综合函数表单。

	C	D
1		总体方差的假设检验
2	双侧检验	
3		H0：总体方差=总体方差假设值
4		H1：总体方差≠总体方差假设值
5	样本统计量	
6	样本容量	=COUNT(样本数据)
7	样本方差	
8	用户输入	
9	显著性水平	
10	总体方差假设值	
11	双侧结果	
12	自由度	=样本容量-1
13	检验统计量	=自由度*样本方差/总体方差假设值
14	检验临界值双左	=Chisq.inv(显著性水平/2,自由度)
15	检验临界值双右	=Chisq.inv.rt(显著性水平/2,自由度)
16	双侧检验结论(临界)	=IF(And(检验统计量>检验临界值双左,检验统计量<检验临界值双右),"不拒绝H0","拒绝H0")
17	左侧检验	
18		H0：总体方差≥总体方差假设值
19		H1：总体方差<总体方差假设值
20	检验临界值左	=Chisq.inv(显著性水平,自由度)
21	P值左	=Chisq.dist(检验统计量,自由度,True)
22	左侧检验结论(临界)	=IF(检验统计量<检验临界值左,"拒绝H0","不拒绝H0")
23	左侧检验结论(P值)	=IF(P值左>显著性水平,"不拒绝H0","拒绝H0")
24	右侧检验	
25		H0：总体方差≤总体方差假设值
26		H1：总体方差>总体方差假设值
27	检验临界值右	=Chisq.inv.rt(显著性水平,自由度)
28	P值右	=Chisq.dist.rt(检验统计量,自由度)
29	右侧检验结论(临界)	=IF(检验统计量>检验临界值右,"拒绝H0","不拒绝H0")
30	右侧检验结论(P值)	=IF(P值右>显著性水平,"不拒绝H0","拒绝H0")

图 1-5-9　总体方差假设检验的综合函数表单

函数表单中使用 Chisq.inv、Chisq.inv.rt 两个函数来分别计算左尾和右尾卡方概率度临界值，使用 Chisq.dist、Chisq.dist.rt 两个函数来分别计算左尾和右尾卡方概率 P 值。其中，Chisq.inv.rt 函数已经在实验四介绍了，下面就其他三个函数的基本情况作简要介绍：

1. Chisq.inv

用途：返回具有给定左侧累计概率的卡方分布概率度。

语法：Chisq.inv(probability,degrees_freedom)。

参数：probability 为卡方分布的左侧累计概率，degrees_freedom 为自由度。

举例：公式"=Chisq.inv(0.5,2)"返回 1.386294361。

2. Chisq.dist

用途：返回卡方分布的左尾概率。

语法：Chisq.dist(x,degrees_freedom,cumulative)。

参数：x 为需要计算分布的数字，由于卡方分布只能在第一象限取值，所以 x 为非负数。degrees_freedom 为表示自由度的整数,cumulative 是逻辑值。当函数为累计分布函数时,返回为 True;当函数为概率密度函数时,返回值为 False。

举例:公式"=Chisq.dist(6,2,True)"返回 0.950212932。

3. Chisq.dist.rt

用途:返回卡方分布的右尾概率。

语法:Chisq.dist.rt(x,degrees_freedom)。

参数:x 为需要计算分布的数字,由于卡方分布只能在第一象限取值,所以 x 为非负数。degrees_freedom 为表示自由度的整数。

举例:公式"=Chisq.dist.rt(6,2)"返回 0.049787068。

六、两个总体方差的 F 检验

通常,你需要判断两个独立总体是否具有相同的波动性,这个判断需要通过对方差的检验来进行。两个独立总体方差的检验是基于两个样本方差的比率。如果假定每个总体是正态分布,则两个样本方差之比服从 F 分布。

小贴士:两个总体方差的 F 检验统计量

F 检验统计量是样本 1 的方差除以样本 2 的方差:

$$F = \frac{S_1^2}{S_2^2}$$

F 检验统计量服从自由度为 n_1-1 和 n_2-1 的 F 分布,其中,n_1-1 是样本 1 自由度(分子的自由度),n_2-1 是样本 2 自由度(分母的自由度)。

Microsoft Excel 提供了"F-检验 双样本方差"分析工具扩展函数来完成两个方差的 F 检验。比如,图 1-5-10 列示的两组数据分别是按标准方法和改进方法获取的样本数据,分析它们对应总体的方差检验。

	A	B	C
1	序号	标准方法	改进方法
2	1	88.1	89.1
3	2	82.4	91.0
4	3	86.2	87.3
5	4	84.3	89.1
6	5	87.4	90.0
7	6	88.4	89.1
8	7	86.0	89.1
9	8	85.5	87.3
10	9	86.7	90.2
11	10	87.3	92.1

图 1-5-10　两个总体方差的 F 检验示例数据

第一步,使用"数据-数据分析"菜单,打开数据分析对话框,选择"F-检验 双样本方差"分析工具,点击"确定"按钮打开"F-检验 双样本方差"对话框。

第二步,点击变量 1 的区域右侧的箭头,选择 B1 至 B11 单元格;点击变量 2 的区域右侧的箭头，选择 C1 至 C11 单元格；数据包含了标志，所以选中标志复选框；显著性系数 α 默认为 0.05；输出区域点击右侧的箭头，选择 E1 单元格，如图 1-5-11 所示。

第三步，点击"确定"按钮，返回分析结果，如图 1-5-12 所示。

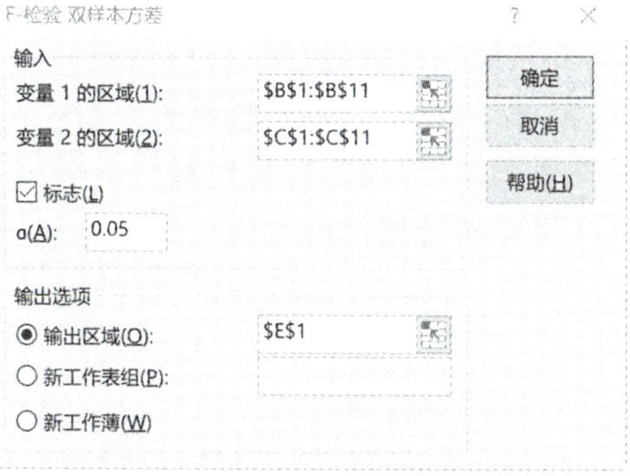

图 1-5-11 "F-检验 双样本方差分析"对话框

	E	F	G
1	F-检验 双样本方差分析		
2			
3		标准方法	改进方法
4	平均	86.23	89.43
5	方差	3.32456	2.22456
6	观测值	10	10
7	df	9	9
8	F	1.49448	
9	P(F<=f) 单尾	0.27951	
10	F 单尾临界	3.17889	

图 1-5-12 "F-检验 双样本方差分析"返回结果

"F-检验 双样本方差"分析相当于构建了以下假设内容：

原假设 H0：总体 1 的方差 = 总体 2 的方差

备择假设 H1：总体 1 的方差 ≠ 总体 2 的方差

返回结果判断是：(1) 若 F 大于临界值，拒绝 H0，说明在给定的显著性水平 α 条件下（例子中是 0.05），两总体方差存在显著差异；反之，不拒绝 H0，说明在给定的显著性水平 α 条件下（例子中是 0.05），两总体方差不存在显著差异。(2) 若 P 小于显著性水平 α，拒绝 H0，说明在给定的显著性水平 α 条件下（例子中是 0.05），两总体方差存在显著差异；反之，不拒绝 H0，说明在给定的显著性水平 α 条件下（例子中是 0.05），两总体方差不存在显著差异。

以示例数据的返回结果来看，F 统计量 = 1.49448 < F 单尾临界 = 3.17889，结果说明不能拒绝原假设，也即可在 0.05 的显著性水平下认为两个总体方差相等；P 值 = 0.27951 > α = 0.05，结果也说明不能拒绝原假设。

七、两个独立总体均值比较的检验

（一）两个总体均值比较的 Z 检验

假定从第一个总体中抽取一个容量为 n_1 的随机样本，从第二个总体中抽取一个容量为 n_2 的随机样本，并且已知第一个总体标准差为 σ_1，第二个总体标准差为 σ_2；如果用 μ_1 表示总体 1 的均值，用 μ_2 表示总体 2 的均值，检验统计量用于确定总体均值的差异，是基于样本均值的差构建的。如果假定样本是随机独立地从正态分布总体中抽取的，则统计量服从标准正态分布。如果总体不是正态分布的，但当样本容量足够大时（$n_1+n_2 \geq 30$），Z 检验仍然适合。

小贴士：两个总体均值比较的 Z 检验

$$Z = \frac{(\bar{X}_1 - \bar{X}_2) - (\mu_1 - \mu_2)}{\sqrt{\dfrac{\sigma_1^2}{n_1} + \dfrac{\sigma_2^2}{n_2}}}$$

Microsoft Excel 提供了“Z-检验:双样本平均差检验”分析工具扩展函数来完成两个总体均值比较的 Z 检验。使用“数据-数据分析”菜单,打开数据分析对话框,选择“Z-检验:双样本平均差检验”分析工具,点击“确定”按钮打开“Z-检验:双样本平均差检验”对话框,如图 1-5-13 所示。变量 1 的区域选择样本 1 数据所在单元格;变量 2 的区域选择样本 2 数据所在单元格;假设平均差是总体 1 均值和总体 2 均值的假设离差,如果输入 0,则检验两个总体均值是否相等;变量 1 的方差输入总体 1 的方差值;变量 2 的方差输入总体 2 的方差值;数据包含了标志,则选中标志复选框,反之不选;显著性系数 α 默认为 0.05;输出区域点击右侧的箭头,选择一个右侧和下侧没有数据的单元格。

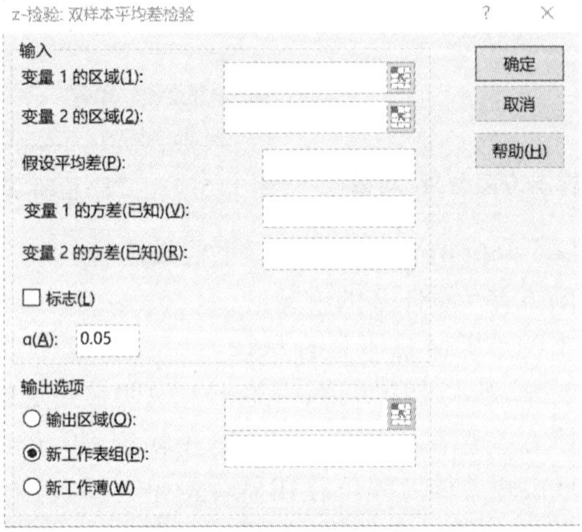

图 1-5-13 “Z-检验:双样本平均差检验”对话框

图 1-5-14 是某次“Z-检验:双样本平均差检验”的返回结果。

	D	E	F
1	z-检验: 双样本均值分析		
2			
3		第一次测试成绩	第二次测试成绩
4	平均	79	80.8125
5	已知协方差	5	6
6	观测值	32	32
7	假设平均差	0	
8	z	-3.091410387	
9	P(Z<=z) 单尾	0.000996041	
10	z 单尾临界	1.644853627	
11	P(Z<=z) 双尾	0.001992081	
12	z 双尾临界	1.959963985	

图 1-5-14 “Z-检验:双样本平均差检验”返回结果

由于假设平均差为零,所以相当于构建了以下假设内容:

原假设 H0:总体 1 的均值-总体 2 的均值=0

备择假设 H1:总体 1 的均值-总体 2 的均值≠0

返回结果判断是:(1)若 Z 的绝对值大于 Z 双尾临界值(或 Z 单尾临界),拒绝 H0,说明在给定的显著性水平 α 条件下,两总体均值存在显著差异;反之,不拒绝 H0,说明在给定的显著性水平 α 条件下,两总体均值不存在显著差异。(2) 若 P 双尾(或 P 单尾) 小于显著性水平 α,拒绝 H0,说明在给定的显著性水平 α 条件下,两总体均值存在显著差异;

反之,不拒绝 H0,说明在给定的显著性水平 α 条件下,两总体均值不存在显著差异。示例的结果中,P 双尾 0.001992081 < 0.05,Z 的绝对值 3.091410387 > Z 双尾临界值 1.959963985,两条均说明统计结论为"在 0.05 的显著性水平条件下,拒绝 H0"。

(二)等方差假设两个总体均值比较的 t 检验

大多数情况下,两个总体的方差是未知的,仅有的信息是样本均值和样本方差。如果假定样本是从随机独立地从正态分布总体中抽取的,总体方差相等,则可以使用等方差假设两个总体均值比较的 t 检验。如果总体不是正态分布的,但当样本容量足够大时($n_1 + n_2 \geq 30$),等方差假设两个总体均值比较的 t 检验仍然适合。

小贴士:等方差假设两个总体均值比较的 t 检验

检验统计量 $t = \dfrac{(\bar{X}_1 - \bar{X}_2) - (\mu_1 - \mu_2)}{\sqrt{S_p^2 \left(\dfrac{1}{n_1} + \dfrac{1}{n_2}\right)}}$ 服从自由度为 $n_1 + n_2 - 2$ 的 t 分布。

式中,合并样本方差 $S_p^2 = \dfrac{(n_1 - 1)S_1^2 + (n_2 - 1)S_2^2}{(n_1 - 1) + (n_2 - 1)}$。当 $n_1 = n_2$ 时,$S_p^2 = \dfrac{S_1^2 + S_2^2}{2}$。

Microsoft Excel 提供了"t-检验:双样本等方差假设"分析工具扩展函数来完成等方差假设两个总体均值比较的 t 检验。使用"数据-数据分析"菜单,打开"数据分析"对话框,选择"t-检验:双样本等方差假设"分析工具,点击"确定"按钮打开"t-检验:双样本等方差假设"对话框,如图 1-5-15 所示。对话框输入内容与"Z-检验:双样本平均差检验"对话框类似,这里就不再赘述。

还记得图 1-5-10 的数据,由于该数据经过"F-检验 双样本方差分析"可在 0.05 的显著性水平下认为两个总体方差相等,满足等方差的假设。所以可以对其进行等方差假设两个总体均值比较的 t 检验,检验结果如图 1-5-16 所示。

t-检验: 双样本等方差假设		
	标准方法	改进方法
平均	86.23	89.43
方差	3.32456	2.22456
观测值	10	10
合并方差	2.77456	
假设平均差	0	
df	18	
t Stat	-4.2957	
P(T<=t) 单尾	0.00022	
t 单尾临界	1.73406	
P(T<=t) 双尾	0.00044	
t 双尾临界	2.10092	

图 1-5-15 "t-检验:双样本等方差假设"对话框　图 1-5-16 "t-检验:双样本等方差假设"返回结果

由于假设平均差为 0,所以相当于构建了以下假设内容:

原假设 H0:总体 1 的均值-总体 2 的均值 = 0

备择假设 H1:总体 1 的均值-总体 2 的均值 ≠ 0

返回结果判断是:(1)若 t 统计量的绝对值大于 t 双尾临界值(或 t 单尾临界),拒绝 H0,说明在给定的显著性水平 α 条件下,两总体均值存在显著差异;反之,不拒绝 H0,说明在给定的显著性水平 α 条件下，两总体均值不存在显著差异。(2)若 P 双尾(或 P 单尾)小于显著性水平 α，拒绝 H0，说明在给定的显著性水平 α 条件下，两总体均值存在显著差异；反之，不拒绝 H0，说明在给定的显著性水平 α 条件下，两总体均值不存在显著差异。示例的结果中，P 双尾 $0.00044<0.05$，t 统计量的绝对值 $4.2957>t$ 双尾临界值 2.10092，两条均说明统计结论为“在 0.05 的显著性水平条件下，拒绝 H0”。

(三)异方差假设两个总体均值比较的 t 检验

在两个独立总体均值比较的检验中，如果不能假设两个总体方差相等，则不能用等方差假设两个总体均值比较的 t 检验，而要使用异方差假设两个总体均值比较的 t 检验。当数据不符合等方差假设时，如果强行使用“t-检验：双样本等方差假设”分析，就会得出错误的结论，所以对于两个总体方差是否相等的评价是相当重要的，方差是否相等是选择检验方法的依据。其实，“两个方差的 F 检验”在很大程度上就是起到这个作用，判断两个总体的方差是否相等。

Microsoft Excel 提供了“t-检验：双样本异方差假设”分析工具扩展函数来完成异方差假设两个总体均值比较的 t 检验。使用“数据-数据分析”菜单，打开“数据分析”对话框，选择“t-检验：双样本异方差假设”分析工具，点击“确定”按钮打开“t-检验：双样本异方差假设”对话框，如图 1-5-17 所示。

我们用一个例子来说明“t-检验：双样本异方差假设”分析工具的使用。示例数据如图 1-5-18 所示，为新旧灯泡使用寿命的抽样数据。

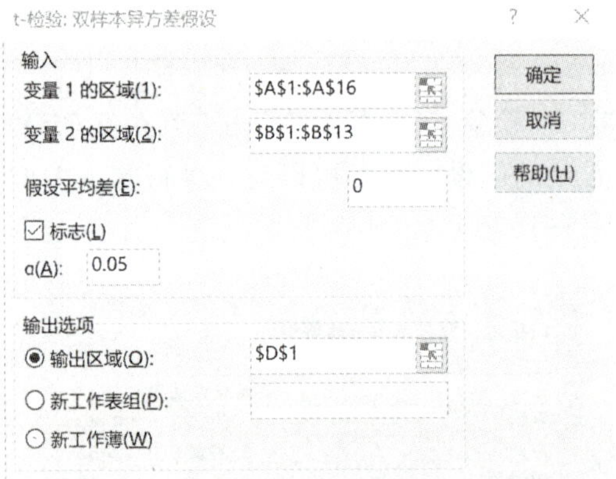

图 1-5-17 “t-检验：双样本异方差假设”对话框

	A	B
1	旧灯泡	新灯泡
2	42	55
3	46	45
4	64	58
5	53	52
6	38	54
7	44	47
8	61	51
9	44	61
10	50	49
11	60	56
12	39	52
13	51	49
14	42	
15	37	
16	45	

图 1-5-18 “t-检验：双样本异方差假设”示例数据图

首先，对数据进行“F-检验 双样本方差分析”，返回的结果如图 1-5-19 所示。

	D	E	F
1	F-检验 双样本方差分析		
2			
3		旧灯泡	新灯泡
4	平均	47.7333	52.4167
5	方差	73.2095	21.5379
6	观测值	15	12
7	df	14	11
8	F	3.39911	
9	P(F<=f) 单尾	0.02396	
10	F 单尾临界	2.73865	

图 1-5-19 示例数据“F-检验 双样本方差分析”返回结果

由"F-检验 双样本方差分析"返回结果可以知道,在 0.05 的显著性水平条件下,不能认为新旧灯泡两个总体使用寿命的方差是相等的。所以对其均值比较的检验只能使用"t-检验:双样本异方差假设"分析工具。为了方便比较,我们用图 1-5-20 把"t-检验:双样本异方差假设"分析工具和"t-检验:双样本等方差假设"分析工具的返回结果都列示出来。

		旧灯泡	新灯泡			旧灯泡	新灯泡
1	t-检验: 双样本异方差假设			t-检验: 双样本等方差假设			
2							
3		旧灯泡	新灯泡			旧灯泡	新灯泡
4	平均	47.7333	52.4167	平均		47.7333	52.4167
5	方差	73.2095	21.5379	方差		73.2095	21.5379
6	观测值	15	12	观测值		15	12
7	假设平均差	0		合并方差		50.474	
8	df	22		假设平均差		0	
9	t Stat	-1.8127		df		25	
10	P(T<=t) 单尾	0.04178		t Stat		-1.7021	
11	t 单尾临界	1.71714		P(T<=t) 单尾		0.05057	
12	P(T<=t) 双尾	0.08356		t 单尾临界		1.70814	
13	t 双尾临界	2.07387		P(T<=t) 双尾		0.10115	
14				t 双尾临界		2.05954	

图 1-5-20　"t-检验:双样本异方差假设"返回结果

设置假设平均差为 0,相当于构建了以下假设内容:

原假设 H0:总体 1 的均值-总体 2 的均值=0

备择假设 H1:总体 1 的均值-总体 2 的均值≠0

返回结果判断是:(1)若 t 统计量的绝对值大于 t 双尾临界值(或 t 单尾临界),拒绝 H0,说明在给定的显著性水平 α 条件下,两总体均值存在显著差异;反之,不拒绝 H0,说明在给定的显著性水平 α 条件下,两总体均值不存在显著差异。(2)若 P 双尾(或 P 单尾)小于显著性水平 α,拒绝 H0,说明在给定的显著性水平 α 条件下,两总体均值存在显著差异;反之,不拒绝 H0,说明在给定的显著性水平 α 条件下,两总体均值不存在显著差异。

从结果来看,如果强行使用等方差假设,结果不论单尾还是双尾都不拒绝原假设,即在显著性水平为 0.05 的条件下,新旧灯泡的平均使用寿命相等。可是按照异方差假设,单尾结果拒绝原假设。

八、两个相关总体均值比较的检验

两个总体相关一般有两种情况:一是你对相同的项目或个体进行重复测量;二是项目或个体在某些特性方面是匹配的。Microsoft Excel 提供了"t-检验:平均值的成对二样本分析"分析工具扩展函数来完成两个相关总体均值比较的检验。使用"数据-数据分析"菜单,打开数据分析对话框,选择"t-检验:平均值的成对二样本分析"分析工具,点击"确定"按钮打开"t-检验:平均值的成对二样本分析"对话框,如图 1-5-21 所示。

图 1-5-21 "t-检验:平均值的成对二样本分析"对话框

图 1-5-22 是某次"t-检验:平均值的成对二样本分析"的返回结果。

	E	F	G
1	t-检验：成对双样本均值分析		
2			
3		治疗前x	治疗后y
4	平均	132.083	120.083
5	方差	379.174	175.356
6	观测值	12	12
7	泊松相关系数	0.92649	
8	假设平均差	0	
9	df	11	
10	t Stat	4.74566	
11	P(T<=t) 单尾	0.0003	
12	t 单尾临界	1.79588	
13	P(T<=t) 双尾	0.0006	
14	t 双尾临界	2.20099	

图 1-5-22 "t-检验:平均值的成对二样本分析"返回结果

设置假设平均差为 0,相当于构建了以下假设内容:

原假设 H0:总体 1 的均值-总体 2 的均值=0

备择假设 H1:总体 1 的均值-总体 2 的均值≠0

返回结果判断是:(1)若 t 统计量的绝对值大于 t 双尾临界值(或 t 单尾临界),拒绝 H0,说明在给定的显著性水平 α 条件下,两总体均值存在显著差异;反之,不拒绝 H0,说明在给定的显著性水平 α 条件下,两总体均值不存在显著差异。(2)若 P 双尾(或 P 单尾)小于显著性水平 α,拒绝 H0,说明在给定的显著性水平 α 条件下,两总体均值存在显著差异;反之,不拒绝 H0,说明在给定的显著性水平 α 条件下,两总体均值不存在显著差异。从示例结果来看,无论是临界值判断,还是 P 值判断,统计结论均为"在 0.05 的显著性水平条件下,拒绝原假设 H0"。

思考练习

1. 构建"两个总体比率之差的假设检验"函数表单,并保存工作簿文件名为"练习 10.xls"。

2. 根据以往资料,某种电子元件的使用寿命服从均值为 2350 小时、标准差为 25 小时的正态分布。现从一周内生产的一批电子元件中随机的抽取 15 只,测得其使用寿命为:2315,2360,2340,2325,2350,2320,2335,2385,2325,2355,2360,2350,2345,2340,2370。试在显著性系为 0.05 的条件下,检验这批电子元件的平均使用寿命是否发生变化。(将数据录入 Microsoft Excel 工作表,构建并使用函数表单,并保存工作簿文件名为"练习 11.xls"。)

3. 某砖瓦厂所生产的砖块的抗压强度服从正态分布,并且标准差为 0.6,从其甲、乙两个砖窑中分别抽取 10 块和 8 块,检测其抗压强度如下:

甲砖窑:3.05,2.55,3.07,3.72,3.62,2.59,3.62,2.69,2.46,2.53

乙砖窑:2.66,2.56,3.25,3.30,3.10,3.48,3.16,3.37

试在显著性系为 0.05 的条件下,检验两砖窑所产砖的抗压强度有无明显差异。(将数据录入 Microsoft Excel 工作表,并保存工作簿文件名为"练习 12.xls"。)

4. 某种食品含脂率服从正态分布。抽样分析该种食品在处理前和处理后的含脂率,测得数据如下:

处理前:0.19,0.18,0.21,0.30,0.41,0.12,0.27,0.25,0.32

处理后:0.15,0.13,0.07,0.24,0.19,0.06,0.08,0.12,0.14,0.16

试在显著性系为 0.05 的条件下,检验处理前后食品含脂率差异是否显著。(将数据录入 Microsoft Excel 工作表,并保存工作簿文件名为"练习 13.xls"。)

5. 从过去的数据可知某厂生产的电子元件的寿命服从均值为 500 小时、标准差未知的正态分布。通过改进工艺以后,抽检 15 件样品的数据(小时)如下:502,509,513,504,498,506,510,495,501,508,507,511,508,507,496。试在显著性系为 0.05 的条件下,检验改进工艺后这种电子元件的寿命是否有所提高。(将数据录入 Microsoft Excel 工作表,构建并使用函数表单,并保存工作簿文件名为"练习 14.xls"。)

6. 骨髓中的血管增加(血管生成)是患有骨髓瘤的重要预兆。骨髓瘤的治疗方法是用患者自己的干细胞进行干细胞移植。下面的数据展示了对干细胞移植有完全反应的患者进行干细胞移植前后的骨髓微血管密度。

患者	1	2	3	4	5	6	7
之前	158	189	202	353	416	426	441
之后	284	214	101	227	290	176	290

试在显著性水平 0.05 下,检验干细胞移植之前的平均骨髓微血管密度是否显著高于干细胞移植之后的平均骨髓微血管密度?(将数据录入 Microsoft Excel 工作表,并保存工作簿文件名为"练习 14.xls"。)

7. 一家坐落在商业区的银行的分行提升了从 12 点到 13 点午餐时间的服务,在一个星期中记录了所有顾客在此期间的等待时间(从顾客开始排队到顾客到窗口的时间)。随机抽取了 15 位顾客的样本,数据如下(分钟):4.21,5.55,3.02,5.13,4.77,2.34,3.54,3.20,4.50,6.10,0.38,5.12,6.46,6.19,3.79。该银行的另一家分行位于居民区,也是随机抽取 15 位顾客从 12 点到 13 点的服务等待时间,数据如下(分钟):9.66,5.90,8.02,5.79,8.73,3.82,8.01,8.35,10.49,6.68,5.64,4.08,6.17,9.91,5.47。

(1)试在 0.05 的显著性水平下,检验两家分行的等待时间的方差是否有显著差异。(将数据录入 Microsoft Excel 工作表,并保存工作簿文件名为"练习 15.xls"。)

(2)基于(1)中的结果,数据适合使用哪种均值比较检验方法?

小贴士:假设检验实验方法的选择路径

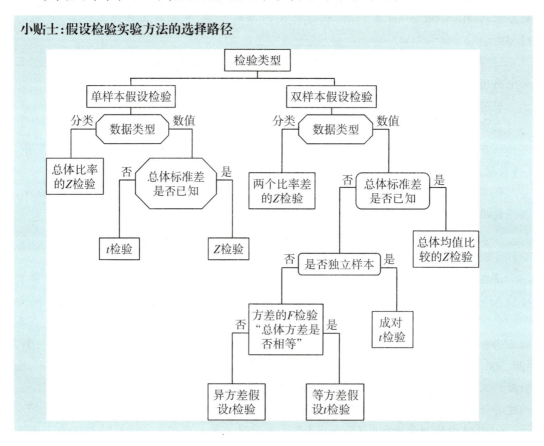

实验六　方差分析

一、实验目的及要求

（一）实验目的

应用统计软件,对数据进行单因素方差分析和双因素方差分析。

（二）实验要求

(1)了解方差分析的假设前提。

(2)掌握 Microsoft Excel 中应用分析工具库进行方差分析的方法和步骤。

二、单因素方差分析

应用假设检验的方法,我们可以得出关于两个总体差异的相关结论,但有时候我们要分析的是多个总体(三个以上的总体)之间的差异,这就需要使用方差分析。在方差分析中,总体是根据因素的不同水平划分得到的,被称为组。当分析只针对一个因素时,数据的获取称为完全随机设计,应用完全随机设计的方差分析称为单因素方差分析。

一般单因素方差分析需要满足三个假设前提：

(1)数据的随机性和独立性:任何实验的有效性都要依靠随机抽样和随机化过程,随机抽取样本或随机确定水平,确保每个组(总体)的数据独立于实验中其他组(总体)的数据。如果违背这个假设,会严重影响方差分析的推断结论。

(2)数据的正态性:要求每组样本数据是从正态分布总体中随机抽取的。当然,只要不是严重背离正态分布的假设(尤其是大样本),单因素方差分析的检验结论不会受太大的影响。

(3)方差一致性:如果每组的样本容量相等,基于 F 分布的推断不会因方差不等而受到严重的影响。但是,如果有不相等的样本容量,不相等的方差会严重影响方差分析的推断结论。因此,要尽量使每个组的样本容量相等。

Microsoft Excel 使用"方差分析:单因素方差分析"分析工具扩展函数来完成单因素方差分析工作。使用"数据 –数据分析"菜单打开数据分析对话框,选择"方差分析:单因素方差分析"分析工具,点击"确定"按钮打开"方差分析:单因素方差分析"对话框,如图 1-6-1 所示。

"输入区域"要确认进行单因素方差分析数据所在的单元格；"分组方式"的"行""列"单选框确认分组总体数据是以行还是列来划分；"标志位于"复选框确认输入区域数据是否包含标志名称；"α"框要求输入显著性水平(默认为 0.05)；"输出选项"可以选择输出区域的单元格(或工作表、工作簿)。

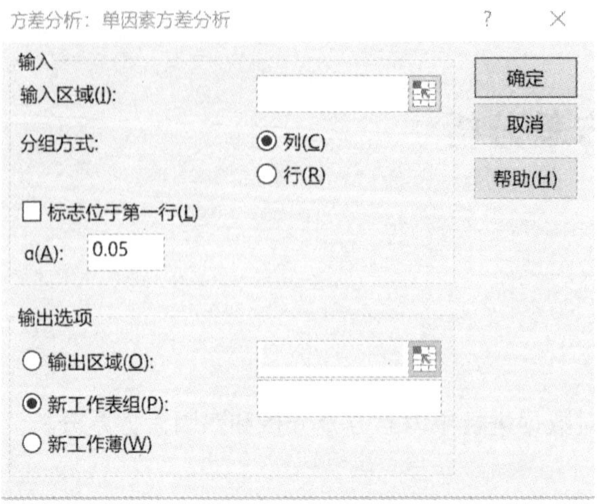

图 1-6-1　"方差分析:单因素方差分析"对话框

"方差分析:单因素方差分析"分析工具的返回结果由两个部分构成。一个部分是 Summary(汇总),以表格的方式展示出每个组的观测数、求和、平均和方差结果。第二个部分是方差分析表,其构成如表 1-6-1 所示。其中 n 为总的数据个数,k 代表分组的组数;SST 是总偏差,其自由度是 $n-1$;SSA 是组间偏差,其自由度是 $k-1$;SSE 是组内偏差,其自由度是 $n-k$;将三个偏差分别除以他们的自由度,就得到三个均方差 MSA(组间均方)、MSW(组内均方)和 MST(总均方);构建的检验统计量为 $F=MSA/MSE$。

表 1-6-1　"方差分析:单因素方差分析"返回方差分析表构成

差异源	离差平方和 SS	自由度 df	均方 MS	统计量 F	P 值	F 临界值
组间	SSA	$k-1$	MSA	MSA/MSE		
组内	SSE	$n-k$	MSE			
总计	SST	$n-1$				

单因素方差分析相当于构建了如下假设内容:

原假设 H0:$\mu_1=\mu_2=\cdots=\mu_k$(各个不同组的总体均值是相等的)

备择假设 H1:不是全部的 μ_i 都相等$(i=1,2,\cdots,k)$

F 检验统计量服从分子自由度为 $k-1$,分母自由度为 $n-k$ 的 F 分布。如果原假设为真,计算出的 F 检验统计量的值近似为 1;如果原假设为假,计算出的 F 检验统计量的值要远大于 1,因为分子 MSA 估计了组间的差异,而分母 MSE 积极衡量了组内的差异。所以方差分析表的第一个判断条件是:在一个给定的显著性水平 α 下,如果计算的 F 检验统计量大于 F 临界值,就拒绝原假设;反之,不拒绝原假设。

方差分析表也提供了 P 值,代表的是当原假设为真时,F 检验统计量大于表格中计算出的统计量 F 的可能性(概率)。P 值允许直接得出关于原假设的结论,而不用参考 F 分布的临界值,从而得出方差分析表的第二个判断条件是:在一个给定的显著性水平 α 下,如果 P 值小于 α,就拒绝原假设;反之,不拒绝原假设。

下面结合一个示例数据来说明"方差分析:单因素方差分析"分析工具的使用。假设某企业准备用三种方法组装一种新产品,为确定哪种方法组装的产品数量最多,随机抽取了 30 名工人,并指定每个人使用其中的一种方法。每个工人生产的产品数量数据输入 Microsoft Excel 工作表,如图 1-6-2 所示。

第一步,使用"数据-数据分析"菜单打开"数据分析"对话框,选择"方差分析:单因素方差分析"分析工具,点击"确定"按钮打开"方差分析:单因素方差分析"对话框。

第二步,输入区域点击右侧箭头,选择 B1 到 D11 单元格;分组方式选择"列"单选框;由于输入区域数据包含标志名称,选中"标志位于第一行"复选框;α 框默认显著性水平为 0.05;输出区域点击右侧箭头选择 F1 单元格,如图 1-6-3 所示。

图 1-6-2　"方差分析:单因素方差分析"示例数据　　图 1-6-3　"方差分析:单因素方差分析"对话框内容

第三步,点击"方差分析:单因素方差分析"对话框"确定"按钮,返回结果,如图 1-6-4 所示。

方差分析:单因素方差分析

SUMMARY

组	观测数	求和	平均	方差
A1	10	810	81	159.778
A2	10	900	90	98
A3	10	840	84	168.444

方差分析

差异源	SS	df	MS	F	P-value	F crit
组间	420	2	210	1.4781	0.24595	3.35413
组内	3836	27	142.074			
总计	4256	29				

图 1-6-4　"方差分析:单因素方差分析"返回结果

返回结果显示 $F = 1.4781 < F$ 临界 $= 3.354161$,所以不能拒绝原假设,也就是三种方法组装新产品的平均产量在 0.05 的显著水平下可以认为是相等的。$P-Value$ 等于 0.245964(即在原假设为真时,F 检验统计量大于 1.4781 的概率为 0.245964),比 0.05(显著性水平)大,所以不能拒绝原假设,也就是三种方法组装新产品的平均产量在 0.05 的显著水平下可以认为是相等的。

三、双因素方差分析

当方差分析针对两个以上因素时，也就是研究同一时间、同一试验中多个因素时，数据的获取称为因子设计，应用因子设计的方差分析称为多因素方差分析。出于简便，我们仅选择多因素分析中最简单的两个因素同时评价的双因素方差分析。如果两个因素对分析的数据影响是相互独立的，那么可以分别研究两个因素对数据的影响，这样的分析称为无交互作用的双因素方差分析。如果除了两个因素对数据的独立影响外，这两个因素的共同作用还可能对数据产生显著影响，这样的分析称为有交互作用的方差分析。

（一）无交互作用的双因素方差分析

Microsoft Excel 使用"方差分析:无重复双因素分析"分析工具扩展函数来完成无交互作用的双因素方差分析工作。使用"数据-数据分析"菜单打开"数据分析"对话框，选择"方差分析:无重复双因素分析"分析工具，点击"确定"按钮打开"方差分析:无重复双因素分析"对话框，如图 1-6-5 所示。

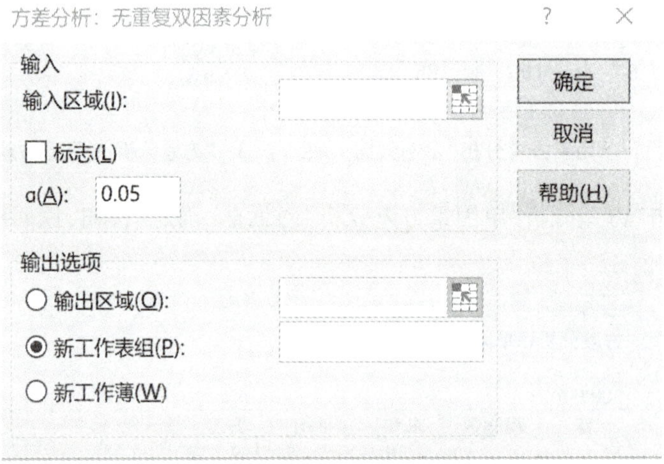

图 1-6-5　"方差分析:无重复双因素分析"对话框

"输入区域"要确认进行无交互作用的双因素方差分析数据所在的单元格;"标志"复选框确认输入区域数据是否包含标志名称;"α"框要求输入显著性水平;"输出选项"可以选择输出区域的单元格(或工作表、工作簿)。

"方差分析:无重复双因素分析"分析工具的返回结果由两个部分构成:一个部分是 Summary(汇总)，以表格的方式分别展示出行列每个组的观测数、求和、平均和方差结果。第二个部分是方差分析表，其构成如表 1-6-2 所示。其中 r 代表列因素分组的个数，k 代表行因素分组的个数;SST 是总偏差，其自由度是 $kr-1$;SSR 是行因素偏差，其自由度是 $k-1$;SSC 是列因素偏差，其自由度是 $r-1$;SSE 是误差项偏差，其自由度是 $(k-1)(r-1)$;将后三个偏差分别除以他们的自由度，就得到三个均方差 MSR(行因素均方)、MSC(列因素均方)和 MSE(误差项均方);构建的检验统计量为行检验统计量 FR = MSR/MSE，列检验统计量 FC = MSC/MSE。

表 1-6-2 "方差分析:可重复双因素分析"返回方差分析表

差异源	离差平方和 SS	自由度 df	均方 MS	统计量 F	P 值	F 临界值
行因素	SSR	$k-1$	MSR	FR = MSR/MSE		
列因素	SSC	$r-1$	MSC	FC = MSC/MSE		
误差项	SSE	$(k-1)(r-1)$	MSE			
总计	SST	$kr-1$				

无交互作用的双因素方差分析相当于构建了如下假设:

1. 对行因素的假设

原假设 H0:$\mu_1=\mu_2=\cdots=\mu_k$(所有行分组的总体均值是相等的)

备择假设 H1:不是全部的 μ_i 都相等$(i=1,2,\cdots,k)$

F 检验统计量服从分子自由度为 $k-1$,分母自由度为 $(k-1)(r-1)$ 的 F 分布。判断条件是:在一个给定的显著性水平 α 下,如果计算的 F 检验统计量 FR 大于 F 临界值,就拒绝原假设;反之,不拒绝原假设。

方差分析表也提供了 P 值,判断条件是:在一个给定的显著性水平 α 下,如果 P 值小于 α,就拒绝原假设;反之,不拒绝原假设。

2. 对列因素的假设

原假设 H0:$\mu_1=\mu_2=\cdots=\mu_r$(所有列分组的总体均值是相等的)

备择假设 H1:不是全部的 μ_j 都相等$(j=1,2,\cdots,r)$

F 检验统计量服从分子自由度为 $r-1$,分母自由度为 $(k-1)(r-1)$ 的 F 分布。判断条件是:在一个给定的显著性水平 α 下,如果计算的 F 检验统计量 FC 大于 F 临界值,就拒绝原假设;反之,不拒绝原假设。

方差分析表也提供了 P 值,判断条件是:在一个给定的显著性水平 α 下,如果 P 值小于 α,就拒绝原假设;反之,不拒绝原假设。

下面结合一个示例数据来说明"方差分析:无重复双因素分析"分析工具的使用。假设 5 种不同品牌的牛奶在不同的超市出售,为研究不同品牌的牛奶销售量是否有差异,随机抽取了 8 家超市,记录了一周中 5 种品牌牛奶的销售量数据(单位:箱,每箱 30 袋,每袋 500 克),数据输入 Microsoft Excel 工作表,如图 1-6-6 所示。

		1	2	3	4	5	6	7	8
	A1	71	73	66	69	58	60	70	61
	A2	71	78	81	89	78	85	90	84
品牌	A3	73	78	76	86	74	80	81	76
	A4	73	75	73	80	75	71	73	72
	A5	62	66	69	81	60	64	61	57

(超市)

图 1-6-6 "方差分析:无重复双因素分析"示例数据

第一步,使用"数据-数据分析"菜单打开数据分析对话框,选择"方差分析:无重复双因素分析"分析工具,点击"确定"按钮打开"方差分析:无重复双因素分析"对话框。

第二步,输入区域点击右侧箭头,选择 B2 到 J7 单元格;由于输入区域数据包含标志名称,选中"标志"复选框;α 框默认显著性系数为 0.05;输出区域点击右侧箭头选择 A9

单元格,如图 1-6-7 所示。

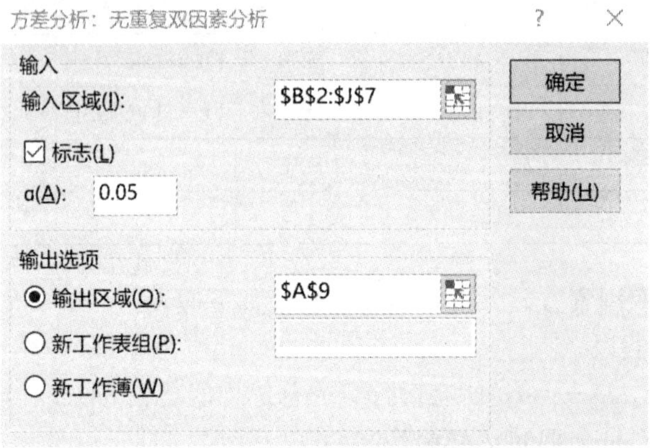

图 1-6-7 “方差分析:无重复双因素分析”对话框内容

第三步,点击“方差分析:无重复双因素分析”对话框“确定”按钮,返回结果,如图 1-6-8 所示。

	A	B	C	D	E	F	G
9	方差分析：无重复双因素分析						
10							
11	SUMMARY	观测数	求和	平均	方差		
12	A1	8	528	66	32		
13	A2	8	656	82	40		
14	A3	8	624	78	18		
15	A4	8	592	74	7.71429		
16	A5	8	520	65	55.4286		
17							
18	1	5	350	70	21		
19	2	5	370	74	24.5		
20	3	5	365	73	34.5		
21	4	5	405	81	58.5		
22	5	5	345	69	86		
23	6	5	360	72	110.5		
24	7	5	375	75	121.5		
25	8	5	350	70	121.5		
26							
27							
28	方差分析						
29	差异源	SS	df	MS	F	P-value	F crit
30	行	1760	4	440	22.3188	2.3E-08	2.71408
31	列	520	7	74.2857	3.76812	0.00533	2.35926
32	误差	552	28	19.7143			
33							
34	总计	2832	39				

图 1-6-8 “方差分析:无重复双因素分析”返回结果

返回结果显示,行因素 FR = 22.3188>F 临界 = 2.71408,行因素 P-Value 等于 2.3×10^{-8},小于显著性水平 0.05,所以拒绝原假设,也就是在 0.05 的显著性水平下不同品牌的牛奶的销售量不相同;列因素 FC = 3.76812>F 临界 = 2.35926,列因素 P-Value 等于 0.00533,小于显著性系数 0.05,所以拒绝原假设,也就是在 0.05 的显著性水平下不同超市的牛奶的销售量不相同。

(二)有交互作用的双因素方差分析

Microsoft Excel 使用"方差分析:可重复双因素分析"分析工具扩展函数来完成有交互作用的双因素方差分析工作。使用"数据-数据分析"菜单打开"数据分析"对话框,选择"方差分析:可重复双因素分析"分析工具,点击"确定"按钮打开"方差分析:可重复双因素分析"对话框,如图 1-6-9 所示。

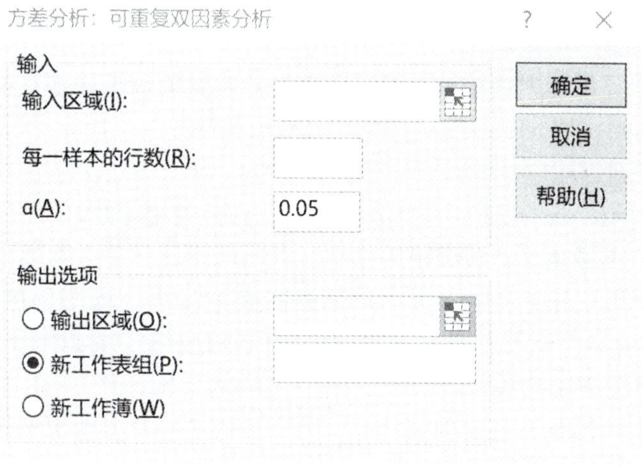

图 1-6-9　"方差分析:可重复双因素分析"对话框

"输入区域"要确认进行有交互作用的双因素方差分析数据所在的单元格;"每一行样本的行数"框要求输入每一行因素重复试验的次数;"α"框要求输入显著性水平;"输出选项"可以选择输出区域的单元格(或工作表、工作簿)。

"方差分析:可重复双因素分析"分析工具的返回结果由两个部分构成。一个部分是Summary(汇总),以表格的方式分别展示出行列组合及总计的观测数、求和、平均和方差结果。第二个部分是方差分析表,其构成如表 1-6-3 所示。其中 r 代表列因素分组的个数,k 代表行因素分组的个数;m 代表每个小组(结合一个特殊的行因素水平和一个特殊的列因素水平)的个数;SST 是总偏差,其自由度是 $krm-1$;SSR 是行因素偏差,其自由度是 $k-1$;SSC 是列因素偏差,其自由度是 $r-1$;SSRC 是交互作用偏差项,其自由度是 $(k-1)(r-1)$;SSE 是误差项偏差,其自由度是 $kr(m-1)$;将后四个偏差分别除以他们的自由度,就得到四个均方差 MSR(行因素均方)、MSC(列因素均方)、MSRC(交互作用均方)和 MSE(误差项均方);构建的检验统计量为行检验统计量 FR = MSR/MSE,列检验统计量 FC = MSC/MSE,交互作用检验统计量 FRC = MSRC/MSE。

表 1-6-3　"方差分析:可重复双因素分析"返回方差分析表

差异源	离差平方和 SS	自由度 df	均方 MS	统计量 F	P 值	F 临界值
行因素	SSR	$k-1$	MSR	FR = MSA/MSE		
列因素	SSC	$r-1$	MSC	FC = MSC/MSE		
交互作用	SSRC	$(k-1)(r-1)$	MSRC	FRC = MSRC/MSE		
误差项	SSE	$kr(m-1)$	MSE			
总计	SST	$krm-1$				

可交互作用的双因素方差分析相当于构建了如下假设内容：

1. 对行因素的假设

原假设 H0：$\mu_1 = \mu_2 = \cdots = \mu_k$（所有行分组的总体均值是相等的）

备择假设 H1：不是全部的 μ_i 都相等（$i = 1, 2, \cdots, k$）

F 检验统计量服从分子自由度为 $k-1$，分母自由度为 $(k-1)(r-1)$ 的 F 分布。判断条件是：在一个给定的显著性水平 α 下，如果计算的 F 检验统计量 FR 大于 F 临界值，就拒绝原假设；反之，不拒绝原假设。

方差分析表也提供了 P 值，判断条件是：在一个给定的显著性水平 α 下，如果 P 值小于 α，就拒绝原假设；反之，不拒绝原假设。

2. 对列因素的假设

原假设 H0：$\mu_1 = \mu_2 = \cdots = \mu_r$（所有列分组的总体均值是相等的）

备择假设 H1：不是全部的 μ_j 都相等（$j = 1, 2, \cdots, r$）

F 检验统计量服从分子自由度为 $r-1$，分母自由度为 $(k-1)(r-1)$ 的 F 分布。判断条件是：在一个给定的显著性水平 α 下，如果计算的 F 检验统计量 FC 大于 F 临界值，就拒绝原假设；反之，不拒绝原假设。

方差分析表也提供了 P 值，判断条件是：在一个给定的显著性水平 α 下，如果 P 值小于 α，就拒绝原假设；反之，不拒绝原假设。

3. 对交互作用的假设

原假设 H0：行因素和列因素的交互作用等于零

备择假设 H1：行因素和列因素的交互作用不等于零

F 检验统计量服从分子自由度为 $(k-1)(r-1)$，分母自由度为 $kr(m-1)$ 的 F 分布。判断条件是：在一个给定的显著性水平 α 下，如果计算的 F 检验统计量 FRC 大于 F 临界值，就拒绝原假设；反之，不拒绝原假设。

方差分析表也提供了 P 值，判断条件是：在一个给定的显著性水平 α 下，如果 P 值小于 α，就拒绝原假设；反之，不拒绝原假设。

一般来讲，对返回的方差分析表结果，先要验证行因素和列因素之间是否有交互作用。如果交互作用是显著的，进一步的分析就只集中在交互作用上。如果交互作用不显著，则进一步的分析要集中在主因素上——行因素和列因素。

下面结合一个示例数据来说明"方差分析：可重复双因素分析"分析工具的使用。假设随机抽取五个样本对三种处理方法的三次重复试验数据，输入 Microsoft Excel 工作表，如图 1-6-10 所示。

第一步，使用"数据-数据分析"菜单打开"数据分析"对话框，选择"方差分析：可重复双因素分析"分析工具，点击"确定"按钮打开"方差分析：可重复双因素分析"对话框。

第二步，输入区域点击右侧箭头，选择 A1 到 D13 单元格；"每一行样本的行数"框输入 3（每个行因素重复试验的次数为 3）；α 框默认显著性系数为 0.05；输出区域点击右侧箭头选择 A15 单元格，如图 1-6-11 所示。

	A	B	C	D
1		处理1	处理2	处理3
2		5.27	5.27	4.94
3	样本1	5.27	5.22	4.88
4		5.88	5.83	5.38
5		5.44	5.38	5.27
6	样本2	5.66	5.44	5.38
7		6.22	6.22	5.61
8		5.83	5.72	5.38
9	样本3	5.57	5.11	5.00
10		5.65	5.21	5.30
11		5.75	6.11	4.98
12	样本4	5.24	5.85	5.05
13		6.36	6.04	5.64

图 1-6-10　"方差分析:可重复双因素
分析"示例数据

图 1-6-11　"方差分析:可重复双因素
分析"对话框内容

第三步,点击"方差分析:可重复双因素分析"对话框"确定"按钮,返回结果,如图 1-6-12 所示。

	A	B	C	D	E	F	G
15	方差分析:可重复双因素分析						
16	SUMMARY	处理1	处理2	处理3	总计		
17	样本1						
18	观测数	3	3	3	9		
19	求和	16.42	16.32	15.2	47.94		
20	平均	5.47333	5.44	5.06667	5.32667		
21	方差	0.12403	0.1147	0.07453	0.11655		
22	样本2						
23	观测数	3	3	3	9		
24	求和	17.32	17.04	16.26	50.62		
25	平均	5.77333	5.68	5.42	5.62444		
26	方差	0.16173	0.2196	0.0301	0.128		
27	样本3						
28	观测数	3	3	3	9		
29	求和	16.75	16.04	15.68	48.47		
30	平均	5.58333	5.34667	5.22667	5.38556		
31	方差	0.08173	0.10703	0.04013	0.08193		
32	样本4						
33	观测数	3	3	3	9		
34	求和	17.35	18	15.67	51.02		
35	平均	5.78333	6	5.22333	5.66889		
36	方差	0.31443	0.0181	0.13143	0.23646		
37	总计						
38	观测数	12	12	12			
39	求和	67.84	67.4	62.81			
40	平均	5.65333	5.61667	5.23417			
41	方差	0.1427	0.1531	0.06734			
42	方差分析						
43	差异源	SS	df	MS	F	P-value	F crit
44	样本	0.7843	3	0.26143	2.21308	0.11264	3.00879
45	列	1.29341	2	0.6467	5.47448	0.011	3.40283
46	交互	0.37499	6	0.0625	0.52907	0.78067	2.50819
47	内部	2.83513	24	0.11813			
48							
49	总计	5.28783	35				

图 1-6-12　"方差分析:可重复双因素分析"返回结果

返回结果中,交互作用检验统计量 FRC = 0.52907 < F 临界 = 2.50819,交互作用 P 值 0.78067 大于显著性水平 0.05,所以不拒绝交互作用原假设,说明样本和处理方法组合的交互作用不显著。接下来,应当关注行因素(样本)和列因素(处理方法)对数据的影响。行因素(样本)检验统计量 FR = 2.21308 < F 临界 = 3.00879,行因素(样本)P 值 0.11264 大于显著性水平 0.05,所以不拒绝行因素的原假设,说明样本因素对数据影响不显著。列因素(处理方法)检验统计量 FC = 5.47448 > F 临界 = 3.40283,列因素(处理方法)P 值 0.011 小于显著性系数 0.05,所以拒绝列因素的原假设,说明处理方法对数据影响显著。

思考练习

1. 下表中的数据是全国范围内不同类型的账户的最高收益(单位:%)。

账户类型	半年期	1 年期	2.5 年期	5 年期
1	4.75	4.94	4.95	5.05
2	4.70	4.90	4.91	5.05
3	4.69	4.85	4.85	5.02
4	4.65	4.85	4.82	5.00
5	4.65	4.85	4.80	5.00

(1)将数据录入 Microsoft Excel 工作表,并保存工作簿文件名为"练习 16.xls"。

(2)在 0.05 的显著性水平条件下,不同账户的平均收益是否有显著差异?

2. 一个商业统计课程的学生小组进行一项因子试验,观察止疼片在一杯水中溶解所需时间。两个因素是止疼片的商标和水的温度。六个组合各进行了四次试验,数据如下表所示(单位:秒)。

水	止疼片商标		
	A	B	C
冷	85.87	75.98	100.11
	78.69	87.66	99.65
	76.42	85.71	100.83
	74.43	86.31	94.16
热	21.53	24.10	23.80
	26.26	25.83	21.29
	24.95	26.32	20.82
	21.52	22.91	23.21

在 0.05 的显著性水平下:

(1)将数据录入 Microsoft Excel 工作表,并保存工作簿文件名为"练习 17.xls"。

(2)止疼片商标和水的温度之间有交互作用吗?

(3)止疼片商标的效应显著吗?

(4)水的温度的效应显著吗?

实验七　相关分析与回归分析

一、实验目的及要求

(一)实验目的

应用统计软件,对数据进行相关分析和回归分析。

(二)实验要求

(1)掌握 Microsoft Excel 利用函数 Correl 计算相关系数的方法。

(2)掌握 Microsoft Excel 利用分析工具扩展函数"相关系数"计算相关系数的方法。

(3)掌握 Microsoft Excel 中应用函数组合进行回归分析的方法和步骤。

(4)掌握 Microsoft Excel 中应用分析工具扩展函数"回归"进行回归分析的方法和步骤。

二、相关分析

相关分析是分析两个数值型变量联系的方法之一,它通过计算相关系数来测定两个数值变量之间的线性相关强度。相关系数的值从-1 到+1,正负号代表线性相关的方向(正相关还是负相关),其绝对值越接近于 1 说明线性相关性越强,其绝对值越接近于 0 说明线性相关性越弱,其绝对值等于 1 称为完全线性相关,其绝对值等于 0 称为完全无线性相关关系。Microsoft Excel 提供了两种计算相关系数的方法,一是使用 Correl 函数,二是使用"相关系数"分析工具扩展函数。

(一)Correl 函数

用途:返回两组数值的相关系数。

语法:Correl(array1,array2)。

参数:array1,array2 分别代表了两个数值型的变量。我们既可以直接手工输入数组,也可以从工作表中调用数据所在的单元格。由于相关分析不用确定变量之间的因果关系(自变量和因变量),所以选择哪一个变量作 array1,哪一个变量作 array2 并不影响结果。

比如,通过图 1-7-1 的示例数据,分析身高(单位:厘米)与体重(单位:公斤)的相关关系。

	A	B	C	D
1	学号	身高	体重	成绩
2	1	171	53	89
3	2	167	56	90
4	3	177	64	75
5	4	154	49	77
6	5	169	55	92
7	6	175	66	85
8	7	163	52	87
9	8	152	47	79
10	9	172	58	93
11	10	160	50	87

图 1-7-1　相关系数示例数据

激活 A13 单元格,输入"相关系数";激活 B13 单元格,输入公式"＝Correl(B2：B11,C2：C11)"回车返回相关系数结果 0.896027805。当然你也可以激活 B13 单元格后点击插入函数按钮,打开"插入函数"对话框,选择类别选中"统计",在下拉框中选中"Correl",点击"确定"打开"Correl"函数参数对话框,如图 1-7-2 所示。点击 Array1 右侧箭头选中 B2至 B11 单元格,点击 Array2 右侧箭头选中 C2 至 C11 单元格,点击"确定"返回结果。需要注意的是,函数不能辨识标志,所以使用函数的时候,不论用哪种方法,都不能将标志所在单元格包含在函数参数选择中。

图 1-7-2 "Correl 函数参数"对话框

(二)"相关系数"分析工具扩展函数

Correl 函数每次只能计算出两组数值型数据的相关系数,而 Microsoft Excel 提供的"相关系数"分析工具扩展函数能同时计算出多组数值型数据两两之间的相关系数。我们仍然使用图 1-7-1 中的数据(除了身高、体重外,还有成绩这个数值型变量),用"相关系数"分析工具扩展函数获取相关系数结果。

第一步,使用"数据-数据分析"菜单打开数据分析对话框,选择"相关系数"分析工具,点击"确定"按钮打开"相关系数"对话框。

第二步,在相关系数对话框中,点击输入区域右侧的箭头,选择 B1 至 D11 单元格;三个变量按列录入,所以选中分组方式中的"列"单选框;输入区域数据包含标志值,所以选中"标志位于第一行"复选框;点击输出区域右侧的箭头,选择一个下侧和右侧没有数据的单元格,如 F1。操作内容如图 1-7-3 所示。

第三步,点击"相关系数"对话框中的"确定"按钮返回结果,如图 1-7-4 所示。"相关系数"分析工具扩展函数的返回结果是一个表单矩阵。矩阵的对角线上是自相关系数,相当于数据自己和自己的相关性,所以都等于 1;矩阵内的其他数据反映了数据每两组形成组合的相关系数,比如,图 1-7-4 中 G3 单元格的数值 0.89603 就代表体重和身高的相关系数,G4 单元格的数值 0.29981 就代表身高和成绩的相关系数,H4 单元格的数值 0.03097 就代表体重和成绩的相关系数。

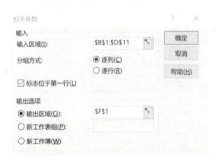

图 1-7-3 "相关系数"分析工具对话框

	F	G	H	I
1		身高	体重	成绩
2	身高	1		
3	体重	0.89603	1	
4	成绩	0.29981	0.03097	1

图 1-7-4 "相关系数"分析工具返回结果

同时,大家也能发现,H2、I2 和 I3 单元格并没有返回数据结果,这是因为这些单元格的数据结果已经展示,不用再重复出现。比如,H2 单元格如果要返回结果,应该是体重与身高的相关系数,而体重与身高的相关系数等于身高与体重的相关系数,身高与体重的相关系数已经在 G3 单元格给出了,所以 H2 单元格就不再重复给出 0.89603 这个值。所以,实质上"相关系数"分析工具的返回结果是一个对称矩阵,只是其右上三角部分的重复性结果没有再重复给出。

三、回归分析

(一)回归分析的函数组合方法

Microsoft Excel 进行回归分析提供了 9 个函数用于建立回归模型和预测,9 个函数的函数名和用途如表 1-7-1 所示。

表 1-7-1　建立回归模型的函数

函数	用途
Intercept	返回一元线性回归模型的截距估计值
Slope	返回一元线性回归模型的斜率估计值
Rsq	返回一元线性回归模型的判定系数
Forecast.linear	返回一元线性回归模型的预测值
Steyx	计算因变量预测值的标准误差
Trend	计算线性回归曲线的(一组)趋势值
Growth	返回指数回归曲线的(一组)趋势值
Linest	返回线性回归方程的参数
Logest	返回指数回归方程的参数

Intercept、Slope、Forecast.linear、Trend、Linest、Logest 等函数所使用的参数都基本相同,现用表 1-7-2 来汇总说明。

表 1-7-2　预测函数的参数及含义

参数	含义
known_y's	因变量 y 的观测值集合
known_x's	自变量 x 的观测值集合。它可以是一个变量(即一元模型)或多个变量(即多元模型)的集合。如果只用到一个变量,只要 known_y's 和 known_x's 维数相同,它们可以是任何形状的选定区域。如果用到不止一个变量,known_y's 必须是向量(也就是说,必须是一行或一列的区域)。如果省略 known_x's,则假设该数组是 $\{1,2,3,\cdots\}$,其容量与 known_y's 相同
const	逻辑值,指明是否强制使回归模型中的常数 b 为 0(线性模型)或为 1(指数模型)。如果 const 为 True 或省略,b 将被正常计算。如果 const 为 False,b 将被设为 0(线性模型)或设为 1(指数模型)
stats	逻辑值,指明是否返回附加回归统计值。如果 stats 为 True,则函数返回附加回归统计值,这时返回的数组为 $\{m_n,m_{n-1},\cdots,m_1,b;se_n,se_{n-1},\cdots,se_1,se_b;r^2,se_y;F,df;ss_{reg},ss_{resid}\}$。如果 stats 为 False 或省略,函数只返回系数预测模型的待估计参数 $m,m_n,m_{n-1},\cdots,m_1$ 和 b。附加回归统计值返回的顺序见表 1-7-3。各个返回参数的说明见表 1-7-4

表 1-7-3　附加回归统计值返回的顺序

	1	2	3	4	5	6
1	m_n	m_{n-1}		m_2	m_1	b
2	se_n	se_{n-1}		se_2	se_1	se_b
3	r^2	se_y				
4	F	df				
5	ss_{reg}	ss_{resid}				

表 1-7-4　附加回归统计值参数说明

参数	说明
$m_n, m_{n-1}, \cdots, m_1, b$	线性模型和指数模型的数学表达式如下： 线性模型：$y = mx + b$ 或 $y = m_1x_1 + m_2x_2 + \cdots + m_nx_n + b$ 指数模型：$y = b \cdot m^x$ 或 $y = b \cdot m_1^{x_1} m_2^{x_2} \cdots m_n^{x_n}$ $m_n, m_{n-1}, \cdots, m_1, b$ 为公式中对应参数
$se_n, se_{n-1}, \cdots, se_1$	系数 $m_n, m_{n-1}, \cdots, m_1$ 的标准误差值
Se_b	常数项 b 的标准误差值（当 const 为 False 时，se_b = #N/A）
r^2	判定系数，范围在 0 到 1 之间。如果为 1，则样本有很好的相关性，Y 的估计值与实际值之间没有差别。如果判定系数为 0，则回归方程不能用来预测 Y 值
se_y	Y 估计值的标准误差
F	F 检验统计量值。使用 F 统计可以判断因变量和自变量之间是否偶尔发生过观察到的关系
df	自由度。自由度用于在统计表上查找 F 检验临界值，所得的值和函数返回的 F 检验统计量值作对比，可用来判断模型的显著性
ss_{reg}	回归平方和
ss_{resid}	残差平方和

关于涉及预测的 Forecast.linear、Trend 等函数，我们将在下一个实验"时间序列分析"中给大家介绍。本实验中仅结合数据给大家介绍获取回归方程的方法，也就是获取回归参数估计值的方法。显然，这些参数估计值要想真正确定可以使用，必须要经过检验。

1. 线性回归模型

假设要对图 1-7-5 所示的示例数据进行线性回归模型分析。

	A	B	C	D
1	月份	总成本Y	人工小时X1	机器工时X2
2	1	1000	100	50
3	2	1120	128	55
4	3	1230	145	62
5	4	1350	180	70
6	5	1450	200	75
7	6	1580	235	78
8	7	1660	250	80
9	8	1800	280	92
10	9	1900	300	100

图 1-7-5　线性回归模型示例数据

首先,我们仅研究总成本 Y 与人工小时 $X1$ 之间的一元线性相关关系。显然,前者是因变量而后者是自变量,从而构建起回归方程 $Y=a+bX1$,可以用两种方法来获取这个线性样本回归方程。

第一种方法(计算法):D13 单元格输入"截距 a=",D14 单元格输入"斜率 b=",D15 单元格输入"判定系数=";E13 单元格输入公式" =Intercept(B2:B10,C2:C10)",E14 单元格输入公式" =Slope(B2:B10,C2:C10)",E15 单元格输入公式" =Rsq(B2:B10,C2:C10)"。

第二种方法(调用法):A13 单元格输入"截距 a=",A14 单元格输入"斜率 b=",A15 单元格输入"判定系数=";B13 单元格输入公式" =Index(Linest(B2:B10,C2:C10),2)",B14 单元格输入公式" =Index(Linest(B2:B10,C2:C10),1)",B15 单元格输入公式" =Index(Linest(B2:B10,C2:C10,True,True),3,1)"。

返回结果如图 1-7-6 所示,两种方法得到的回归方程都是 $Y=562.7276+4.41444X1$,并且判定系数为 0.99801,非常接近于 1,说明样本数据有很好的拟合优度。

	A	B	C	D	E
12	Y=a+bX1(调用法)			Y=a+bX1(计算法)	
13	截距a=	562.7276		截距a=	562.7276
14	斜率b=	4.41444		斜率b=	4.41444
15	判定系数=	0.99801		判定系数=	0.99801

图 1-7-6　线性回归模型 $Y=a+bX1$ 返回结果

小贴士:Index 函数

用途:函数 Index 有两种形式——数组和引用。数组形式通常返回数值或数值数组;引用形式通常返回引用。

语法:Index(array,row_num,column_num)返回数组中指定的单元格或单元格数组的数值。Index(reference,row_num,column_num,area_num)返回引用中指定单元格或单元格区域的引用。

参数:Array 为单元格区域或数组常数;Row_num 为数组中某行的行序号,函数从该行返回数值。如果省略 row_num,则必须有 column_num;Column_num 是数组中某列的列序号,函数从该列返回数值。如果省略 column_num,则必须有 row_num。Reference 是对一个或多个单元格区域的引用,如果为引用输入一个不连续的选定区域,必须用括号括起来。Area_num 是选择引用中的一个区域,并返回该区域中 row_num 和 column_num 的交叉区域。选中或输入的第一个区域序号为 1,第二个为 2,以此类推。如果省略 area_num,则 Index 函数使用区域 1。

比如,如果 A1=68,A2=96,A3=90,则公式" =Index(A1:A3,1,1)"返回 68," =Index(A1:A3,1,1,1)"返回 68。

当然,从数据来看,引起因变量总成本 Y 变化了,除了人工小时 $X1$ 外,机器工时 $X2$ 也是重要的原因之一。所以我们还可以建立以 $X1$、$X2$ 为自变量,Y 为因变量的二元线性回归方程:$Y=a+bX1+cX2$。

选中 A17 至 C21 单元格(因为只有三个参数 a、b、c,所以只选择三列五行,见表 1-7-3 返回附加回归统计值顺序),点击插入函数按钮(fx),打开"插入函数"对话框,选择类别选中"统计",在下拉框中选中"Linest",点击"确定"打开"Linest"函数参数对话框。点击

known_y's 右侧箭头选择 B2 至 B10 单元格,点击 known_x's 右侧箭头选择 C2 至 D10 单元格,在 Const 框中输入 True,在 Stats 框中输入 True,操作内容如图 1-7-7 所示。

图 1-7-7 "Linest 函数参数"对话框

使用组合键"Ctrl+Shift+Enter"能返回结果,如图 1-7-8 所示。返回结果中仅有数据而没有说明,你只有查阅表 1-7-3 的顺序和对应表 1-7-4 的参数说明才能知道数据所指代的内容。示例返回数据 $a=471.4365524$,$b=3.61653$,$c=3.4323459$,所以回归方程为 $Y=471.4365524+3.61653X1+3.4323459X2$。判定系数为 0.9988983,自由度为 6,F 检验统计量为 2719.982 等。

	A	B	C
17	3.4323459	3.61653	471.4365524
18	1.560862	0.36776	43.41869856
19	0.9988983	11.7792	#N/A
20	2719.982	6	#N/A
21	754789.73	832.494	#N/A

图 1-7-8 二元线性回归模型 Y=a+bX1+cX2 返回结果

2. 指数回归模型

假设要对图 1-7-9 所示的示例数据进行指数回归模型分析。

	A	B	C
1	月份	生产量（万件）X	单位成本（元/件）Y
2	1	10.20	564.3
3	2	10.34	536.8
4	3	10.55	518.3
5	4	10.92	487.6
6	5	11.15	473.5
7	6	11.43	456.1
8	7	11.54	446.4
9	8	12.06	421.7
10	9	12.45	401.5
11	10	12.93	389.6
12	11	13.34	391.2
13	12	13.25	378.2

图 1-7-9 指数回归模型示例数据

数据中仅有生产量 X 和生产成本 Y,构建它们之间的指数模型为:$y=b\times m^x$。选中 B15 至 C19 单元格,点击插入函数按钮,打开"插入函数"对话框,选择类别选中"统计",在下拉框中选中"Logest",点击"确定"打开"Logest 函数参数"对话框。点击 known_y's 右侧箭头选择 C2 至 C13 单元格,点击 known_x's 右侧箭头选择 B2 至 B13 单元格,在 Const 框中输入 True,在 Stats 框中输入 True,操作内容如图 1-7-10 所示。

使用组合键"Ctrl+Shift+Enter"能返回结果,如图 1-7-11 所示。返回结果中仅有数据而没有说明,你只有查阅表 1-7-3 的顺序和对应表 1-7-4 的参数说明才能知道数据所指代的内容。示例数据的返回结果中 $b=1791.772869$,$m=0.888708448$,所以得到的回归方程式为:$y=1791.772869\times0.888708448^x$。

	B	C
15	0.888708448	1791.772869
16	0.007729155	0.090654147
17	0.958851492	0.028633157
18	233.0221743	10
19	0.191045019	0.008198577

图 1-7-10　"Logest 函数参数"对话框　　　　图 1-7-11　指数回归模型返回结果

小贴士:回归模型的选择

怎样确定数据适合使用线性模型还是指数模型呢?你可以通过计算检验因变量观测值第一差值、第二差值和百分率差值这样的简单方式来决定。

(1)如果线性回归模型非常适合某两个数据关系,那么因变量观测值的第一差值是常数,因此有:

$$(Y_2-Y_1)=(Y_3-Y_2)=\cdots=(Y_n-Y_{n-1})$$

(2)如果二次回归模型非常适合某两个数据关系,那么因变量观测值的第二差值是常数,因此有:

$$[(Y_3-Y_2)-(Y_2-Y_1)]=[(Y_4-Y_3)-(Y_3-Y_2)]=\cdots=[(Y_n-Y_{n-1})-(Y_{n-1}-Y_{n-2})]$$

(3)如果指数回归模型非常适合某两个数据关系,那么因变量观测值之间的百分率差是常数,因此有:

$$\frac{Y_2-Y_1}{Y_1}\times100\%=\frac{Y_3-Y_2}{Y_2}\times100\%=\cdots=\frac{Y_n-Y_{n-1}}{Y_{n-1}}\times100\%$$

尽管对特定的数组不一定有完美的最佳模型,但是可以考虑第一差值、第二差值和百分率差值作为引导选择一个合适的模型。比如因变量观测值的第一差值比较接近,就可以拟合线性回归模型等。

(二)"回归"分析工具扩展函数

"回归"分析工具扩展函数通过对一组观察值使用"最小二乘法"直线拟合来执行线性回归分析,可用来分析单个因变量是如何受一个或几个自变量影响的。通过使用"数据-数据分析"菜单打开"数据分析"对话框,选择"回归"分析工具,点击"确定"按钮可以打开"回归"对话框,如图 1-7-12 所示。

图 1-7-12 "回归"分析工具对话框

"回归"对话框中主要选项的含义如下：

Y 值输入区域，在此输入对因变量数据区域，该区域必须由单列数据组成。

X 值输入区域，在此输入对自变量数据区域，Microsoft Excel 将对此区域中的自变量从左到右按升序排列，自变量的个数最多为 16 个。

"标志"复选框，如果输入区域包含标志名称，则选中这个复选框。

"常数为零"复选框，如果要强制回归线通过原点，则选中此复选框。

"置信度"复选框，如果需要在输出结果中包含参数估计值附加的相应置信水平下的置信区间信息，则选中此复选框，然后在右侧的编辑框中输入所要使用的置信度（此处，软件默认值为 95%。但实际上，就算不选中"置信度"复选框，软件也会在返回的回归系数分析表中给出参数估计值在 95% 置信水平下的置信区间信息。所以，如果选中"置信度"复选框，建议不要保持默认值，可以修改为 99% 或 90% 等）。

"输出选项"可以选择输出区域的单元格（或工作表、工作簿）。

①残差，如果需要以残差输出表的形式查看残差，则选中此复选框；②标准残差，如果需要在残差输出表中包含标准残差，则选中此复选框；③残差图，如果需要生成一张图表，绘制每个自变量及其残差，则选中此复选框；④线性拟合图，如果需要为预测值和观察值生成一个图表，则选中此复选框；⑤正态概率图，如果需要绘制正态概率图，则选中此复选框。

"回归"分析工具汇总返回结果主要由四个部分组成：第一个部分是回归统计表，内容如表 1-7-5 所示。

表 1-7-5 "回归"分析工具返回-回归统计表

回归统计	
Multiple R	
R Square	
Adjusted R Square	
标准误差	
观测值	

（1）Multiple R 代表复相关系数，其数值等于判定系数的平方根。复相关系数的性质与判定系数的性质是一样的，反映了由样本数据观测到的因变量与多个自变量间的密切程度。当只有一个因变量与一个自变量时，复相关系数就等于简单相关系数之绝对值。

（2）R Square 代表判定系数，表明从样本数据来看，在所构建的线性回归方程中，因变量的变动有多大程度可由自变量的变动来解释。比如，R Square 为 0.988，说明从样本数据来看，在所构建的线性回归方程中，因变量的变动有 98.8% 可由自变量的变动来解释。因此，R Square 是进行拟合优度检验的统计量。注意：拟合优度检验只涉及样本数据对回归方程的感应，并不涉及样本统计量对总体参数的推断。

（3）Adjusted R Square 代表校正判定系数。考虑多元模型时，一些统计学家建议运用校正判定系数来反映模型中自变量的个数和样本容量对模型拟合优度的影响。当预测同一个因变量，而自变量的个数又不相同时，校正判定系数的值就比较重要。校正判定系数的公式为

$$r_{校正}^2 = 1 - \left[(1 - r^2) \frac{n-1}{n-k-1} \right]$$

其中，n 代表样本容量；k 代表回归方程中自变量的个数。

（4）标准误差代表因变量估计值的标准误差。

（5）观测值代表样本容量。

"回归"分析工具返回结果的第二个部分是联合 F 检验方差分析表，内容如表 1-7-6 所示。

表 1-7-6 "回归"分析工具返回-联合 F 检验方差分析表

方差分析					
	df	SS	MS	F	Significance F
回归分析					
残差					
总计					

（1）df 代表自由度。回归分析的自由度为回归方程中自变量的个数 k，残差的自由度为 $n-k-1$（即样本容量-自变量个数-1），总计自由度为 $n-1$。

（2）SS 代表离差平方和。回归分析的离差平方和用 SSR 表示，残差的离差平方和用 SSE 表示，总计离差平方和用 SST 表示。

（3）MS 代表均方差。回归分析的离差平方和用 MSR 表示，等于 SSR/k；残差的离差平方和用 MSE 表示，等于 SSE/$(n-k-1)$；总计离差平方和用 MST 表示，等于 SST/$(n-1)$。

（4）F 代表联合 F 检验统计量，等于 MSR/MSE。

（5）Significance F 代表对回归方程 F 检验所达到的临界显著性水平，即 F 检验的 P 值。

小贴士：联合 F 检验

如果构建的多元线性回归方程为

$$Y = a_0 + a_1 X_1 + a_2 X_2 + \cdots + a_n X_n$$

联合 F 检验相当于构建了以下假设内容：

原假设 H_0：$a_0 = a_1 = a_2 = \cdots = a_n = 0$（自变量和因变量之间不存在线性关系）

备择假设 H_1：至少存在一个 $a_i \neq 0$，$i = 1, 2, \cdots, n$（至少有一个自变量和因变量之间存在线性关系）

"回归"分析工具返回结果的第三个部分是回归系数分析表,内容如表 1-7-7 所示。

表 1-7-7　"回归"分析工具返回-回归系数分析表

	Coefficients	标准误差	t Stat	P-value	Lower 95%	Upper 95%	下限 99.0%	上限 99.0%
Intercept								
X_1								
X_2								
…								
X_n								

其中:Intercept 为截距,即常数项;Coefficients 为回归系数,X_1 至 X_n 对应的 Coefficients 是每个自变量前的回归系数参数估计值;标准误差为截距估计值和各个回归系数的标准误;t Stat 为对截距估计值或各个回归系数进行 t 检验时 t 统计量的值;P-value 为对应 t 检验的双尾 P 值;Lower 95% 和 Upper 95% 分别给出了截距或各斜率参数的 95% 置信区间;下限 99% 和上限 99% 则为"回归"分析工具库选中"置信度"复选框后改置信水平为 99% 后返回的截距或各斜率参数的置信区间,如果你改变默认值,这里也会随之变化。

"回归"分析工具返回结果的第四个部分是"回归"分析工具库对话框中选中"残差""残差图""标准残差""线性拟合图"和"正态概率图"等复选框而返回的图表。

（1）残差表。

残差是给定自变量值时,因变量的观测值与因变量估计值之间的差。在图形上,残差是散点图上观测值与趋势线图上对应因变量值的纵向垂直距离。当选中"回归"对话框中的"残差"复选框时,会返回一张残差表,如果选中"标准残差",会在残差表中新增一列来返回对应残差的标准化残差数据。

（2）残差图。

在"回归"对话框中选中"残差图"复选框,能返回每个自变量对应的残差图。残差图如图 1-7-13 所示,是以某一自变量为横轴,残差为纵轴,残差 0 值为分界线构建的点图。

（3）线性拟合图。

在"回归"对话框中选中"线性拟合图"复选框,能返回每个自变量对应的线性拟合图。如图 1-7-14 所示,线性拟合图以某一自变量为横轴,因变量为纵轴,同时以两种颜色描述出观测值和对应的估计值。

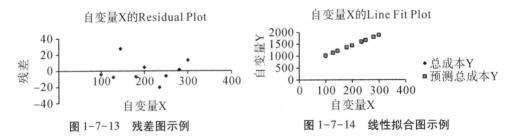

图 1-7-13　残差图示例　　　　图 1-7-14　线性拟合图示例

（4）正态概率图。

在"回归"对话框中选中"正态概率图"复选框,能返回因变量观测值的百分比排位表和由该百分比排位表对应的正态概率图,如图 1-7-15 所示。

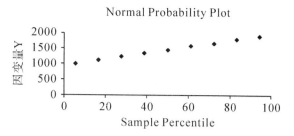

图 1-7-15　正态概率图示例

下面,我们仍然使用图 1-7-5 的示例数据,来构建二元一次线性回归模型 $Y=a+bX1+cX2$。

第一步,使用"数据-数据分析"菜单打开"数据分析"对话框,选择"回归"分析工具,点击"确定"按钮可以打开"回归"对话框,点击 Y 值输入区域右侧的箭头,选择 B1 至 B10 单元格;点击 X 值输入区域右侧的箭头,选择 C1 至 D10 单元格;由于输入区域数据包含标志,选中"标志"复选框;选中置信度复选框,输入 99%,操作如图 1-7-16 所示。(不再选择残差和正态分布下的各个复选框,大家可以自行操作观察。)

图 1-7-16　"回归"对话框示例输入

第二步,点击"回归"对话框的"确定"按钮,返回结果,如图 1-7-17 所示。

G	H	I	J	K	L	M	N	O
SUMMARY OUTPUT								
回归统计								
Multiple R	0.999448982							
R Square	0.998898267							
Adjusted R Square	0.998531022							
标准误差	11.77917779							
观测值	9							
方差分析								
	df	SS	MS	F	Significance F			
回归分析	2	754790	377395	2719.98	1.3373E-09			
残差	6	832.494	138.749					
总计	8	755622						
	Coefficients	标准误差	t Stat	P-value	Lower 95%	Upper 95%	下限 99.0%	上限 99.0%
Intercept	471.4365524	43.4187	10.8579	3.6E-05	365.1948244	577.6782805	310.4648527	632.4082521
人工小时X1	3.616533572	0.36776	9.83406	6.4E-05	2.716666858	4.516400285	2.253104371	4.979962773
机器工时X2	3.432345913	1.56086	2.19901	0.0702	-0.386945928	7.251637754	-2.354437778	9.219129604

图 1-7-17　"回归"分析工具示例返回结果

从回归统计表中可以看出，Adjusted R Square 为 0.998531022，说明从样本数据来看，自变量人工小时 $X1$ 和机器工时 $X2$ 变动对因变量总成本变化的解释力度大，达到了 99.8% 以上，拟合优度较好。

从方差分析表中可以看出，Significance F 等于 $1.3373×10^{-9}$，远远小于显著性系数 0.05（甚至 0.001），说明整个回归方程的显著性检验结果是高度显著的。

从回归系数表中可以看出，构建的回归方程为 $Y = 471.4365524 + 3.616533572X1 + 3.432345913X2$，截距和两个自变量的参数 t 检验 P 值分别为 $3.6×10^{-5}$、$6.4×10^{-5}$ 和 0.0702，说明截距、自变量人工小时 $X1$ 的单个参数的显著性检验结果是高度显著的，只有自变量机器工时 $X2$ 的单个参数显著性检验在 0.05 的显著性水平条件下不显著，但在 0.1 的显著性水平条件下，这个参数的显著性检验结论是显著的。这说明在 0.1 的显著性水平条件下，该回归模型和回归方程合理反映了总成本 Y 和人工小时 $X1$、机器工时 $X2$ 之间的关系，可以用来进行预测和控制。

思考练习

1. 有数据如下表所示：

固定资产投资额/万元	20	20	26	35	52	56	81	131	149	163	232	202
生产总值/万元	195	210	244	264	294	314	360	432	481	567	655	704

（1）将数据录入 Microsoft Excel 工作表，并保存工作簿文件名为"练习 18.xls"。

（2）计算固定资产投资额同生产总值之间的相关系数。

（3）作出散点图。

2. 下表数据是由 10 家某种类型的企业构成的一个随机样本。

设备维修费/万元	纳税前的纯收入/万元
20	10
24	12
20	15
32	14
34	16
36	20
40	18
44	22
46	24
42	22

（1）将数据录入 Microsoft Excel 工作表，并保存工作簿文件名为"练习 19.xls"。

（2）对数据进行回归分析，并做出结论。

3. 对公司决策者而言，知道哪些因素影响客户的购买量非常重要。决策者希望从历史数据中找出哪些变量能用来对采购量进行预测，他们从不同客户那里搜集到了数据。

下表是一家微电子产品晶片的生产商对 16 家客户公司关于 5 个变量构建的数据,这 5 个变量分别是:年采购量、公司规模、采购量中的进口比例、客户公司到本公司的距离和客户公司是否有一个单独的集中采购部门。

年采购量 /千美元	公司规模 (总销售额/百万美元)	采购量中的 进口比例/%	到本公司的距离 /千米	有无集中采购部门 (1 有;0 无)
27.9	25.6	41	18	1
89.6	109.8	16	75	0
12.8	39.4	29	14	0
34.9	16.7	31	117	0
408.6	278.4	14	209	1
173.5	98.4	8	114	1
105.2	101.6	20	75	0
510.6	139.3	17	50	1
382.7	207.4	53	35	1
84.6	26.8	27	15	1
101.4	13.9	31	19	0
27.6	6.8	22	7	0
234.8	84.7	5	89	1
464.3	180.3	27	306	1
309.8	132.6	18	73	1
294.6	118.9	16	11	1

(1)将数据录入 Microsoft Excel 工作表,并保存工作簿文件名为"练习 20.xls"。

(2)用这些变量构建一个多元回归模型,并对结果进行说明。

4. 在回归分析中,我们假设各个自变量之间不存在交互作用。如果各个自变量之间有交互作用,我们就要构建交叉作用项来反映它对回归结果的影响,一般我们是构建自变量的乘积变量来作为交叉作用项的。思考如何确定自变量数据是否具有交互作用?如何通过回归分析方法检验交互作用对因变量的影响?

实验八 时间序列分析

一、实验目的及要求

(一)实验目的
应用统计软件,进行时间序列分析,并作出预测。

(二)实验要求
(1)熟练掌握时间序列指标分析法的实验方法和步骤。
(2)掌握时间序列长期趋势测度的实验方法和步骤。
(3)掌握测定季节变动的实验方法和步骤。
(4)掌握利用时间序列进行趋势预测的方法。

二、时间序列指标分析法

(一)测定水平指标
时间序列的水平指标包括发展水平、平均发展水平、增长水平和平均增长水平。其中,发展水平是针对原时间序列的指标数值的表达,不需要计算。平均发展水平要依据时间序列的类型(时期序列、连续记录时点序列、时点序列、平均数序列、相对数序列等)来选择计算公式。增长水平(逐期增长量及累计增长量)和平均增长水平的计算则相对统一。

如图 1-8-1 所示,已知 2008 年至 2020 年中国的 GDP 数据,要计算平均发展水平、增长水平(逐期增长量及累计增长量)和平均增长量。由于该时间序列是均匀的时期序列,所以其平均发展水平只需计算指标 GDP 的简单算术平均数即可,所以调用公式" = Average(B2:B14)"就可以计算出 2008 年至 2020 年中国的 GDP 平均发展水平,此处就不再过多论述。下面结合示例数据,详细介绍一下如何计算增长水平(逐期增长量及累计增长量)和平均增长量。

	A	B	C	D	E
1	年份	GDP (亿元)	逐期增长量	累计增长量	平均增长量
2	2008	319244.6			
3	2009	348517.7			
4	2010	412119.3			
5	2011	487940.2			
6	2012	538580.0			
7	2013	592963.2			
8	2014	643563.1			
9	2015	688858.2			
10	2016	746395.1			
11	2017	832035.9			
12	2018	919281.1			
13	2019	986515.2			
14	2020	1015986.2			

图 1-8-1 测定水平指标示例数据

1. 逐期增长量

逐期增长量是报告期水平与其前一期水平之差,说明报告水平较上一水平增长的绝对数量。使用 Microsoft Excel 的实现方法是:

第一步,激活 C3 单元格,输入公式"=B3-B2",回车返回 2009 年 GDP 的逐期增长量。

第二步,再次激活 C3 单元格,将鼠标放置到 C3 单元格的右下角,使其变成黑色的十字架(拖拉权柄),点击鼠标左键,向下拖动拖拉权柄至 C14 单元格,就能依次获得 2010 年至 2020 年这 11 年间每年的 GDP 逐期增长量。(这里我们将相对地址和拖拉权柄配合使用,简化软件输入公式的步骤。)

2. 累计增长量

累计增长量是报告期水平与某一固定基期水平之差,说明报告期与某一固定时期相比增长的绝对数量。使用 Microsoft Excel 的实现方法是:

第一步,激活 D3 单元格,输入公式"=B3-\$B\$2",回车返回 2009 年 GDP 的累计增长量。

第二步,再次激活 D3 单元格,将鼠标放置到 D3 单元格的右下角,使其变成黑色的十字架(拖拉权柄),点击鼠标左键,向下拖动拖拉权柄至 D14 单元格,就能依次获得 2010 年至 2020 年这 11 年间每年的 GDP 累计增长量。(这里我们将相对地址、绝对地址和拖拉权柄配合使用,简化软件输入公式的步骤。)

3. 平均增长量

平均增长量是观察期各期逐期增长量的序时平均数,用于描述现象在观察期内平均每期的增长数量。它可以采用水平法和累计法两种方法获得。

(1)水平法。

水平法是直接用各期逐期增长量计算序时平均数。比如可以在 E12 单元格输入公式"=Average(C3:C14)",回车返回水平法计算平均增长量的结果。

(2)累计法。

累计法是用公式"最后一期的累计增长量/(原时间序列项数-1)"来计算平均增长量,由于最后一期的累计增长量数值正好等于各期增长量之和,所以以累计法计算的结果和水平法计算的结果一致。比如可以在 E13 单元格输入公式"=D14/(Count(B2:B14)-1)",回车返回累计法计算平均增长量的结果。

测定增长量和平均增长量的示例返回结果如图 1-8-2 所示。如果已经计算出了逐期增长量序列,那么可以选择水平法计算平均增长量;如果已经计算出了累计增长量序列,那么可以选择累计法计算平均增长量;如果只有原时间序列,并没有计算出逐期增长量序列或累计增长量序列,由于"最后一期的累积增长量=最后一期的发展水平-期初发展水平",依然可以利用累计法的公式变形来计算平均增长量。比如可以在 E13 单元格输入公式"=(B14-B2)/(Count(B2:B14)-1)",回车返回直接由原时间序列计算出的平均增长量的结果。

	A	B	C	D	E	F
1	年份	GDP（亿元）	逐期增长量	累计增长量	平均增长量	
2	2008	319244.6				
3	2009	348517.7	29273.1	29273.1		
4	2010	412119.3	63601.6	92874.7		
5	2011	487940.2	75820.9	168695.6		
6	2012	538580.0	50639.8	219335.4		
7	2013	592963.2	54383.2	273718.6		
8	2014	643563.1	50599.9	324318.5		=AVERAGE(C3:C14)
9	2015	688858.2	45295.1	369613.6		
10	2016	746395.1	57536.9	427150.5		=D14/（Count（B2:B14）-1）
11	2017	832035.9	85640.8	512791.3		
12	2018	919281.1	87245.2	600036.5	58061.8	
13	2019	986515.2	67234.1	667270.6	58061.8	
14	2020	1015986.2	29471.0	696741.6	58061.8	=（B14-B2）/（Count（B2:B14）-1）

图 1-8-2　测定水平指标示例数据操作返回结果

（二）测定速度指标

时间序列的速度指标包括发展速度、平均发展速度、增长速度和平均增长速度。其中，发展速度包括环比发展速度和定基发展速度，增长速度也包括环比增长速度和定基增长速度。如图 1-8-3 所示，已知 2008 年至 2020 年中国的 GDP 数据，要计算发展速度（环比发展速度及定基发展速度）、增长速度（环比增长速度及定基增长速度）、平均发展速度和平均增长速度。

	A	B	C	D	E	F	G	H
1	年份	GDP（亿元）	环比发展速度	定基发展速度	环比增长速度	定基增长速度	平均发展速度	平均增长速度
2	2008	319244.6						
3	2009	348517.7						
4	2010	412119.3						
5	2011	487940.2						
6	2012	538580.0						
7	2013	592963.2						
8	2014	643563.1						
9	2015	688858.2						
10	2016	746395.1						
11	2017	832035.9						
12	2018	919281.1						
13	2019	986515.2						
14	2020	1015986.2						

图 1-8-3　测定速度指标示例数据

1. 环比发展速度

环比发展速度是报告期水平与其前一期水平之比，说明现象逐期相对变化的程度。使用 Microsoft Excel 的实现方法是：

第一步，激活 C3 单元格，输入公式“=B3/B2”，回车返回 2009 年 GDP 的环比发展速度。

第二步，再次激活 C3 单元格，将鼠标放置到 C3 单元格的右下角，使其变成黑色的十字架（拖拉权柄），点击鼠标左键，向下拖动拖拉权柄至 C14 单元格，就能依次获得 2010 年至 2020 年这 11 年间每年的 GDP 环比发展速度。（这里我们将相对地址和拖拉权柄配合使用，简化软件输入公式的步骤。）

第三步，选中 C3 至 C14 单元格，点击鼠标右键，选择“设置单元格格式”，打开“设置单元格格式”对话框，从“数字”卡片下的分类框中选中“百分比”，并在右侧的“小数位数”框中输入 2，单击“确定”按钮，将环比发展速度结果显示为百分数形式。

2.定基发展速度

定基发展速度是报告期水平与某一固定时期水平之比,说明现象在整个观察期内总的相对发展变化的程度。使用 Microsoft Excel 的实现方法是:

第一步,激活 D3 单元格,输入公式"＝B3/ $B$2",回车返回 2009 年 GDP 的定基发展速度。

第二步,再次激活 D3 单元格,将鼠标放置到 D3 单元格的右下角,使其变成黑色的十字架(拖拉权柄),点击鼠标左键,向下拖动拖拉权柄至 D14 单元格,就能依次获得 2010年至 2020 年这 11 年间每年的 GDP 定基发展速度。(这里我们将相对地址、绝对地址和拖拉权柄配合使用,简化软件输入公式的步骤。)

第三步,选中 D3 至 D14 单元格,点击鼠标右键,选择"设置单元格格式",打开"设置单元格格式"对话框,从"数字"卡片下的分类框中选中"百分比",并在右侧的"小数位数"框中输入 2,单击"确定"按钮,将环比发展速度结果显示为百分数形式。

3. 环比增长速度

环比增长速度是报告期水平和其前一期水平的离差与前一期水平之比,说明现象逐期相对变化的程度。使用 Microsoft Excel 的实现方法是:

第一步,激活 E3 单元格,输入公式"＝(B3－B2)/B2",回车返回 2009 年 GDP 的环比增长速度。

第二步,再次激活 E3 单元格,将鼠标放置到 E3 单元格的右下角,使其变成黑色的十字架(拖拉权柄),点击鼠标左键,向下拖动拖拉权柄至 E14 单元格,就能依次获得 2010年至 2020 年这 11 年间每年的 GDP 环比增长速度。(这里我们将相对地址和拖拉权柄配合使用,简化软件输入公式的步骤。)

第三步,选中 E3 至 E14 单元格,点击鼠标右键,选择"设置单元格格式",打开"设置单元格格式"对话框,从"数字"卡片下的分类框中选中"百分比",并在右侧的"小数位数"框中输入 2,单击"确定"按钮,将环比增长速度结果显示为百分数形式。

当然,由于"增长速度＝发展速度－1",所以如果已经计算出了环比发展速度序列,那么将每一期的环比发展速度减去 1,也能得到各期的环比增长速度。具体实验步骤,此处不再赘述。

4. 定基增长速度

定基增长速度是报告期水平和某一固定期水平的离差与该固定期水平之比,说明现象在整个观察期内总的相对发展变化的程度。使用 Microsoft Excel 的实现方法是:

第一步,激活 F3 单元格,输入公式"＝(B3－$B$2)/ $B$2",回车返回 2009 年 GDP 的定基增长速度。

第二步,再次激活 F3 单元格,将鼠标放置到 F3 单元格的右下角,使其变成黑色的十字架(拖拉权柄),点击鼠标左键,向下拖动拖拉权柄至 F14 单元格,就能依次获得 2010 年至 2020 年这 11 年间每年的 GDP 定基增长速度。(这里我们将相对地址、绝对地址和拖拉权柄配合使用,简化软件输入公式的步骤。)

第三步,选中 F3 至 F14 单元格,点击鼠标右键,选择"设置单元格格式",打开"设置单元格格式"对话框,从"数字"卡片下的分类框中选中"百分比",并在右侧的"小数位数"框中输入 2,单击"确定"按钮,将定基增长速度结果显示为百分数形式。

当然,由于"增长速度=发展速度-1",所以如果已经计算出了定基发展速度序列,那么将每一期的定基发展速度减去1,也能得到各期的定基增长速度。具体实验步骤,此处不再赘述。

5. 平均发展速度

平均发展速度是各个时期环比发展速度的几何平均数,用于描述现象在整个观察期内平均发展变化的程度。Microsoft Excel 获取平均发展速度的方法是利用环比发展速度来求得,也就是水平法。比如可以在 G14 单元格输入公式"=Geomean(C3:C14)",回车即可得到平均发展速度,并可相应调整其格式为百分比形式。(这里我们使用了求几何平均数的 Geomean 函数,其用法可以参看实验三的内容。)

6. 平均增长速度

平均增长速度=平均发展速度-1,所以在 H14 单元格输入公式"=G14-1",回车即可得到平均增长速度,并可相应调整其格式为百分比形式。

测定发展速度和平均发展速度的示例返回结果如图 1-8-4 所示。

	A	B	C	D	E	F	G	H
1	年份	GDP(亿元)	环比发展速度	定基发展速度	环比增长速度	定基增长速度	平均发展速度	平均增长速度
2	2008	319244.6						
3	2009	348517.7	109.17%	109.17%	9.17%	9.17%		
4	2010	412119.3	118.25%	129.09%	18.25%	29.09%		
5	2011	487940.2	118.40%	152.84%	18.40%	52.84%		
6	2012	538580.0	110.38%	168.70%	10.38%	68.70%		
7	2013	592963.2	110.10%	185.74%	10.10%	85.74%		
8	2014	643563.1	108.53%	201.59%	8.53%	101.59%	=Geomean(C3:C14)	=G14-1
9	2015	688858.2	107.04%	215.78%	7.04%	115.78%		
10	2016	746395.1	108.35%	233.80%	8.35%	133.80%		
11	2017	832035.9	111.47%	260.63%	11.47%	160.63%		
12	2018	919281.1	110.49%	287.96%	10.49%	187.96%		
13	2019	986515.2	107.31%	309.02%	7.31%	209.02%		
14	2020	1015986.2	102.99%	318.25%	2.99%	218.25%	110.13%	10.13%

图 1-8-4　测定速度指标示例数据操作返回结果

三、长期趋势的测定

时间序列分析有一个基本的假设,那就是过去和现在活动的因素将继续以几乎相同的方式影响将来。因此时间序列分析的主要目的是识别和区分这些影响因素。影响时间序列的因素如表 1-8-1 所示。

表 1-8-1　影响时间序列的因素

因素	定义	影响因素	持续时间
长期趋势	整体的、持久的、长期的上升或下降	技术变化、总体、资产、价值等	几年
季节变动	时期为 12 个月(或四个季度)年复一年的相当规律的波动	气候、社会状况、宗教习惯等	12 个月内(或月或季度数据)
循环变动	从繁荣、衰退到萧条再到复苏增长的重复上下摆动变化	无数相关因素相互作用	通常 2~10 年,在一个完整的周期内密度不同
不规则变动	无规律的、偶发的	无法预料的事件	持续时间短且不重复

接下来,我们先介绍时间序列中长期趋势因素的度量方法,在此基础上再介绍季节变动因素的度量方法。

(一)移动平均法

长期趋势是指客观现象在较长的一段时间内所表现出来的稳定的趋势性。移动平均法是最常用的修匀时间序列、发现长期趋势的方法之一。它是从时间序列指标项顶端向下,选择 N 个时间点进行一次平均,然后将选择的范围向下移动一个时间点,再进行 N 个时间点的一次平均,以此类推。我们称之为 N 项移动平均。

每次平均的结果记录在 N 个时间点的中间位置上。对于奇数周期的移动平均法(N 为奇数),计算出来的平均值直接记录在居中的时间点上;对于偶数周期的移动平均法(N 为偶数),则需要进行两次移动平均,第一次按偶数周期计算平均值,结果分别写在居中的两个时间点中,第二次再将相邻的两个中间一次移动平均结果再进行一次移动平均(称为二项移正平均),将结果放在两个中间的中间时点上。(偶数周期移动平均法处理时,Microsoft Excel 处理的时候做不到将一次移动平均的结果放到两个时间点的中间,因为居中两个时间点的中间是表格线,Microsoft Excel 不支持在表格线上输入数据,所以一次移动平均的时候只能将平均值数据放在中间偏下的那个时间点对应的单元格中,通过将二项移正平均的结果放到两项的前一项时点对应的单元格来使得结果调整正确。)

1. 函数法

如图 1-8-5 所示,已知某厂 2020 年 1 月份至 12 月份的总产值数据,要在 Microsoft Excel 中利用函数法来获得移动平均的结果,进而发现该时间序列的长期趋势。

	A	B	C	D	E
1	月份	总产值	三项移动平均	四项移动一次平均	四项移动二次修正
2	1	506			
3	2	473			
4	3	542			
5	4	546			
6	5	585			
7	6	547			
8	7	570			
9	8	576			
10	9	569			
11	10	610			
12	11	583			
13	12	615			

图 1-8-5　移动平均示例数据-函数法

(1)奇数项移动平均——以三项移动平均为例。

三项移动平均是从时间序列指标项顶端向下,三项移动来计算平均值,平均值的结果放在正中间的第二项时间点对应的单元格上。

第一步,激活 C3 单元格,输入公式"=Average(B2:B4)",回车返回 2 月份的三项移动平均结果。

第二步,再次激活 C3 单元格,将鼠标放置到 C3 单元格的右下角,使其变成黑色的十字架(拖拉权柄),点击鼠标左键,向下拖动拖拉权柄至 C12 单元格,就能依次获得 3 月份至 11 月份的三项移动平均结果。注意:这里不能拖动到 C13 单元格,因为 C13 单元格对应的三项移动平均公式为"=Average(B12:B14)",而 B14 单元格没有数据,如果你将拖拉权柄拖动到该处,得到的返回结果是"=Average(B12:B13)"的返回结果,显然已经不符合三项移动平均的要求了。

（2）偶数项移动平均——以四项移动平均为例。

首先进行一次移动平均：

第一步，激活 D4 单元格，输入公式"=Average(B2:B5)"，回车返回结果。

第二步，再次激活 D4 单元格，将鼠标放置到 D4 单元格的右下角，使其变成黑色的十字架（拖拉权柄），点击鼠标左键，向下拖动拖拉权柄至 D12 单元格，就能依次获得四项一次移动平均结果。（这里始终要保证 Average 函数的参数调用的四个单元格中有数据。）

然后，进行二次修正：

第三步，激活 E4 单元格，输入公式"=Average(D4:D5)"，回车返回 3 月份的四项移动平均结果。

第四步，再次激活 E4 单元格，将鼠标放置到 E4 单元格的右下角，使其变成黑色的十字架（拖拉权柄），点击鼠标左键，向下拖动拖拉权柄至 E11 单元格，就能依次获得 4 月份到 10 月份的四项移动平均结果。

移动平均函数法实验的操作结果如图 1-8-6 所示。

	A	B	C	D	E
1	月份	总产值	三项移动平均	四项移动一次平均	四项移动二次修正
2	1	506			
3	2	473	507.00		
4	3	542	520.33	516.75	526.63
5	4	546	557.67	536.50	545.75
6	5	585	559.33	555.00	558.50
7	6	547	567.33	562.00	565.75
8	7	570	564.33	569.50	567.50
9	8	576	571.67	565.50	573.38
10	9	569	585.00	581.25	582.88
11	10	610	587.33	584.50	589.38
12	11	583	602.67	594.25	
13	12	615			

图 1-8-6　移动平均示例数据-函数法实验的操作结果

那么，移动平均法有没有修匀时间序列反映出长期趋势呢？图 1-8-7 将示例数据的原时间序列、三项移动平均结果和四项移动平均结果放在一起进行比较。从图形中可以看出，原来波动的总产值数据，经过三项移动平均以后得到了修匀，经过四项移动平均以后得到了进一步的修匀。

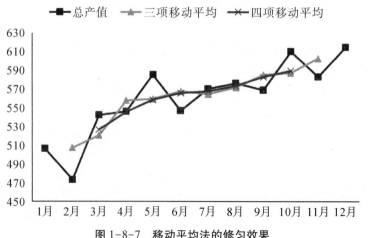

图 1-8-7　移动平均法的修匀效果

实际使用移动平均法时,移动平均的项数要依据研究目的而定。如果研究是为了将周期变动的影响去除掉,则移动平均的项数要与实际经济数据波动的周期一致;如果研究是为了修匀不规则变动,显示出周期的影响,则移动平均的项数要小于实际经济数据波动的周期,并结合加权移动平均法,一定程度地突出实际数值。

2. "移动平均"分析工具扩展函数

除了使用函数法外,Microsoft Excel 还提供了"移动平均"分析工具扩展函数,来获得移动平均法长期趋势的数据。仍然利用图 1-8-1 的数据,使用"移动平均"分析工具来获取移动平均数据结果。

第一步,使用"数据-数据分析"菜单,打开数据分析对话框,选择"移动平均"分析工具,点击"确定"按钮可以打开"移动平均"对话框。

第二步,在"移动平均"对话框中进行设置,如图 1-8-8 所示。

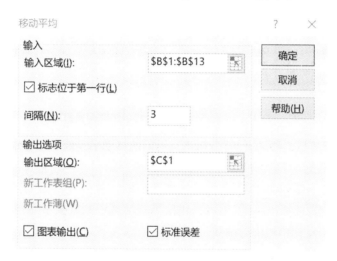

图 1-8-8 "移动平均"对话框示例数据操作

(1)点击输入区域右侧的箭头,选择 B1 至 B13 单元格。"移动平均"分析工具在数据输入区域与前面的分析工具不同,只能输入一列(或一行)数据所在的单元格,否则点击"确定"按钮以后会提示出错信息。因此,在示例中我们只选择总产值数据所在列的单元格。

(2)输入区域数据包含了标志名称"总产值",所以选中"标志位于第一行"复选框。如果数据是以行的方式来录入 Microsoft Excel 工作表的,那么可以在输入区域选择数据的时候不包含标志在其中,也不选中"标志位于第一行"复选框;也可以在输入区域选择数据的时候包含标志名称在其中,同时选中"标志位于第一行"复选框。(这里虽然名为"标志位于第一行",但函数会把位于第一列的标志剔除到移动平均分析以外。)

(3)间隔框输入的数据就是移动平均的项数 N。示例数据中我们输入 3。

(4)输出选项只让选择输出区域形式,这一点也与前面介绍的分析工具不同。由于移动平均的平均值结果要与原时间序列对应时点相结合,所以输出的单元格也不能再是任意右侧和下侧没有数据的单元格了。一般数据如果是以列的方式录入的,那么输出区域应选择经济数据标志右侧的第一个单元格;如果数据是以行的方式录入的,那么输出区域应选择经济数据标志下侧的第一个单元格。示例数据是以列录入的,所以输出区域选择经济数据标志"总产值"右侧的第一个单元格 C1。

（5）选中"图表输出"复选框,在返回结果中会绘制一幅对比图,将原时间序列同移动平均结果进行比较,就像我们在图1-8-7中所做的那样。

（6）选中"标准误差"复选框,在返回结果的移动平均值右侧对应单元格,返回其标准误差。示例数据的结果反映在D列上。

第三步,点击"移动平均"对话框的"确定"按钮,返回移动平均分析结果,如图1-8-9所示。

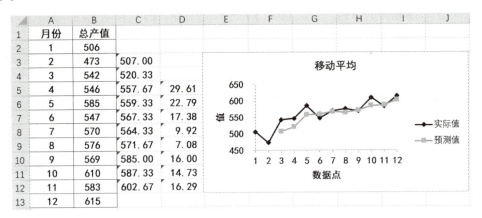

图1-8-9 "移动平均"分析工具示例数据返回结果

需要提醒注意的是,"移动平均"分析工具返回的移动平均值和标准误差数据(图1-8-9中C列和D列的数据)与前面所介绍的分析工具返回结果不同。前面我们看到分析工具库返回的结果都是一系列的数值,并没有这些数值的计算公式。而"移动平均"分析工具的返回结果是由公式计算出来的,你可以用鼠标激活其中的数据单元格,在插入函数按钮后观察对应的计算公式和调用的函数。

（二）指数平滑法

指数平滑法是一种包含一系列指数权重的移动平均,最近的一个值的权重最高,之前的权重较之略小,依次递减,第一个值的权重最小。整个平滑序列中,每个指数平滑值都是在所有过去值的基础上得出的。指数平滑法可以用下面的公式组表示:

$$E_1 = Y_1$$
$$E_i = \omega Y_i + (1-\omega) E_{i-1}$$

式中,$i=2,3,4,\cdots$;E_i为时期i上的指数平滑值;Y_i为时期i上的时间序列观测值;ω为主观选择的权重或平滑系数,$0<\omega<1$,一般商业数据分析中$\omega \leqslant 0.5$。

选择时间序列的指数平滑系数就和移动平均中选择移动平均项数一样,要依据研究目的来定(虽然选择总是有些主观)。如果你的研究目的只是想要通过去掉循环和不规则波动平滑一个序列,那么应该选择一个较小的ω值(接近于0),整个序列的长期趋势就会明显;如果你的研究目的是短期预测(当不确定长期趋势是否存在或长期趋势的类型时,可以运用指数平滑法进行短期预测),那么选择一个较大的ω值(接近于0.5),就可以更加准确地预测未来短期方向。

Microsoft Excel提供了"指数平滑"分析工具扩展函数来完成指数平滑工作。比如,有如图1-8-10所列示的某厂从2001年至2020年的销售额时间序列数据,对其进行指数平滑以明确该时间序列的长期趋势。

第一步,使用"数据-数据分析"菜单,打开"数据分析"对话框,选择"指数平滑"分析工具,点击"确定"按钮可以打开"指数平滑"对话框。

第二步,在"指数平滑"对话框中进行设置,如图 1-8-11 所示。

	A	B
1	年度	销售额
2	2001	41
3	2002	48
4	2003	53
5	2004	51
6	2005	58
7	2006	57
8	2007	64
9	2008	69
10	2009	67
11	2010	69
12	2011	76
13	2012	73
14	2013	79
15	2014	84
16	2015	86
17	2016	87
18	2017	92
19	2018	95
20	2019	101
21	2020	107

图 1-8-10 指数平滑法示例数据   图 1-8-11 "指数平滑"对话框

(1)点击输入区域右侧的箭头,选择 B1 至 B21 单元格。"指数平滑"分析工具在数据输入区域类似于"移动平均"分析工具,只能输入一列(或一行)数据所在的单元格,否则点击"确定"按钮以后会提示出错信息。因此,在示例中我们只选择销售额数据所在列的单元格。

(2)阻尼系数框中要输入数值。这里的阻尼系数等于 1-平滑系数,也就是 $1-\omega$,其值也在(0,1)之间,这里为了发现长期趋势,我们要使得 ω 尽量向 0 靠近,所以输入阻尼系数为 0.9。

(3)输入区域数据包含了标志名称"销售额",所以选中"标志"复选框。

(4)输出选项只让选择输出区域形式,这一点也类似于"移动平均"分析工具。由于指数平滑的平滑值结果要与原时间序列对应时点相结合,所以输出的单元格也不能再是任意下侧和右侧没有数据的单元格了。一般数据如果是以列的方式录入的,那么输出区域应选择经济数据标志右侧的第一个单元格;如果数据是以行的方式录入的,那么输出区域应选择经济数据标志下侧的第一个单元格。示例数据是以列录入的,所以输出区域选择经济数据标志"销售额"右侧的第一个单元格 C1。

(5)选中"图表输出"复选框,在返回结果中会绘制一幅对比图,将原时间序列同指数平滑结果进行比较。

(6)选中"标准误差"复选框,在返回结果的指数平滑值右侧对应单元格,返回其标准误差。示例数据的结果反映在 D 列上。

第三步,点击"指数平滑"对话框的"确定"按钮,返回指数平滑分析结果,如图 1-8-12 所示。

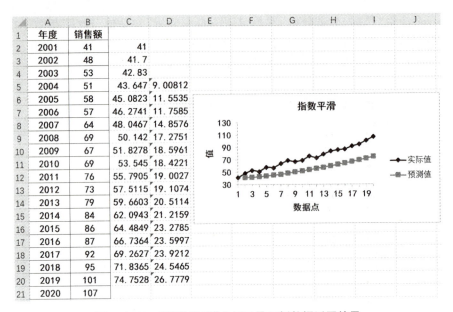

	A	B	C	D
1	年度	销售额		
2	2001	41	41	
3	2002	48	41.7	
4	2003	53	42.83	
5	2004	51	43.647	9.00812
6	2005	58	45.0823	11.5535
7	2006	57	46.2741	11.7585
8	2007	64	48.0467	14.8576
9	2008	69	50.142	17.2751
10	2009	67	51.8278	18.5961
11	2010	69	53.545	18.4221
12	2011	76	55.7905	19.0027
13	2012	73	57.5115	19.1074
14	2013	79	59.6603	20.5114
15	2014	84	62.0943	21.2159
16	2015	86	64.4849	23.2785
17	2016	87	66.7364	23.5997
18	2017	92	69.2627	23.9212
19	2018	95	71.8365	24.5465
20	2019	101	74.7528	26.7779
21	2020	107		

图 1-8-12 "指数平滑"分析工具示例数据返回结果

同样类似于"移动平均"分析工具的结果,"指数平滑"分析工具返回的指数平滑值和标准误差数据(图 1-8-12 中 C 列和 D 列的数据)也是由公式计算出来的,你可以用鼠标激活其中的数据单元格,在插入函数按钮后观察对应的计算公式和调用的函数。

(三)最小二乘法

时间序列的长期趋势分析,可以利用以最小二乘法为基础的回归分析的方法来实现。在构建回归模型的时候,以时间项值作为自变量,以经济数据作为因变量。你可以通过计算时间序列经济数据的逐期增长量、二次逐期增长量和环比增长速度,来决定拟合什么样的回归方程以反映长期趋势。

(1)如果线性回归模型非常适合某个时间序列,那么逐期增长量的值是常数,因此:

$$(Y_2 - Y_1) = (Y_3 - Y_2) = \cdots = (Y_n - Y_{n-1})$$

(2)如果二次回归模型非常适合某个时间序列,那么二次逐期增长量值是常数,因此:

$$[(Y_3 - Y_2) - (Y_2 - Y_1)] = [(Y_4 - Y_3) - (Y_3 - Y_2)] = \cdots = [(Y_n - Y_{n-1}) - (Y_{n-1} - Y_{n-2})]$$

(3)如果指数回归模型非常适合某个时间序列,那么环比增长速度值之间的百分率差是常数,因此:

$$\frac{Y_2 - Y_1}{Y_1} \times 100\% = \frac{Y_3 - Y_2}{Y_2} \times 100\% = \cdots = \frac{Y_n - Y_{n-1}}{Y_{n-1}} \times 100\%$$

选择完模型以后,可以结合最小二乘法来计算回归模型的参数。这个部分完全可以交给回归分析来做。大家可以参看实验七中回归分析的操作方法和步骤,这里不再赘述。

四、季节变动分析

很多时间序列数据是按季度或按月搜集的,此时必须考虑季节变动效应对数据的影响。下面我们结合示例数据来说明如何使用 Microsoft Excel 进行季节变动分析。

比如有如图 1-8-13 所展示的示例数据,是某公司 5 年间按季度搜集的数据,分析数据中是否具有季节因素的影响。

第一步,计算时间序列的长期趋势。这里我们使用四项移动平均法来获取时间序列的长期趋势值。首先,激活 D4 单元格,输入公式"= Average(C2:C5)",回车返回结果。其次激活 D4 单元格,使用拖拉权柄垂直拖动至 D20 单元格,得到四项一次移动平均的结果。再次,激活 E4 单元格,输入公式"= Average(D4:D5)",回车返回结果。最后激活 E4 单元格,使用拖拉权柄垂直拖动至 E19 单元格,得到四项二次移正平均的结果(四项移动平均的趋势值 T)。

第二步,利用乘法模型,用时间序列的观察值 Y 除以对应的长期趋势值 T,得到季节因素引起的变动分量值。激活 F4 单元格,输入公式"= C4/E4",回车返回结果。然后激活 F4 单元格,使用拖拉权柄垂直拖动至 F19 单元格,得到季节因素引起的变动分量值。第一、二步的结果如图 1-8-14 所示。

	年份	季节	销售收入Y	四项一次移动平均	趋势值T	Y/T
1						
2	第一年	1	1861			
3		2	2203			
4		3	2415			
5		4	1908			
6	第二年	1	1921			
7		2	2343			
8		3	2514			
9		4	1986			
10	第三年	1	1834			
11		2	2154			
12		3	2098			
13		4	1799			
14	第四年	1	1837			
15		2	2025			
16		3	2304			
17		4	1965			
18	第五年	1	2073			
19		2	2414			
20		3	2339			
21		4	1967			

图 1-8-13 季节变动分析示例数据

	年份	季节	销售收入Y	四项一次移动平均	趋势值T	Y/T
1						
2	第一年	1	1861			
3		2	2203			
4		3	2415	2096.75	2104.25	1.14768
5		4	1908	2111.75	2129.25	0.89609
6	第二年	1	1921	2146.75	2159.13	0.88971
7		2	2343	2171.5	2181.25	1.07415
8		3	2514	2191	2180.13	1.15314
9		4	1986	2169.25	2145.63	0.9256
10	第三年	1	1834	2122	2070	0.88599
11		2	2154	2018	1994.63	1.0799
12		3	2098	1971.25	1971.63	1.0641
13		4	1799	1972	1955.88	0.91979
14	第四年	1	1837	1939.75	1965.5	0.93462
15		2	2025	1991.25	2012	1.00646
16		3	2304	2032.75	2062.25	1.11723
17		4	1965	2091.75	2140.38	0.91806
18	第五年	1	2073	2189	2193.38	0.94512
19		2	2414	2197.75	2198	1.09827
20		3	2339	2198.25		
21		4	1967			

图 1-8-14 季节因素变动分量值

第三步,将各年同季度的变动分量值汇总在同一列上,如图 1-8-15 所示。

	A	B 第一季	C 第二季	D 第三季	E 第四季
23					
24	第一年			1.1476773	0.89609
25	第二年	0.88971	1.0741547	1.1531449	0.9256
26	第三年	0.88599	1.0799022	1.0640969	0.91979
27	第四年	0.93462	1.0064612	1.1172263	0.91806
28	第五年	0.94512	1.0982712		
29	平均				
30	季节比率				
31	调整系数				

图 1-8-15 季节因素变动分量值汇总

第四步,求出每一季度的变动分量值的平均值。在 B29 单元格输入公式"= Average(B25:B28)",在 C29 单元格输入公式"= Average(C25:C28)",在 D29 单元格输入公式"= Average(D24:D27)",在 E29 单元格输入公式"= Average(E24:E27)"。

第五步,计算季节调整系数。在 B31 单元格输入公式"= 4/Sum(B29:E29)",回车返回结果。

第六步,计算季节比率。在 B30 单元格输入公式"＝B29 ＊ $B$31",回车返回结果。再次激活 B30 单元格,使用拖拉权柄,水平拖动至 E30 单元格。

最终的表格处理结果如图 1-8-16 所示。从中我们可以看出,该公司的销售收入第一季和第四季是淡季,第二季和第三季是旺季。假设已经知道第六年第二季的销售收入为 2500,则可以利用季节比率预测今年后两季的销售额。比如,第六年第三季的销售收入预测值＝(2500/1.060989)×1.116633≈2631。

	A	B	C	D	E
23		第一季	第二季	第三季	第四季
24	第一年			1.1476773	0.89609
25	第二年	0.88971	1.0741547	1.1531449	0.9256
26	第三年	0.88599	1.0799022	1.0640969	0.91979
27	第四年	0.93462	1.0064612	1.1172263	0.91806
28	第五年	0.94512	1.0982712		
29	平均	0.91386	1.0646973	1.1205364	0.91489
30	季节比率	0.91068	1.0609886	1.1166331	0.9117
31	调整系数	0.99652			

图 1-8-16　季节变动分析示例数据分析结果

小贴士:经典的乘法时间序列模型

$$Y_i = T_i \times S_i \times C_i \times I_i$$

式中,T_i 为 i 时期长期趋势,C_i 为 i 时期循环变动趋势分量值,S_i 为 i 时期季节变动分量,I_i 为 i 时期不规则变动分量值。

五、时间序列预测

时间序列分析的目的就是预测和控制。前文我们介绍季节变动分析的时候简单地提到了季节变动分析的预测方法,下面我们结合数据来介绍一下利用 Microsoft Excel 进行时间序列预测的方法。

(一)线性模型的预测

比如有如图 1-8-17 所示的某地区粮食总产量时间序列数据,要预测未来一年或几年的总产量。

	A	B
1	年份	产量
2	1	230
3	2	236
4	3	241
5	4	246
6	5	252
7	6	257
8	7	262
9	8	276
10	9	281
11	10	286

图 1-8-17　线性模型预测示例数据

第一步，使用“回归”分析工具对数据进行回归分析（年份作自变量，产量作因变量），结果如图 1-8-18 所示。

	D	E	F	G	H	I	J	K	L
1	SUMMARY OUTPUT								
2									
3	回归统计								
4	Multiple R	0.992226306							
5	R Square	0.984513042							
6	Adjusted R Square	0.982577172							
7	标准误差	2.555742198							
8	观测值	10							
9									
10	方差分析								
11		df	SS	MS	F	Significance F			
12	回归分析	1	3321.85	3321.85	508.564	1.58282E-08			
13	残差	8	52.2545	6.53182					
14	总计	9	3374.1						
15									
16		Coefficients	标准误差	t Stat	P-value	Lower 95%	Upper 95%	下限 99.0%	上限 99.0%
17	Intercept	221.8	1.7459	127.04	1.6E-14	217.7739375	225.8260625	215.9418148	227.6581852
18	年份	6.345454545	0.28138	22.5514	1.6E-08	5.696595817	6.994313274	5.401322519	7.289586572

图 1-8-18 线性模型预测示例数据回归分析结果

从回归分析的结果来看，构建的回归方程为产量 = 221.8 + 6.345454545 × 年份，R Square 为 0.984513042，拟合优度很高。Significance F 等于 1.58282×10^{-8}，远远小于显著性系数 0.05，说明回归方程是高度显著的。截距和年份自变量前的斜率单个参数显著性 t 检验的 P 值分别为 1.6×10^{-14} 和 1.6×10^{-8}，说明单个参数具有极高的显著性。综合来看，该回归模型和回归方程合理反映了产量和时间之间的关系，可以用来进行预测和控制。接下来可以将年份等于 11、12 带入回归方程，获取第 11 年、第 12 年的产量预测值。

当然，对于线性模型，经过回归检测模型的可靠性以后，我们还可以利用 Forecast.linear 函数和 Trend 函数来获取预测结果。

1. Forecast.linear 函数

用途：根据一条线性回归拟合线返回一个预测值。使用此函数可以对未来销售额、库存需求或消费趋势进行预测。

语法：Forecast.linear(X, known_y's, known_x's)。

参数：X 为需要进行预测的数据点的 X 坐标（自变量将来变化到的值）。known_y's 是从满足线性拟合直线 $y=kx+b$ 的点集合中选出的一组已知的 y 值，known_x's 是从满足线性拟合直线 $y=kx+b$ 的点集合中选出的一组已知的 x 值。

比如示例数据中可以激活一个空白单元格，输入公式“=Forecast.linear(11, B2:B11, A2:A11)”，回车返回结果为 291.6，即为第 11 年产量的预测值。

2. Trend 函数

用途：返回一条线性回归拟合线的一组纵坐标值（y 预测值）。即找到适合给定的数组 known_y's 和 known_x's 的直线（用最小二乘法），并返回指定数组 new_x's 值在直线上对应的 y 预测值。

语法：Trend(known_y's, known_x's, new_x's, const)。

参数：known_y's 为已知关系 y = mx+b 中的 y 值集合，known_x's 为已知关系 $y=mx+b$ 中可选的 x 值的集合，new_x's 为需要函数 Trend 返回对应 y 值的一组新 x 值，const 为逻辑值指明是否强制常数项 b 为 0。

比如示例数据中可以激活一列上三个空白单元格,点击插入函数按钮,从统计函数中选择 Trend 函数,打开 Trend 函数对话框。点击 known_y's 右侧箭头选择 B2 至 B11 单元格,点击 known_x's 右侧箭头选择 A2 至 A11 单元格,new_x's 框中输入{11;12;13},const框中输入 True,如图 1-8-19 所示。

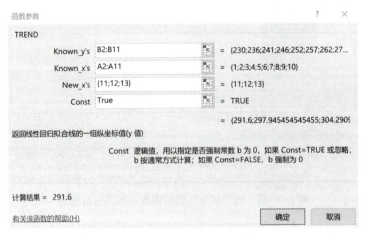

图 1-8-19　Trend 函数对话框

使用组合键"Ctrl+Shift+Enter"返回结果为 291.6、297.9455 和 304.2909,即分别为第 11 年、12 年和 13 年产量的预测值。

(二)指数模型的预测

图 1-8-20 为某厂 1 月至 12 月份的生产成本数据。

	A	B	C
1	月份	单位成本(元/件)Y	Y环比增长速度
2	1	564.3	
3	2	536.8	-4.873%
4	3	518.3	-3.446%
5	4	487.6	-5.923%
6	5	473.5	-2.892%
7	6	456.1	-3.675%
8	7	446.4	-2.127%
9	8	421.7	-5.533%
10	9	401.5	-4.790%
11	10	389.6	-2.964%
12	11	391.2	0.411%
13	12	378.2	-3.323%

图 1-8-20　指数模型预测示例数据

观察单位成本的环比增长速度值,发现该时间序列比较适合用指数模型分析,不过还要对使用的指数模型进行检验,才能放心使用。一般指数模型的形式是 $y=b\times m^x$,但直接对合格模型进行校验比较麻烦。如果我们对模型等式两边同时取以 10 为底的对数,则指数模型变形为 $\log y = \log b + x \times \log m$,令 $\log y=Y,\log b=a,\log m=c$,就得到了一个线性模型 $Y=a+cx$,就可以利用回归分析来检验指数模型的合理性了。

在示例数据中,D1 单元格输入 $\log y$,D2 单元格输入公式"$=\log 10(\text{B2})$",回车返回结果。再次激活 D2 单元格,使用拖拉柄纵向拖动至 D12 单元格。使用"回归"分析工具,分析月份作为自变量,$\log y$ 作为因变量的时间序列回归分析,结果如图 1-8-21 所示。

	F	G	H	I	J	K	L	M	N
1	SUMMARY OUTPUT								
2									
3		回归统计							
4	Multiple R	0.991798797							
5	R Square	0.983664853							
6	Adjusted R Square	0.982031339							
7	标准误差	0.007834982							
8	观测值	12							
9									
10	方差分析								
11		df	SS	MS	F	Significance F			
12	回归分析	1	0.03697	0.03697	602.177	2.88199E-10			
13	残差	10	0.00061	6.1E-05					
14	总计	11	0.03758						
15									
16		Coefficients	标准误差	t Stat	P-value	Lower 95%	Upper 95%	下限 99.0%	上限 99.0%
17	Intercept	2.759298689	0.00482	572.22	6.5E-24	2.748554384	2.770042993	2.744016144	2.774581233
18	月份	-0.016078001	0.00066	-24.539	2.9E-10	-0.017537865	-0.014618138	-0.01815449	-0.014001512

图 1-8-21　指数模型示例数据变形回归分析结果

从回归分析的结果来看,构建的回归方程为 $\log y = 2.759298689 - 0.016078001x$, R Square 为 0.983664853,拟合优度很高。Significance F 等于 2.88199×10^{-10},远远小于显著性系数 0.05,说明回归方程是高度显著的。单个参数显著性 t 检验的 P 值分别为 6.5×10^{-24} 和 29×10^{-10},说明单个参数的具有极高的显著性。综合来看,该回归方程合理反映了月份和生产成本之间的关系,可以用来进行预测和控制。接下来你可以将年份等于 13、14 等带入回归方程,获取第二年 1 月、2 月等的生产成本的预测值的对数值,再通过 10 次方处理,就能得到各个月份的预测值。

对于经过检验合理的时间序列指数模型关系,Microsoft Excel 中还可用 Growth 函数对其进行预测。

用途:给定的数据预测指数增长值。根据已知的 x 值和 y 值,函数 Growth 返回一组新的 x 值对应的 y 值。通常使用 Growth 函数拟合满足给定 x 值和 y 值的指数曲线。

语法:Growth(known_y's,known_x's,new_x's,const)。

参数:known_y's 是满足指数回归拟合曲线 $y = b \times m^x$ 的一组已知的 y 值;known_x's 是满足指数回归拟合曲线 $y = b \times m^x$ 的一组已知的 x 值的集合(可选参数);new_x's 是一组新的 x 值,可通过 Growth 函数返回各自对应的 y 值;Const 为一逻辑值,指明是否将系数 b 强制设为 1,如果 const 为 True 或省略,b 将参与正常计算。如果 const 为 False,b 将被设为 1,m 值将被调整使得 $y = m^x$。

比如示例数据中可以激活一列上三个空白单元格,点击插入函数按钮,从统计函数中选择 Growth 函数,打开 Growth 函数对话框。点击 known_y's 右侧箭头选择 B2 至 B13 单元格,点击 known_x's 右侧箭头选择 A2 至 A13 单元格,new_x's 框中输入{13;14;15},const 框中输入 True,如图 1-8-22 所示。

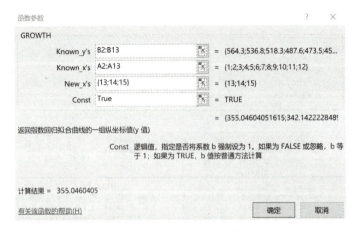

图 1-8-22　Growth 函数对话框

使用组合键"Ctrl+Shift+Enter"返回结果为 355.046、342.1422 和 329.7074，即分别为下一年 1 月、2 月和 3 月的生产成本的预测值。

思考练习

1. 某产品专卖店 2018—2020 年各季度销售额资料如下表所示：

年份	一季度	二季度	三季度	四季度
2018	51	75	87	54
2019	65	67	82	62
2020	76	77	89	73

（1）将数据录入 Microsoft Excel 工作表，并保存工作簿文件名为"练习 21.xls"。

（2）分析季节变动因素。

2. 对一定时期全社会建造和购置固定资产活动的数量描述，可以反映报告期内固定资产投资的规模和速度、固定资产投资的结构和比例关系、固定资产投资的资金来源以及固定资产投资效果等。按资金来源划分，固定资产投资如下表所示（单位：亿元）。

年份	国家预算内资金	国内贷款	利用外资	自筹和其他资金
2001	2546.42	7239.79	1730.73	26470.04
2002	3160.96	8859.07	2084.98	30941.91
2003	2687.82	12044.36	2599.35	41284.76
2004	3254.91	13788.04	3285.68	54236.30
2005	4154.29	16319.01	3978.80	70138.74
2006	4672.00	19590.47	4334.31	90360.20
2007	5875.06	23044.20	5132.69	116769.67

年份	国家预算内资金	国内贷款	利用外资	自筹和其他资金
2008	7954.75	26443.74	5311.94	143204.86
2009	12685.73	39302.82	4623.73	193617.42
2010	13012.75	44020.83	4703.64	224042.03
2011	14843.29	46344.51	5061.99	279734.38
2012	18958.66	51593.50	4468.78	334654.71
2013	22305.26	59442.04	4319.44	405545.78
2014	26745.42	65221.03	4052.86	447461.24
2015	30924.28	61053.99	2845.45	489366.04
2016	36211.67	67200.30	2270.34	511251.19
2017	38741.71	72435.10	2146.32	526046.26

（1）将数据录入 Microsoft Excel 工作表,并保存工作簿文件名为"练习 22.xls"。根据表中数据,分别计算 2001—2017 年国家预算内资金、国内贷款、利用外资以及自筹和其他资金的时间序列指标。

（2）对国家预算内资金、国内贷款、利用外资以及自筹和其他资金进行趋势分析。

（3）研究我国全社会固定资产投资不同资金来源的变动规律。

第二部分

习题及答案

第一章　总论

一、**单选题**(在每小题的四个备选答案中,选出一个正确答案)

1. 下列叙述中,不正确的是(　　)。

  A. "statistics"可以表示统计学   B. "statistics"可以表示统计数据

  C. "statistics"可以表示统计资料 D. "statistics"可以表示统计检验

2. 在下列叙述中,属于推断统计的描述是(　　)。

  A. 一个饼图描述了某医院治疗的癌症类型,其中 2%是肾癌,19%是乳腺癌

  B. 用果园中随机抽取 36 个橘子的平均重量,来估计果园中橘子的平均重量

  C. 一个大型城市在 1 月份的平均汽油价格

  D. 反映大学生统计学成绩的条形图

3. 下列各项属于品质标志的是(　　)。

  A. 工龄   B. 健康状况

  C. 工资水平   D. 劳动时间利用率

4. 下列各项属于离散型变量的是(　　)。

  A. 资产占有量   B. 经济类型

  C. 生产经营方向   D. 职工人数

5. 统计指标(　　)。

  A. 都是可计量的   B. 都是数量指标

  C. 都有具体数值   D. 都表现为绝对数

6. 总体单位组成统计总体的条件是(　　)。

  A. 同质性   B. 大量性   C. 依存性   D. 差异性

7. 用于描述样本特征的度量工具(如均值)被称为(　　)。

  A. 参数   B. 总体   C. 样本   D. 统计量

8. 为了估计全国高中生的平均身高,从 20 个城市选取了 100 所中学进行调查。在该研究中,样本是(　　)。

  A. 100 所中学   B. 20 个城市

  C. 全国的高中生   D. 100 所中学的高中生

9. 性别的数据所采用的计量尺度是(　　)。

  A. 定距尺度   B. 定序尺度   C. 定类尺度   D. 定比尺度

10. 考分的数据所采用的计量尺度是(　　)。

  A. 定距尺度   B. 定序尺度   C. 定类尺度   D. 定比尺度

11. 政治算术学派的创始人是(　　)。

  A. 康令   B. 阿亨瓦尔

C. 约翰·格朗特　　　　　　　　D. 威廉·配第

12. 将某百货公司215名营业员的某月销售额求和再除以215,这是对(　　　)。
    A. 215个标志求平均　　　　　　B. 215个变量求平均
    C. 215个指标求平均　　　　　　D. 215个变量值或标志值求平均

13. 统计总体具有(　　　)的基本特征。
    A. 同质性、大量性、差异性　　　B. 同质性、数量性、具体性
    C. 同质性、数量性、差异性　　　D. 总体性、数量性、差异性

14. 下列变量中属于连续型变量的是(　　　)。
    A. 某地各公司员工人数　　　　　B. 某地各企业经济类型
    C. 某地各企业生产方向　　　　　D. 某地人口年龄

15. 下列总体中属于属性总体的是(　　　)。
    A. 考察人口区域分布的人口总体　B. 考察人口年龄结构的人口总体
    C. 考察人口寿命状况的人口总体　D. 考察人口身高状况的人口总体

16. 以下说法正确的是(　　　)。
    A. 数量标志具有标志值　　　　　B. 品质标志具有标志值
    C. 数量标志和品质标志都有标志值　D. 指标才有标志值

17. 下列标志中属于数量标志的是(　　　)。
    A. 宗教信仰　　　B. 信用等级　　　C. 文化水平　　　D. 劳动时间

18. 对某学校学生每月生活费支出情况进行调查,下列各项属于统计量的是(　　　)。
    A. 全校学生的月生活费支出总额
    B. 随机抽选的50名学生的月生活费的平均值
    C. 全校学生的平均月生活费支出额
    D. 全校学生的月生活费标准差

二、多选题(在每小题的五个备选答案中,选出二至五个正确答案)

1. 统计研究对象的基本特点有(　　　)。
    A. 数量性　　　　B. 抽象性　　　　C. 总体性　　　　D. 复杂性
    E. 个体性

2. 总体单位是指(　　　)。
    A. 构成总体的各个个别事物　　　B. 任何一个个别事物
    C. 统计指标说明的对象　　　　　D. 标志说明的对象
    E. 组成总体的基本单位

3. 下列各项中属于数量标志(数量变量)的有(　　　)。
    A. 企业地址　　　　　　　　　　B. 企业注册资金
    C. 企业开工时间　　　　　　　　D. 企业经营方向
    E. 企业产品品种数

4. 在人口普查中,(　　　)。
    A. 被普查的每个人是总体单位　　B. 性别是属性变量
    C. 年龄是数量变量　　　　　　　D. 女性人口比重是统计指标

E. 总人口是数量指标

5. 离散型变量的变量值( )。

   A. 是间断的(非连续的)   B. 表现形式为整数

   C. 可以一一列举   D. 相邻数值间不可分割

   E. 要用点数的方法取得资料

6. 构成统计指标的基本要素有( )。

   A. 指标名称   B. 计算方法   C. 计量单位   D. 具体数值

   E. 时间及空间限制

7. 研究某市运输企业生产情况,( )。

   A. 总体是该市全部运输企业

   B. 总体单位是该市每个运输企业

   C. 各个运输企业的"货物周转量"是标志

   D. 全部运输企业"货物周转量"是指标

   E. 该市公路货运量与水路货运量的比例是指标

8. 在工业普查中,( )。

   A. 各工业企业设备台数是离散型变量

   B. 某机械工业企业的年生产能力3万台是标志值

   C. 某工业企业的产品合格率97%是标志值

   D. 工业企业职工总人数是统计指标

   E. 具有高级职称的职工人数是质量指标

9. 标志与指标的区别是( )。

   A. 标志是相对于总体单位而言的,指标是相对于总体而言的

   B. 标志有品质标志和数量标志,而指标都是反映总体数量特征的

   C. 品质标志是用定距尺度计量的,而指标是用定比尺度计量的

   D. 数量标志是确定性变量,而指标是随机变量

   E. 标志不一定有数值,指标都有数值

10. 统计学从统计方法的构成来看,可以划分为( )。

   A. 描述统计学   B. 推断统计学   C. 理论统计学   D. 应用统计学

   E. 专业统计学

11. 统计指标与其他社会经济范畴或指标相比,具有( )。

   A. 总体性   B.数量性   C. 综合性   D. 具体性

   E. 现实性

12. 统计指标按其作用和表现形式的不同,可以划分为( )。

   A. 总量指标   B. 数量指标   C. 相对指标   D. 平均指标

   E. 质量指标

13. 统计指标按其说明现象的内容不同,可以划分为( )。

   A. 总量指标   B. 数量指标   C. 相对指标   D. 平均指标

   E. 质量指标

14. 统计总体的基本特征有（　　　）。

    A. 同质性　　　　　B. 大量性　　　　　C. 差异性　　　　　D. 数量性

    E. 具体性

15. 统计总体与总体单位的关系是（　　　）。

    A. 它们是整体与个体的关系

    B. 两者关系随研究目的的变化而变化

    C. 总体单位在同质性的基础上构成统计总体

    D. 相互有差异的总体单位才能构成统计总体

    E. 大量的总体单位才能构成统计总体

16. 区分无限总体和有限总体的意义在于（　　　）。

    A. 现实生活中存在无限总体和有限总体

    B. 对无限总体只能采用抽样调查方式

    C. 无限总体不是统计分析的对象

    D. 有限总体不是统计分析的对象

    E. 对有限总体可以采用全面调查和非全面调查方式

17. 统计的两大基本特征是指（　　　）。

    A. 总体性　　　　　B. 具体性　　　　　C. 差异性　　　　　D. 现实性

    E. 数量性

18. 统计数据的计量尺度有（　　　）。

    A. 定类尺度　　　　B. 定比尺度　　　　C. 定距尺度　　　　D. 定序尺度

    E. 定量尺度

三、判断改错题（正确的打"√"，错误的打"×"并改正）

1. 统计工作实质就是一种单纯的计数活动。　　　　　　　　　　　　　　（　　　）

2. 统计总体的同质性要求构成总体的各个总体单位必须具有许多相同的属性或特征。

                                        （　　　）

3. 在职工文化素质调查中，"大专文化程度"是品质标志。　　　　　　　　（　　　）

4. "工业增加值 1000 万元"不是一个要素完整的统计指标。　　　　　　　（　　　）

5. 所有统计指标的数值大小都由研究范围的大小来决定。　　　　　　　　（　　　）

6. 定距尺度中的"0"表示"没有"或"不存在"。　　　　　　　　　　　　　（　　　）

四、问答题

1. 统计的三种含义是什么？它们之间有何联系？

2. 什么是统计学？怎样理解统计学与统计数据的关系？

3. 什么是统计总体和总体单位？试举例说明。

4. 什么是标志和指标？两者有何联系与区别？

5. 变量有哪些种类？试举例说明。

6. 统计数据计量尺度中的定距尺度和定比尺度有何区别？试举例说明。

7. 怎样理解总体与样本、参数与统计量？试举例说明。

第二章 统计数据的搜集与整理

一、单选题(在每小题的四个备选答案中,选出一个正确答案)

1. 在某市工业设备普查中,调查单位是( )。

A. 该市每一家工业企业

B. 该市全部工业设备

C. 该市全部工业企业

D. 该市全部工业企业中的每一台工业设备

2. 某公司新推出了一种饮料产品,为了解该产品在市场上的受欢迎程度,公司派人到各商场、超市随机调查了 200 名顾客。该公司采用的调查方法是( )。

A. 自填问卷 B. 报告法 C. 派员访问 D. 很难判断

3. 企业要对流水生产线上的产品质量实行严格把关,在质量检验时最合适采用的调查组织方式是( )。

A. 普查 B. 重点调查 C. 典型调查 D. 抽样调查

4. 统计资料按数量标志分组后,处于每组两端的数值叫( )。

A. 组距 B. 组数 C. 组限 D. 组中值

5. 统计表中的主词是指( )。

A. 统计表的总标题 B. 统计表的纵栏标题

C. 统计表所要说明的总体名称 D. 说明总体的统计指标

6. 统计图中的散点图主要是用来( )。

A. 观察变量之间的相关关系

B. 表示总体各个组成部分所占比例

C. 表示次数分布

D. 反映分类数据的频数分布

7. 以下关于普查说法错误的是( )。

A. 普查通常是一次性的或周期性的 B. 规定统一的调查时点

C. 规定统一的普查期限 D. 必须登记普查对象的所有标志表现

8. 搜集统计数据的方式按照组织方式不同,可以划分为( )。

A. 统计报表和普查 B. 统计报表和专门调查

C. 直接观察法和问卷调查法 D. 经常性调查和一次性调查

9. 由调查活动的组织者派调查人员向被调查者提问,根据被询问者的答复来搜集统计资料的这种调查方法是( )。

A. 报告报表法 B. 自填问卷

C. 派员访问 D. 直接观察法

10. 下列非全面调查中属于随机获得调查单位的调查方式是(　　　)。

    A. 典型调查　　　　B. 重点调查　　　　C. 抽样调查　　　　D. 划类选典

11. 按"上组限不在组内"原则,凡遇到某标志刚好等于相邻组上、下限时,一般是(　　　)。

    A. 将此值归入上限所在组

    B. 将此值归入下限所在组

    C. 将此值归入上限所在组或将此值归入下限所在组均可

    D. 原分组不合理

12. 某电视台要对一知名栏目的收视情况进行调查,宜采用(　　　)。

    A. 普查　　　　B. 重点调查　　　　C. 抽样调查　　　　D. 典型调查

13. 在全距一定的情况下,若编制等距变量数列,则组距的大小与组数的多少(　　　)。

    A. 成反比　　　　　　　　　　B. 成正比

    C. 有时成正比有时成反比　　　　D. 无关系

14. 调查单位是(　　　)。

    A. 调查研究的总体或调查范围　　　　B. 调查项目的承担者或载体

    C. 填报单位　　　　　　　　　　D. 调查对象

二、多选题(在每小题的五个备选答案中,选出二至五个正确答案)

1. 统计调查方案包括的主要内容有(　　　)。

    A. 确定调查目的　　　　　　　B. 确定调查对象和调查单位

    C. 确定调查项目,拟定调查表　　D. 确定调查时间

    E. 确定调查方法以及调查工作的组织及实施计划

2. 下列调查中属于一次性调查的是(　　　)。

    A. 近 10 年中国利用外资情况调查

    B. 按月统计的钢产量调查

    C. 2020 年全国大学毕业生就业去向调查

    D. 10 年一次的人口普查

    E. 一批产品合格率的检查

3. 下列各项中按数量标志分组的有(　　　)。

    A. 人口按年龄分组　　　　　　B. 人口按文化程度分组

    C. 大学生按性别分组　　　　　D. 家庭按月收入分组

    E. 企业按年产值分组

4. 统计表从形式上看,其构成包括(　　　)。

    A. 总标题　　　　　　　　　　B. 纵栏标题

    C. 横行标题　　　　　　　　　D. 主词与宾词

    E. 数字资料

5. 统计表从内容上看,其构成包括(　　　)。

    A. 总标题　　　B. 纵栏标题　　　C. 横行标题　　　D. 主词

    E. 宾词

6. 下列各项中按品质标志分组的有(　　　)。
   A. 人口按籍贯分组　　　　　　　　　B. 人口按文化程度分组
   C. 人口按身高分组　　　　　　　　　D. 家庭按月收入分组
   E. 大学生按性别分组

7. 搜集统计数据的基本要求是(　　　)。
   A. 准确性　　　　B. 具体性　　　　C. 及时性　　　　D. 全面性
   E. 综合性

8. 统计误差按其来源不同,可以分为(　　　)。
   A. 偶然性误差　　B. 系统性误差　　C. 登记性误差　　D. 代表性误差
   E. 抽样误差

9. 调查表的一般形式有(　　　)。
   A. 单一表　　　　B. 一览表　　　　C. 数字表　　　　D. 整理表
   E. 分析表

10. 统计数据搜集方式按调查对象包括的范围不同,可分为(　　　)。
    A. 全面调查　　　B. 重点调查　　　C. 抽样调查　　　D. 典型调查
    E. 非全面调查

11. 统计数据搜集方式按调查登记时间是否连续,可分为(　　　)。
    A. 经常性调查　　B. 一次性调查　　C. 统计报表　　　D. 专门调查
    E. 全面调查

12. 典型调查时,选择典型单位的方法包括(　　　)。
    A. "划类选典"　　　　　　　　　　　B. 有意识选典型单位
    C. 随机抽样选择典型单位　　　　　　D. "解剖麻雀"
    E. 有意识选择重点单位

13. 统计报表的特点包括(　　　)。
    A. 统一性　　　　B. 可靠性　　　　C. 系统性　　　　D. 全面性
    E. 具体性

14. 普查的特点有(　　　)。
    A. 通常是一次性的或周期性的　　　　B. 规定统一的调查时点
    C. 规定统一的调查期限　　　　　　　D. 规定统一的调查项目和指标
    E. 普查资料要保证全面性和系统性

15. 抽样调查的特点包括(　　　)。
    A. 按照随机原则抽选调查单位　　　　B. 抽取足够多的调查单位
    C. 可从数量上推断总体　　　　　　　D. 要运用概率估计的方法
    E. 抽样误差可以事先计算并加以控制

三、判断改错题(正确的打"√",错误的打"×"并改正)

1. 各种调查方式必须结合运用。　　　　　　　　　　　　　　　　(　　　)
2. 统计整理只是一个从调查到分析的中间环节,在统计工作过程中可以进行,也可以不进行。　　　　　　　　　　　　　　　　　　　　　　　　　　(　　　)

3. 统计分组的关键问题是确定分组标志和划分分组界限。 （　　）

4. 为了保证总体中每一个单位在分组时不被遗漏，分组时应满足最小组的下限低于最小变量值、最大组的上限高于最大变量值这个条件。 （　　）

5. 组中值可以近似地表示各组变量值的平均水平。 （　　）

6. 变量数列按其表现形式可以分为等距数列和异距数列两种。 （　　）

7. 如果总体中存在极大值或极小值，则可以在组距数列中使用开口组。 （　　）

8. 统计分组是编制次数分配数列的基础。 （　　）

9. 调查单位可以是人、社会组织，也可以是物或其他任何事物，但报告单位只能是人或组织。 （　　）

10. 复合分组就是对所研究的总体按两个或者两个以上的标志进行的分组。（　　）

11. 开口组的组距数列都属于异距数列。 （　　）

12. 归组时，应将变量值刚好等于组限的总体单位归在上限所在组。 （　　）

四、问答题

1. 什么是普查？普查和全面统计报表各有哪些不同的特点和用途？

2. 什么是抽样调查？抽样调查有何特点？

3. 统计调查方案的主要内容包括哪些？

4. 抽样调查、重点调查和典型调查之间有何异同？

5. 如何保证统计调查数据的准确性？

6. 编制开口组组距数列的条件是什么？

7. 什么是统计分组？统计分组的关键是什么？

五、计算分析题

1. 某地统计局 2020 年对某城市的 45 家商店的营业额（单位：万元）做了调查，获得的原始资料如下：

305　320　340　400　460　500　370　430　460　450　530　550　600　650　750
460　420　530　580　600　360　510　530　420　680　710　790　560　630　620
410　420　460　500　510　520　530　540　550　680　480　490　500　520　510

要求：

（1）根据上述资料应该编制什么类型的次数分布数列？

（2）根据上述资料编制组距数列（100 为组距）。

2. 某工厂的精加工车间有工人 40 人，生产同种规格的零件，某日的日产量数据如下：

16　20　18　17　19　20　16　19　18　20　17　18　18　17　18　19　20　18　18　18
18　18　17　19　17　19　18　18　17　17　19　19　18　16　20　18　17　19　18　18

要求：

（1）根据上述数据应该编制什么类型的次数分布数列？

（2）根据上述资料编制次数分布数列。

3. 某地某家大型超级市场的营业员的月销售业绩的分组情况如表 2.1 所示。

表 2.1　某超市的月销售业绩

日销售额/元	营业员数/人	人数比重/%
3000 以下	9	11.25
3000～5000	16	20
5000～6000	35	43.75
6000～7000	17	21.25
7000 以上	3	3.75
合计	80	100.00

要求：

(1)说明表中的变量数列是什么类型的数列。

(2)指出表中的变量、上限值、下限值、组中值、组距、次数、频率。

4. 某年某市工业企业按照劳动生产率分组的资料如表 2.2 所示。

表 2.2　某市工业企业按照劳动生产率分组

劳动生产率/(百元·人$^{-1}$)	企业数比重/%
600 以下	3
600～700	2
700～800	4
800～900	12
900～1000	9
1000～1100	20
1100～1200	15
1200～1300	10
1300～1400	14
1400 以上	11
合计	100

根据以上资料,以劳动生产率为分组标志,重新确定组限进行二次分组(750 以下,750～1000,1000～1250,1250 以上)。

5. 现有某企业职工按月工资分组而形成的变量数列,如表 2.3 所示。计算并填写表中所缺数据。

表 2.3　某企业职工月工资分组表

月工资/元	职工人数/人	比重/%	累计次数/人		累计频率/%	
			向上	向下	向上	向下
500 以下	16					
500～600	50					
600～700	23					
700～800	14					
800 以上	7					
合计	110					

第三章　统计数据的简单描述

一、单选题（在每小题的四个备选答案中,选出一个正确答案）

1. 反映社会经济现象总体规模或总水平的统计指标是(　　)。
  A. 总量指标 B. 质量指标 C. 相对指标 D. 平均指标

2. 综合能力最强的统计指标是(　　)。
  A. 数量指标 B. 劳动量指标 C. 价值量指标 D. 实物指标

3. 下列统计指标中属于质量指标的是(　　)。
  A. GDP B. 人口密度 C. 居民收入 D. 人口总数

4. ①固定资产投资总额、②汽车产量、③人口数、④银行网点数,四个指标中(　　)是时点指标。
  A. ①、② B. ②、③ C. ③、④ D. ①、④

5. 某电视机厂计划今年产值比上年增长 10%,实际执行结果增长了 15%,则今年总产值计划完成程度为(　　)。
  A. 150% B. 115% C. 125% D. 104.5%

6. 某能源企业计划劳动生产率比去年提高 5%,实际提高 4%,该能源企业劳动生产率计划完成程度为(　　)。
  A. 4%/5%   B. 5%/4%
  C. (1+4%)/(1+5%) D. (1-4%)/(1-5%)

7. 总量指标和相对指标、平均指标比较而言,(　　)。
  A. 其时间范围和空间范围比相对指标和平均指标更广泛
  B. 其内容包含了数量指标和质量指标
  C. 其指标数值是由相对指标和平均指标计算而来的
  D. 其数值大小随研究范围的变化而变化,但只能就有限总体计算

8. 时期指标和时点指标的共同点在于(　　)。
  A. 都是反映总体现象规模或水平的综合指标
  B. 都是通过经常性调查取得的综合指标
  C. 都是连续计数且不同时间的指标数值累计可以说明更长时间的总量
  D. 都受时间长短直接影响的综合指标

9. 时期指标和时点指标的区别在于(　　)。
  A. 时期指标是总量指标,时点指标是相对指标
  B. 时期指标的数值是连续登记取得的,而时点指标数值一般是非连续登记取得的
  C. 都是连续计数且不同时间指标数值累计可以说明更长时间范围的总量
  D. 时期指标都有计量单位,而时点指标的一部分是有名数,另一部分是无名数

10. 我国某地 2020 年的地区生产总值比 2019 年的地区生产总值增长了 7%,此指标是( )。

    A. 结构相对指标   B. 比例相对指标

    C. 动态相对指标   D. 强度相对指标

11. 相对指标所反映的总体现象数量方面,是指( )。

    A. 总体现象的规模水平   B. 总体现象的一般水平

    C. 总体现象的数量关系   D. 以上三方面均可

12. 某企业行政管理人员的人数与全部职工人数对比得到的相对指标是( )。

    A. 结构相对指标   B. 比例相对指标

    C. 动态相对指标   D. 强度相对指标

13. 某企业行政管理人员的人数和工人数对比得到的相对指标是( )。

    A. 结构相对指标   B. 比例相对指标

    C. 动态相对指标   D. 强度相对指标

14. 下列统计指标为结构相对指标的是( )。

    A. 每千人的医院床位数   B. 流通费用率

    C. 人均粮食产量   D. 男性人口数占总人口数的比重

15. "某年中国人均收入是美国人均收入的 1/3",这一指标是( )。

    A. 平均指标   B. 比例相对指标

    C. 比较相对指标   D. 强度相对指标

16. 在相对指标中,可以用有名数表示的统计指标是( )。

    A. 结构相对指标   B. 比例相对指标

    C. 比较相对指标   D. 强度相对指标

17. 某地区 2020 年的税收收入是 2019 年的 2 倍,这一指标属于( )。

    A. 结构相对指标   B. 比例相对指标

    C. 比较相对指标   D. 动态相对指标

18. 某厂 2019 年完成产值 2000 万元,2020 年计划增长 10%,实际完成 2310 万元,超额完成计划( )。

    A. 5.5%   B. 5%   C. 115.5%   D. 15.5%

19. 将比较的基数确定为 10,计算出来的相对数是( )。

    A. 系数   B. 成数   C. 百分数   D. 倍数

20. 以一个企业全体职工为总体,该企业报告期职工人数 200 人,全年工资总额 2500 万元,则( )。

    A. 企业职工人数是总体标志总量,工资总额是总体单位总量

    B. 企业职工人数是总体单位总量,工资总额也是总体单位总量

    C. 企业职工人数是总体标志总量,工资总额也是总体标志总量

    D. 企业职工人数是总体单位总量,工资总额是总体标志总量

二、多选题(在每小题的五个备选答案中,选出二至五个正确答案)

1. 在某地区所有商业企业构成的总体中,商业企业的固定资产原值是(　　　)。
   - A. 数量指标
   - B. 质量指标
   - C. 时期指标
   - D. 时点指标
   - E. 总体标志总量

2. 以下指标中属于强度相对指标的是(　　)。
   - A. 人口密度
   - B. 商业网点密度
   - C. 人口平均年龄
   - D. 人口自然增长率
   - E. 人均纯收入

3. 下列指标中属于时点指标的有(　　)。
   - A. 企业产值
   - B. 固定资产现值
   - C. 期末人口数
   - D. 水稻播种面积
   - E. 工业增加值

4. 下列指标中属于时期指标的有(　　)。
   - A. 产品产量
   - B. 商业企业数
   - C. 死亡人口数
   - D. 学校教师人数
   - E. 产品销售量

5. 结构相对指标(　　)。
   - A. 是部分数量与整体数量之比
   - B. 可以用组平均数除以总平均数
   - C. 表明总体中某部分所占的地位或比重
   - D. 表明总体内部结构状况
   - E. 各组所占比重之和等于100%

6. 以下指标是比较相对指标的有(　　)。
   - A. 全省粮食产量与该省劳动力人数之比
   - B. 两个地区劳动力人数之比
   - C. 两个地区粮食产量之比
   - D. 某个地区不同时间上的劳动力人数之比
   - E. 甲、乙两个企业的劳动生产率之比。

7. 在某地全部工业企业组成的总体中,工业企业数是(　　)。
   - A. 数量指标
   - B. 时点指标
   - C. 时期指标
   - D. 总体单位总量
   - E. 总体标志总量

8. 总量指标的计量单位中的实物单位包括(　　)。
   - A. 自然单位
   - B. 度量衡单位
   - C. 复合单位
   - D. 标准实物单位
   - E. 劳动量单位

9. 计量单位是确定和计算总量指标的基础,其表现形式可以包括( )。
    A. 实物单位   B. 劳动量单位   C. 千分数   D. 货币单位
    E. 系数

10. 在以下相对指标中,分子和分母可以互换的有( )。
    A. 结构相对指标   B. 比例相对指标
    C. 比较相对指标   D. 强度相对指标
    E. 计划完成情况相对指标

11. 计算和运用相对指标应该注意的问题有( )。
    A. 要选择好对比的基数   B. 要使对比的指标具有可比性
    C. 要与总量指标结合运用   D. 要各种相对指标结合运用
    E. 要正确运用正指标和逆指标

12. 相对指标算式的分子和分母不属于同一总体的是( )。
    A. 计划完成相对指标   B. 结构相对指标
    C. 比例相对指标   D. 比较相对指标
    E. 强度相对指标

13. 能够反映总体内部的组成情况的指标有( )。
    A. 结构相对指标   B. 强度相对指标
    C. 比例相对指标   D. 比较相对指标
    E. 计划完成相对指标

14. 以一个地区的所有工业企业作为总体,下列属于总量指标的是( )。
    A. 职业人数   B. 工业总产值
    C. 人均产值   D. 平均工资
    E. 产值利税率

15. 以一个地区的所有工业企业作为总体,下列属于相对指标的是( )。
    A. 资产负债率   B. 产值利润率
    C. 流动资金周转率   D. 职工出勤率
    E. 人均收入

16. 以一个地区的所有工业企业作为总体,下列属于质量指标的是( )。
    A. 劳动生产率   B. 产品合格率
    C. 商品库存量   D. 产品产量
    E. 产值利税率

17. 以下指标中能够使用无名数作为计量单位的相对指标有( )。
    A. 结构相对指标   B. 比例相对指标
    C. 比较相对指标   D. 动态相对指标
    E. 强度相对指标

18. 在某地区所有商业企业构成的总体中,商业企业的销售额是( )。
    A. 数量指标   B. 质量指标
    C. 时期指标   D. 时点指标
    E. 总体标志总量

三、判断改错题(正确的打"√",错误的打"×"并改正)

1. 统计指标根据其说明总体现象内容不同,可分为总体单位总量和总体标志总量。 （　）

2. 总体单位总量和总体标志总量的地位会随着统计研究目的的不同和研究对象的变化而变化。 （　）

3. 时期指标来自经常性调查,时点指标来自一次性调查,因此,时期指标和时点指标随调查方式的变化而变化。 （　）

4. 不同时间的相同时期指标相加可以反映现象在更长时间内的总量。 （　）

5. 统计指标都有客观的经济内容,因而都必须有计量单位。 （　）

6. 以不变价格计算的价值指标的变动,反映了产品实物量的变动。 （　）

7. 强度相对指标的分子与分母互换,都可以产生正指标和逆指标。 （　）

8. 强度相对指标中的互为正逆指标的正指标和逆指标是彼此的倒数。 （　）

9. 结构相对数和比较相对数的分子和分母可以互换位置。 （　）

10. 物价从 P_0 提高到 P_1 时上涨了 10%,如果从 P_1 再降低到 P_0 则同样下降 10%。 （　）

11. 强度相对指标的数值都是用复名数表示的。 （　）

12. 某企业生产的某种产品,其计划单位成本为 10 元,实际单位成本为 8 元,则单位成本计划完成相对指标为 80%,即未完成单位成本计划。 （　）

13. 某企业所属 3 个车间的劳动生产率计划完成指标分别为 110%、100%、90%,则该企业整体的劳动生产率的计划完成相对指标为 100%,即刚好完成计划。 （　）

14. 人均钢产量是强度相对指标。 （　）

15. 由于相对指标能够将现象绝对数的具体差异抽象化,因此一些不能直接比较的总量指标可以通过相对指标进行比较。 （　）

16. 价值指标是以货币为单位来计量的总量指标,具有很强的综合性。 （　）

17. 人口出生率、人口死亡率、人口自然增长率分别是结构相对指标、比例相对指标和动态相对指标。 （　）

18. 人均 GDP 是强度相对指标里的正指标。 （　）

19. 人口数是时点指标,所以新增人口数就是时点指标。 （　）

20. 甲、乙两家工业企业的工业增加值分别为 15 亿元和 13 亿元,增加值之差为 2 亿元,以上三个指标都是总量指标。 （　）

四、问答题

1. 什么是总量指标? 它在社会经济统计中的作用如何?
2. 计算和运用总量指标应注意哪些问题?
3. 如何区别总体单位总量和总体标志总量、时期指标和时点指标?
4. 实物指标和价值指标的特点和作用如何?
5. 什么是相对指标? 它有何作用? 怎样正确运用相对指标?
6. 强度相对指标与其他相对指标有什么区别?
7. 试比较结构相对指标与比例相对指标。

五、计算分析题

1. 某地电视机厂 2020 年度计划规定单位成本降低 6%，实际执行结果降低了 7%。试计算该厂单位成本计划完成程度。

2. 某电子厂生产某种型号的电子设备，计划 2020 年产值比 2019 年提高 11%，实际提高了 13%。计算该电子厂的产值计划完成情况相对指标。

3. 某企业生产某型号的电子设备，实行三班倒生产制度，其产品产量和单位成本资料如表 3.1 所示。

表 3.1 某企业 2019—2020 年产品产量和单位成本资料

班别	2019 年		2020 年	
	产量/件	单位成本/元	产量/件	单位成本/元
甲班	800	310	960	300
乙班	950	320	900	320
丙班	1000	340	1100	330
合计	2750		2960	

要求：

(1)计算各班产量的结构相对指标、动态相对指标。

(2)计算各班单位成本的动态相对指标。

4. 某家具厂生产三种家具，2019—2020 年的产量资料如表 3.2 所示。试计算三种产品的动态相对数以及 2020 年的计划完成情况相对数。

表 3.2 某家具厂 2019—2020 年产量数据表 单位:件

产品编号	2019 年实际产量	2020 年产量	
		计划	实际
A	1000	1200	1300
B	900	1000	1150
C	1100	1200	1400

5. 某炼钢厂的钢产量按五年计划规定期末年钢产量要达到 100 万吨，五年计划钢产量的执行情况如表 3.3 所示。试问该产品五年计划完成程度和提前多长时间完成计划？

表 3.3 某炼钢厂钢产量的五年计划执行情况表 单位:万吨

五年计划执行情况	第一年	第二年	第三年		第四年				第五年			
			上半年	下半年	一季度	二季度	三季度	四季度	一季度	二季度	三季度	四季度
产量	88	90	45	47	20	23	24	25	25	26	27	29

6. 某商场 2020 年计划销售额为 2400 万元，各月计划完成销售额任务是均衡的，实际完成情况如表 3.4 所示。

表 3.4　某商场 2020 年销售额完成情况表　　　　　　　　　　单位:万元

季度	一	二	三			四		
			7月	8月	9月	10月	11月	12月
产值	550	600	200	250	250	270	280	300

要求:检查该商场 2020 年销售额计划完成情况,并计算提前完成计划的时间。

7. 某地"十三五"计划规定:五年固定资产投资额累计应达到 25000 万元,"十三五"计划各年实际执行情况如表 3.5 所示。要求:检查固定资产投资五年计划完成情况,并计算提前完成五年计划的时间。

表 3.5　某地"十三五"计划各年实际执行情况　　　　　　　　　单位:万元

年份	2016	2017	2018	2019				2020			
				一季度	二季度	三季度	四季度	一季度	二季度	三季度	四季度
固定资产投资	4500	4900	6100	1200	1400	1600	2000	1900	1400	1900	2000

8. 某地 2019 年和 2020 年的人口、土地等重要指标数据如表 3.6 所示。要求:计算所有的相对指标。

表 3.6　某地 2019—2020 年的人口、土地等数据表

项目	2019 年	2020 年
人口数/万人	1490	1500
土地面积/万平方千米	190	190
地区生产总值/亿元	5695.4	5980.5

9. 某工厂甲、乙两个车间生产同一产品的产量和单位成本资料如表 3.7 所示。

表 3.7　甲、乙两个车间的产量和单位成本资料表

车间	2019 年		2020 年	
	产量/件	单位成本/元	产量/件	单位成本/元
甲	600	300	1200	300
乙	900	350	800	350
合计	1500	330	2000	320

要求:

(1)计算结构相对指标。

(2)各车间单位成本不变,全厂单位成本 2020 年较 2019 年降低 10 元,试分析原因。

10. 某年度某企业计划产品单位成本降低 10%,劳动生产率提高 10%,利润总额在上年 1000 万元的基础上增加 50%。实际执行结果是单位成本降低 8%,劳动生产率提高 20%,利润总额计划完成程度为 105%。试求:

(1)该企业单位成本计划完成程度指标。

(2)劳动生产率计划完成程度指标。

(3)企业实现利润总额。

第四章 统计数据分布特征的描述

一、单选题(在每小题的四个备选答案中,选出一个正确答案)

1. 已知某地按年龄分组的人数资料,计算该地人口的平均年龄用(　　)。
   A. 简单算术平均数　　　　　　　　B. 加权算术平均数
   C. 调和平均数　　　　　　　　　　D. 几何平均数

2. 用组距变量数列计算其平均数,其值的大小(　　)。
   A. 同时受变量值、次数两个因素的影响　B. 只与次数有关
   C. 与变量值及其次数均无关　　　　D. 只与变量值有关

3. 若两个变量的平均水平不同,在比较其离散程度时,应该选用的分析指标是
(　　)。
   A. 简单算术平均数　　　　　　　　B. 调和平均数
   C. 离散系数　　　　　　　　　　　D. 标准差

4. 比较两个平均水平相等的变量的离散程度时,应该选用的分析指标是(　　)。
   A. 算术平均数　　B. 中位数　　　C. 标准差　　　　D. 众数

5. 对比性质不同的两个变量数列的标志变异程度时,应当计算的分析指标是
(　　)。
   A. 标准差　　　　　B. 方差　　　　C. 全距　　　　D. 离散系数

6. 总体各单位标志值与其算术平均数离差平方之和(　　)。
   A. 最小　　　　　B. 最大　　　　C. 等于零　　　　D. 大于零

7. 总体各单位标志值与其算术平均数离差之和(　　)。
   A. 最小　　　　　B. 最大　　　　C. 等于零　　　　D. 大于零

8. 某初级中学有250名教职工,用他们的总工龄除以250,这是对250个(　　)。
   A. 标志值求平均　　　　　　　　　B. 标志求平均
   C. 变量求平均　　　　　　　　　　D. 指标求平均

9. 以下指标中受极端值影响很大的是(　　)。
   A. 由组距数列确定的众数　　　　　B. 由单项式数列确定的中位数
   C. 算术平均数　　　　　　　　　　D. 由组距数列确定的中位数

10. 就总体次数分布而言,如果 $\bar{X} - M_0 > 0$, 则(　　)。
    A. 分布为右偏分布　　　　　　　　B. 分布为左偏分布
    C. 分布为对称分布　　　　　　　　D. 不能判定

11. 就总体次数分布而言,如果 $\bar{X} - M_0 < 0$, 则(　　)。
    A. 分布为右偏分布　　　　　　　　B. 分布为左偏分布
    C. 分布为对称分布　　　　　　　　D. 不能判定

12. 将一变量的所有标志值均加 5,则标准差(   )。

    A. 增大   B. 减小   C. 不变   D. 不能判断

13. 如果将变量数列各组次数均扩大为原来的 2 倍,分组标志的标志值不变,则众数会(   )。

    A. 缩小为原来的 1/2   B. 不变

    C. 扩大为原来的 2 倍   D. 不能判断

14. 如果将变量数列各组次数均扩大为原来的 2 倍,分组标志的标志值也扩大为原来的 2 倍,则众数会(   )。

    A. 缩小为原来的 1/2   B. 不变

    C. 扩大为原来的 2 倍   D. 不能判断

15. 现有两个钢铁企业的有关资料:a 标志为钢铁企业的总产值,b 标志为钢铁工人数,c 标志为钢铁企业工人的平均总产值,d 标志为钢铁企业的设备台数。在用 c 作变量计算两个钢铁企业的钢铁工人平均总产值时,应选用的权数是(   )。

    A. a B. b C. c D. d

16. 皮尔逊论述总体分布呈轻微偏态时,如果右偏则 $\bar{X}$、M_e、M_0 三者的关系是(   )。

    A. $\bar{X} > M_e > M_0$ B. $\bar{X} < M_e < M_0$

    C. $\bar{X} - M_e = 3(\bar{X} - M_0)$ D. $\bar{X} - M_e = 2(\bar{X} - M_0)$

17. 算术平均数、几何平均数和调和平均数在以算术平均数为中心时,各个平均数之间的关系是(   )。

    A. $\bar{X}_H \leq \bar{X}_G \leq \bar{X}$ B. $\bar{X}_H \geq \bar{X}_G \geq \bar{X}$

    C. $\bar{X}_H < \bar{X}_G < \bar{X}$ D. $\bar{X}_H > \bar{X}_G > \bar{X}$

18. 皮尔逊论述总体分布呈轻微偏态时,如果左偏则 $\bar{X}$、M_e、M_0 三者的关系是(   )。

    A. $\bar{X} > M_e > M_0$ B. $3(\bar{X} - M_e) = \bar{X} - M_0$

    C. $\bar{X} - M_e = 3(\bar{X} - M_0)$ D. $\bar{X} - M_e = 2(\bar{X} - M_0)$

19. 已知某城市居民 2020 年人均纯收入比 2019 年提高 10%,2019 年纯收入的标准差为 65 元,2020 纯收入的标准差为 74 元,则(   )。

    A. 2020 年纯收入的代表性低于 2019 年

    B. 2019 年纯收入的代表性低于 2020 年

    C. 两年的人均纯收入差异相同

    D. 不能判断两年的人均纯收入的代表性大小

20. 某地居民 2020 年的平均存款为 1500 元,标准差为 230 元;2019 年平均存款为 1800 元,标准差为 355 元。存款额的相对变异(   )。

    A. 增大   B. 减小   C. 不变   D. 不能比较

21. 调和平均数是(   )。

    A. 总体标志总量指标与总体单位总量指标的比值

    B. 总体各单位变量值倒数的算术平均数

C. 总体各单位变量值倒数的算术平均数的倒数

D. 总体各单位变量值连乘积的平方根

22. 在组距数列中,用组中值计算算术平均数,直接依据的假定条件是(　　　)。

A. 各组次数必须相等

B. 各组必须是闭口组

C. 总体各单位变量值水平相等

D. 总体各单位变量值水平在各组内呈均匀分布

23. 标志变异指标反映了总体各单位变量值分布的(　　　)。

A. 集中趋势　　　　B. 离散趋势　　　　C. 变动趋势　　　　D. 长期趋势

24. 算术平均数与总体单位数的乘积等于(　　　)。

A. 总体各单位变量值的总和

B. 总体各单位变量值的连乘积

C. 总体各单位变量值与平均数的离差

D. 总体各单位变量值与平均数离差的平方

25. 权数对算术平均数的影响作用,实质上取决于(　　　)。

A. 作为权数的各组单位数占总体单位数比重的大小

B. 各组变量值占总体标志总量比重的大小

C. 变量值本身的大小

D. 变量值数量的多少

26. 平均指标反映了总体分布的(　　　)。

A. 集中趋势　　　　B. 离散趋势　　　　C. 变动趋势　　　　D. 长期趋势

二、多选题(在每小题的五个备选答案中,选出二至五个正确答案)

1. 根据皮尔逊关于次数分布的经验公式,可知 $\bar{X}$、M_e、M_O 三者的关系是(　　　)。

A. $3M_e - 2\bar{X} = M_O$ B. $M_e = \dfrac{1}{3}(2\bar{X} + M_O)$

C. $\bar{X} = \dfrac{1}{2}(3M_e - M_O)$ D. $3M_e - \bar{X} = M_O$

E. $4M_e - 3\bar{X} = M_O$

2. 中位数是(　　　)。

A. 一种位置平均数　　　　　　　　B. 变量数列中间位置的标志值

C. 总体中出现次数最多的标志值　　D. 平均水平的代表值

E. 易受极端变量值影响的平均数

3. 极差是(　　　)。

A. 总体中的两个极端标志值之差

B. 反映变量分布的离散程度的指标

C. 评价平均指标的代表性强弱的指标

D. 反映变量分布的集中程度的指标

E. 常用来检查产品质量的稳定性的指标

4. 众数与中位数( )。

    A. 都是数值平均数   B. 都可用作一般水平的代表值

    C. 都是用来反映变量集中趋势的平均数 D. 都是位置平均数

    E. 都不受极端变量值的影响

5. 以下指标能反映变量差异程度的有( )。

    A. 全距   B. 中位数   C. 标准差   D. 众数

    E. 方差

6. 方差和标准差( )。

    A. 都是反映变量差异程度的指标

    B. 都是一般水平的代表值

    C. 都可以用来判断两个不同平均水平的变量的差异程度的大小

    D. 都可以用来判断两个不同性质变量的差异程度的大小

    E. 是最重要、最常用的变异指标

7. 根据组距数列计算的算术平均数( )。

    A. 用组中值代表该组变量值有假定性

    B. 数列有开口组时,不能计算算术平均数

    C. 是一个近似的平均数

    D. 各组分布如果是均匀的,则算术平均数是个精确值

    E. 没多大实用价值

8. 算术平均数具有如下特点( )。

    A. 各个变量值与其算术平均数的离差之和等于零

    B. 各个变量值与其算术平均数的离差平方和最小

    C. 算术平均数受总体内极端值的影响较大

    D. 变量值出现极大值时,平均数偏低

    E. 变量值出现极小值时,平均数偏低

9. $\bar{X}$、M_e、M_0 三者之间的关系反映了总体次数分布的特征,其表现情况为( )。

    A. 当 $\bar{X}$、M_e、M_0 三者相等时,总体分布为对称分布

    B. 当 $\bar{X} > M_e > M_0$ 时,总体分布为右偏分布

    C. 当 $\bar{X} < M_e < M_0$ 时,总体分布为左偏分布

    D. 当 $3M_e - 2\bar{X} = M_0$ 时,总体分布为右偏分布

    E. 当 $\bar{X} < M_e < M_0$ 时,总体分布为右偏分布

10. 甲、乙两地人口的身高的标准差分别为 34 cm 和 50 cm,所以( )。

    A. 甲、乙两地人口身高的差异程度不一样

    B. 甲地人口身高的差异程度比乙地大

    C. 甲地人口身高的差异程度比乙地小

    D. 甲地人口身高的差异程度与乙地一样

    E. 无法作出差异程度大小的准确判断

11. 有一个人口总体,其年龄和身高两个变量数列的标准差分别为 5.6 岁和 12.5 cm,平均数分别为 35 岁和 171.3 cm,则( )。

    A. 年龄变量的离散程度和身高变量的离散程度不一样

    B. 年龄变量的离散程度比身高变量的离散程度小

    C. 年龄变量的离散程度和身高变量的离散程度一样

    D. 年龄变量的离散程度比身高变量的离散程度大

    E. 无法做出准确的判断

12. 在计算平均数时,由于所掌握的资料不同,要得到同样的结果,可采用的公式有( )。

    A. $\dfrac{\sum m}{\sum \frac{m}{x}}$ B. $\dfrac{\sum X}{N}$ C. $\dfrac{\sum xf}{\sum f}$ D. $\sqrt[n]{\sum X}$

    E. $\dfrac{\sum x}{\sum \frac{x}{m}}$

13. 几何平均数具有如下特点( )。

    A. 几何平均数受极端值的影响较算术平均数小

    B. 几何平均数的对数是各个变量值对数的算术平均数

    C. 变量值不能有零

    D. 几何平均数受极端值的影响较算术平均数大

    E. 它仅仅适用于具有等比或者近似等比关系的数据

14. 数值平均数的计算方法有( )。

    A. 算术平均法   B. 众数法

    C. 中位数法   D. 调和平均法

    E. 几何平均数

15. 在哪些条件下,加权算术平均数等于简单算术平均数?( )

    A. 各组变量值不等   B. 各组次数占总次数的比重相等

    C. 各组次数均为1   D. 各组的组数较少

    E. 各组次数相等

16. 位置平均数的计算方法有( )。

    A. 算术平均法   B. 调和平均法

    C. 几何平均数   D. 众数法

    E. 中位数法

17. 标准差数值的大小( )。

    A. 受总体单位标志值变动程度影响

    B. 受变量数列平均水平影响

    C. 受计量单位的影响

D. 受变量性质的影响

E. 受变量数列次数分布情况的影响

18. 偏态系数 SK 是用来衡量分布是否对称和偏斜程度的指标,(　　)。

A. 当 SK=0 时,表明分布是对称的

B. 当 SK>0 时,表明分布是右偏的

C. 当 SK<0 时,表明分布是右偏的

D. 当 SK>0 时,表明分布是左偏的

E. 当 SK<0 时,表明分布是左偏的

19. 峰度系数 K 是用来衡量分布的扁平程度的指标,(　　)。

A. 当 K=0 时,表明分布是正态分布

B. 当 K>0 时,表明分布是尖峰分布

C. 当 K<0 时,表明分布是扁平分布

D. 当 K>0 时,表明分布是扁平分布

E. 当 K<0 时,表明分布是尖峰分布

三、判断改错题(正确的打"√",错误的打"×"并改正)

1. 平均指标能将总体各标志值的数量差异抽象化,从而反映现象的离散趋势。

（　　）

2. 算术平均数、调和平均数、几何平均数都是位置平均数。 （　　）

3. 组距数列中的众数是根据相关计算公式计算的结果,所以此时的众数是精确值。

（　　）

4. 众数和中位数都是位置平均数。 （　　）

5. 调和平均数公式和算术平均数的变形公式是相通的,因为调和平均数的各组权数 M 等于算术平均值中的各组标志总量 xf。 （　　）

6. 因中位数位置居中,所以在一个等差数列或者一个正态分布数列中,中位数就等于算术平均数。 （　　）

7. 当 $\Delta_1>\Delta_2$ 时,$Mo>$众数组的组中值,当 $S_{m-1}<S_{m+1}$ 时,$Me>$中位数组的组中值。

（　　）

8. 在比较两个变量数列的离散程度时,标志变异程度指标中的方差越大,表明数据的离散程度就越大。 （　　）

9. 方差是测度数据变异程度最重要的指标,它是各个数据与其算术平均数的离差的平方和的平均数。 （　　）

10. 根据分组资料计算的变量的方差公式为 $\sigma^2=\dfrac{\sum(X-\bar{X})^2f}{\sum f}$,该公式反映出变量总体的全部差异程度。 （　　）

11. 根据组距数列计算的平均指标是一个近似值。 （　　）

12. 众数是变量数列中最大的次数。 （　　）

13. 平均指标反映了现象的一般水平,但掩盖了总体各单位的差异,因此仅通过这个指标不能全面反映总体的特征。　　　　　　　　　　　　　　　　　　　（　　）

14. 所有冠以"平均"一词的统计指标都是平均指标。　　　　　　　　　　（　　）

15. 变量的变异程度越高,其平均指标的代表性就越高;反之就越低。　　（　　）

16. 比较不同总体变异程度的高低,既可以用变异系数,也可以用标准差或其他变异指标。　　　　　　　　　　　　　　　　　　　　　　　　　　　　　　　（　　）

17. 用简单平均数法计算标准差,既适用于分组资料,也适用于未分组资料。（　　）

18. 平均指标只能在同质总体中计算。　　　　　　　　　　　　　　　　（　　）

19. 根据组距数列计算中位数,其假定条件是变量值在中位数组分布均匀。（　　）

20. 根据组距数列计算众数时,如果众数组前一组次数等于其后一组次数,则众数等于众数组的组中值。　　　　　　　　　　　　　　　　　　　　　　　　　　（　　）

21. 偏态系数和峰度系数都是用来反映数据分布的形状是否对称的统计指标。

（　　）

22. 当偏态系数等于零时,表明分布是对称的。　　　　　　　　　　　　（　　）

23. 利用峰态系数公式 $K = \dfrac{\sum (M - \bar{x})^4 f}{s^4 \sum f}$ 反映分布的峰态,当 $K > 0$ 时为尖峰分布,$K < 0$ 时为平峰分布。　　　　　　　　　　　　　　　　　　　　　　　　　（　　）

四、问答题

1. 一组数据的分布特征可以从哪几个方面进行描述?

2. 如何正确理解加权算术平均数中权数的意义和实质? 如何选择权数?

3. 何谓调和平均数? 调和平均数适用于哪些场合?

4. 何谓中位数、众数? 它们各自有什么特点和作用?

5. 算术平均数与强度相对指标有何不同?

6. 什么是标志变异指标? 它有什么作用?

7. 测定标志变动程度的常用指标有哪些? 各有什么特点?

8. 测度数据分布形状的统计指标有哪些? 如何判断分布形状的对称性和偏平程度?

五、计算分析题

1. 某工厂甲车间有工人 117 名,某月工人的个人月产量数据如表 4.1 所示。

表 4.1　某工厂某月工人个人月产量数据

月产量/台	15	16	17	18	19
工人人数/人	10	25	40	35	7

要求:计算甲车间工人的平均月产量。

2. 甲、乙两种不同水稻品种分别在 5 块田地上试种,其产量数据如表 4.2 所示。

表 4.2　两种水稻的产量数据

甲品种		乙品种	
田块面积/亩	产量/千克	田块面积/亩	产量/千克
1.2	600	1.5	840
1.1	495	1.4	770
1.0	445	1.2	540
0.9	540	1.0	520
0.8	420	0.9	450

计算:

(1)分别计算两个品种的单位面积产量。

(2)计算两个品种亩产量的标准差和标准差系数。

(3)假定生产条件相同,确定哪一品种具有较大稳定性,适宜推广。

3. 某工厂举行劳动竞赛,该工厂有三个车间,工人总数是 800 人,劳动竞赛的产量资料如表 4.3 所示。

表 4.3　某工厂三个车间的产量数据

车间名称	人均产量/件	工人人数比重/%
一车间	56	29
二车间	64	36
三车间	70	35
合计	—	100

要求:

(1)计算该工厂平均每个工人的产量。

(2)计算该工厂平均每个车间的产量。

4. 某公司 17 个百货商店某年商品销售的有关资料如表 4.4 所示,计算该 17 个商店销售计划平均完成百分比以及平均利润率。

表 4.4　某公司某年部分商店商品销售情况表

按销售计划完成程度分组/%	商店数/个	实际销售额/万元	实际利润率/%
<90	1	237	5.83
90~100	3	256	7.54
100~110	7	398	7.02
110~120	4	266	5.24
>120	2	372	6.22
合计	17	1529	—

5. 已知甲企业工人数和工资资料如表4.5所示。

表 4.5　甲企业工资表

工资/元	450	540	670	860	900
工人数/人	20	105	110	20	15

又知乙企业工人平均工资为700元,工资标准差为140元。请分析比较哪个企业的平均工资更有代表性。

6. 某厂长想研究星期一的产量是否低于非星期一的产量,连续观察六个星期同期的产量,整理后的资料如下:

星期一产量 110　150　170　210　150　120

非星期一产量如表4.6所示。

表 4.6　某厂非星期一的产量表

日产量/吨	天数/天
100～150	8
150～200	10
200～250	4
>250	2
合计	24

(1)计算六个星期一产量的算术平均数、中位数。
(2)计算非星期一产量的算术平均数、中位数和众数。
(3)计算星期一和非星期一产量的极差和标准差。
(4)比较星期一和非星期一产量的相对离散程度哪个大一些。

7. 对在某地区抽取的120家企业按利润额进行分组,资料如表4.7所示。

表 4.7　120家企业按利润额分组表

按利润额分组/万元	企业数/个
200～300	19
300～400	30
400～500	42
500～600	18
600 以上	11
合计	120

计算:
(1)120家企业利润额的均值和标准差。
(2)120家企业利润额分布的偏态系数和峰态系数。

8. 某工厂某年度三个车间的生产计划完成情况资料如表4.8所示。

表4.8　某工厂某年度三个车间的生产计划完成情况

车间	计划完成率/%	实际产量/kg
1	115	950
2	95	560
3	105	680
合计	—	2190

要求:计算工厂三个车间的平均计划完成程度。

9. 某地有甲、乙两农贸市场,某时间 A、B、C 三种素菜产品的价格及销售额资料如表4.9所示。

表4.9　甲、乙农贸市场销售额资料

品种	价格/元	销售额/千元	
		甲市场	乙市场
A	1.10	1100	2200
B	1.20	2400	2520
C	1.40	1400	1540

请说明哪一个市场素菜价格高,为什么?

10. 某商业银行资金的年利率是按复利计算的。某项资金在25年中,年利率为3%的有2年、4%的有5年、8%的有6年、9%的有8年、10%的有4年,求平均年利率。

11. 某地区共有用电企业447家,某月用电量的分组资料如表4.10所示。

表4.10　某月用电量分组资料

用电量/千度	用电企业/个	用电量/千度	用电企业/个
150~200	18	400~450	80
200~250	22	450~500	64
250~300	42	500~550	53
300~350	50	550~600	28
350~400	75	600~650	15

请计算447家企业用电量的算术平均数、中位数、众数,并说明其次数分布特征。

12. 某地区统计局对该地城镇居民的收入进行抽样调查,随机抽取 100 户居民获得的样本分组资料如表 4.11 所示。

表 4.11 居民收入调查数据

年纯收入/元	居民户比重/%
1500 以下	6
1500~2000	20
2000~2500	35
2500~3000	20
3000~3500	10
3500 以上	9
合计	100

请计算居民户年纯收入的标准差、标准差系数并分析次数分布的特征。

13. 某地政府对该地特别贫困的家庭进行经济补助,其所辖的甲、乙两个市镇特困家庭领取补助的金额及其家庭户数资料如表 4.12 所示。

表 4.12 经济补助调查数据

补助金/百元	家庭户数/户	
	甲镇	乙镇
15 以下	1	2
15~25	15	10
25~35	30	28
35~45	12	8
45 以上	2	1
合计	60	49

计算分析:

(1)在甲、乙两个镇中,哪个镇的户均补助金高?

(2)在甲、乙两个镇中,哪个镇的户均补助金代表性强?

(3)在甲、乙两个镇中,哪个镇的众数和中位数较高?

(4)分析判断两个镇的特困户补助金的次数分布种类。

第五章　抽样及抽样分布

一、单选题(在每小题的四个备选答案中,选出一个正确答案)

1. 二项分布的数学期望和方差分别为(　　)。
   A. $E(X)=p$, $D(X)=p(1-p)$
   B. $E(X)=np$, $D(X)=np(1-p)$
   C. $E(X)=p$, $D(X)=np(1-p)$
   D. $E(X)=np$, $D(X)=p(1-p)$

2. 连续型随机变量 X 的方差为(　　)。
   A. $D(X)=\int_{-\infty}^{\infty}(x-\mu)f(x)\mathrm{d}x$
   B. $D(X)=\int_{-\infty}^{\infty}(x-\mu)^2 f(x)\mathrm{d}x$
   C. $D(X)=\int_{-\infty}^{\infty}(x-\mu)^2\mathrm{d}x$
   D. $D(X)=\int_{-\infty}^{\infty}xf(x)\mathrm{d}x$

3. 对于连续型随机变量 X,如果 X 的概率密度为:$f(x)=\dfrac{1}{\sigma\sqrt{2\pi}}e^{-\frac{(x-\mu)^2}{2\sigma^2}}$, 令(　　), 则随机变量 Z 服从标准正态分布。
   A. $Z=\dfrac{X-\mu}{\sigma^2}$
   B. $Z=\dfrac{(X-\mu)^2}{\sigma}$
   C. $Z=\dfrac{X-\mu}{\mu\sigma}$
   D. $Z=\dfrac{X-\mu}{\sigma}$

4. 在样本容量 n 很大时,样本比率 p 近似地服从正态分布(　　)。
   A. $p\sim N(P,P(1-P))$
   B. $p\sim N(P(1-P),P(1-P)/n)$
   C. $p\sim N(P,P(1-P)/n)$
   D. $p\sim N(P,P(1-P)/(n-1))$

5. P_1 和 P_2 分别为服从二项分布的两个总体的具有某种特征的单位所占比率,n_1 和 n_2 是分别来自这两个总体的两个随机样本的样本容量,当 n_1 和 n_2 足够大时,两个样本比率之差 p_1-p_2 的方差为(　　)。
   A. $D(p_1-p_2)=\dfrac{P_1(1-P_1)}{n_1}+\dfrac{P_2(1-P_2)}{n_2}$
   B. $D(p_1-p_2)=\dfrac{P_1(1-P_2)}{n_1}+\dfrac{P_2(1-P_1)}{n_2}$
   C. $D(p_1-p_2)=\dfrac{P_1(1-P_1)}{n_2}+\dfrac{P_2(1-P_2)}{n_1}$
   D. $D(p_1-p_2)=\dfrac{P_2(1-P_1)}{n_1}+\dfrac{P_1(1-P_2)}{n_2}$

6. P_1 和 P_2 分别为服从二项分布的两个总体的具有某种特征的单位所占比率,n_1 和 n_2 是分别来自这两个总体的两个随机样本的样本容量,当 n_1 和 n_2 足够大时,两个样本比率之差 p_1-p_2 分布的数学期望为(　　)。

A. $E(p_1 - p_2) = P_1 - P_2$ 　　　　　B. $E(p_1 - p_2) = \dfrac{P_1 - P_2}{n_1}$

C. $E(p_1 - p_2) = \dfrac{P_1 - P_2}{n_1 + n_2 - 2}$ 　　D. $E(p_1 - p_2) = \dfrac{P_1 - P_2}{n_1 + n_2}$

7.在不重复抽样方法下,样本比率 p 的方差 σ_p^2 与总体方差的关系是(　　　　)。

A. $\sigma_p^2 = \dfrac{p - P}{\sqrt{P(1 - P)/n}}$ 　　　　B. $\sigma_p^2 = \dfrac{\sigma^2}{n}\left(\dfrac{N - n}{N - 1}\right)$

C. $\sigma_p^2 = \dfrac{P(1 - P)}{n}\left(\dfrac{N - n}{N - 1}\right)$ 　　D. $\sigma_p^2 = \dfrac{P(1 - P)}{n}$

8. X_1 和 X_2 分别为服从正态分布的两个独立总体,n_1 和 n_2 是分别来自这两个总体的两个随机样本的样本容量,则两个样本均值之差 $\bar{x}_1 - \bar{x}_2$ 的抽样分布的方差为(　　　　)。

A. $D(\bar{x}_1 - \bar{x}_2) = \dfrac{\sigma_1^2}{n_1} + \dfrac{\sigma_2^2}{n_2}$ 　　B. $D(\bar{x}_1 - \bar{x}_2) = \dfrac{\sigma_2^2}{n_1} + \dfrac{\sigma_1^2}{n_2}$

C. $D(\bar{x}_1 - \bar{x}_2) = \dfrac{\sigma_1^2 + \sigma_2^2}{n_1 + n_2}$ 　　D. $D(\bar{x}_1 - \bar{x}_2) = \dfrac{\sigma_1^2}{n_1 - 1} + \dfrac{\sigma_2^2}{n_2 - 1}$

9. 在重复抽样条件下,样本均值 $\bar{x}$ 的方差 $\sigma_{\bar{x}}^2$ 与总体方差 σ^2 之间的关系是(　　　　)。

A. $\sigma_{\bar{x}}^2 = \dfrac{\sigma^2}{n}\left(\dfrac{N - n}{N - 1}\right)$ 　　　B. $\sigma_{\bar{x}}^2 = \dfrac{\sigma^2}{n}\left(\dfrac{N}{N - 1}\right)$

C. $\sigma_{\bar{x}}^2 = \dfrac{\sigma^2}{n}\left(\dfrac{N - n}{N}\right)$ 　　　D. $\sigma_{\bar{x}}^2 = \dfrac{\sigma^2}{n}$

10. 在不重复抽样条件下,样本均值 $\bar{x}$ 的数学期望和总体均值 μ 之间的关系是(　　　　)。

A. $E(\bar{x}) = \mu/n$ 　　　　　　B. $E(\bar{x}) = \mu$

C. $E(\bar{x}) = \mu(N - n)/N$ 　　　D. $E(\bar{x}) = \mu(N - n)/(N - 1)$

二、多选题(在每小题的五个备选答案中,选出二至五个正确答案)

1. 按照抽样原则的不同,抽样方法有(　　　　)。

　A. 重复抽样 　　　　　　　　B. 概率抽样

　C. 不重复抽样 　　　　　　　D. 非概率抽样

　E. 机械抽样

2. 在概率抽样中有以下几种基本的抽样组织形式(　　　　)。

　A. 纯随机抽样 　　　　　　　B. 类型抽样

　C. 等距抽样 　　　　　　　　D. 不重复抽样

　E. 整群抽样

3. 正态曲线具有以下特征(　　　　)。

　A. 正态曲线是一条关于 $x = \mu$ 对称的钟形曲线

　B. 正态曲线的陡缓程度取决于 σ 的大小

　C. 正态曲线以 x 轴为渐近线

D. 正态曲线下的总面积为 1

E. 正态曲线的偏态系数等于 3

4. 用 Z 表示服从标准正态分布的随机变量，$\Phi(Z)$ 表示 Z 的分布函数，那么 $\Phi(Z)$ 具有（　　）的重要性质。

A. $\Phi(-Z) = 1 - \Phi(Z)$ 　　　　　　B. $P(a \leq Z \leq b) = \Phi(b) - \Phi(a)$

C. $P(|Z| \leq a) = 2\Phi(a) - 1$ 　　　　D. $P(|Z| \leq a) = 1 - 2\Phi(a)$

E. $P(a \leq Z \leq b) = \Phi(a) - \Phi(b)$

5. 正态曲线的陡缓程度取决于 σ 的大小（　　）。

A. σ 越大，正态曲线越平缓 　　　　B. σ 越小，曲线越平缓

C. σ 越小，曲线越陡峭 　　　　　　D. σ 越大，曲线越陡峭

E. 以上 AC 项正确

6. X 为离散型随机变量，其概率分布为 $P(X = x) = \dfrac{\lambda^x}{x!}e^{-\lambda}$，其中：$x = 0, 1, 2, \cdots$；$\lambda > 0$。此时，$X$ 的数学期望和方差分别为（　　）。

A. $E(X) = \lambda$ 　　　　　　　　　　B. $E(X) = -\lambda$

C. $D(X) = \lambda$ 　　　　　　　　　　D. $D(X) = -\lambda$

E. $D(X) = \lambda(1 - \lambda)$

7. 用 $f(x)$ 表示连续型随机变量概率分布的函数即概率密度，则概率密度具有如下性质（　　）。

A. $f(x) \geq 0$ 　　　　　　　　　　　B. $\displaystyle\int_{-\infty}^{\infty} f(x)\,\mathrm{d}x = 1$

C. $P(a<X<b) = \displaystyle\int_{a}^{b} f(x)\,\mathrm{d}x$ 　　　　D. $P(a<X<b) = \displaystyle\int_{b}^{a} f(x)\,\mathrm{d}x$

E. $P(a<X<b) = \displaystyle\int_{a}^{b} xf(x)\,\mathrm{d}x$

8. 随机试验应该满足的条件有（　　）。

A. 试验的可能结果构成随机试验中的随机事件

B. 每次试验可能结果不止一个，但试验的所有可能结果在试验之前是明确可知的

C. 每次试验只能观察到可能结果之中的一个，但在试验结束之前不能肯定该次试验将出现哪一个结果

D. 试验可以在相同的条件下重复进行

E. 在每次试验中都必然不发生的事件成为不可能事件

9. 以下变量属于连续型变量的有（　　）。

A. 一批零件加工尺寸的偏差

B. 一批产品中出现次品件数

C. 一批电灯泡的耐用时间

D. 每小时通过高速公路收费站的车辆数

E. 宾馆入口处进入宾馆的前后两顾客的间隔时间

三、判断改错题(正确的打"√",错误的打"×"并改正)

1. 两点分布的数学期望和方差分别为 $E(X)=P,D(X)=P(1-P)$。　　　　(　　)

2. 连续型随机变量 X 的数学期望公式为 $E(X)=\int_{-\infty}^{\infty}f(x)\mathrm{d}x$。　　　(　　)

3. 假设某商店星期日上午平均 2 分钟内有 10 位顾客光顾(光顾商店的顾客人数服从泊松分布),那么,该商店星期日上午 2 分钟内恰有 15 位顾客光顾的概率是 $\dfrac{10^{15}}{15}e^{-10}$。

(　　)

4. 如果连续型随机变量 X 的概率密度为 $f(x)=\dfrac{1}{\sigma\sqrt{2\pi}}e^{-\frac{(x-\mu)^2}{2\sigma^2}}$,则该分布的数学期望和方差分别为 $E(x)=\mu,D(x)=\sigma$。　　　　　　　　　(　　)

5. 统计上的 3σ 准则的含义是:若随机变量 $X\sim N(\mu,\sigma^2)$,此时随机变量 X 的取值一定落在区间 $(\mu-3\sigma,\mu+3\sigma)$ 内。　　　　　　　　　(　　)

6. F 分布的曲线形式随自由度变化而不同,当统计量 F 的分子和分母自由度同时增大时,分布曲线近于对称,并以正态分布为极限分布。　　　　　(　　)

7. 在样本容量 $n<30$,即小样本条件下,如果总体方差 σ^2 未知,用样本方差 s^2 代替总体方差 σ^2,则样本均值 $\bar{x}$ 经过标准化后的随机变量服从自由度为 n 的 t 分布。　(　　)

8. 在不重复抽样方法下,样本均值 $\bar{x}$ 的方差 $\sigma_{\bar{x}}^2$ 与总体方差 σ^2 之间的关系是 $\sigma_{\bar{x}}^2=\dfrac{1}{n}\sigma^2$。　　　　　　　　　　　　　　　(　　)

9. 不重复抽样也叫不放回抽样,或叫不重置抽样,在 n 次抽样中,总体中每个单位在各次抽样中被抽中的概率不相同。换言之,n 次抽样不是 n 次相互独立的实验。　(　　)

10. 系统抽样的具体做法就是先将总体中的单位划分为若干类,然后从每个类中随机抽取一定数量的单位,将其组合构成一个样本。　　　　　(　　)

11. 整群抽样的优点是样本分布均匀,代表性强,抽样误差小,可以提高抽样估计的精确度。　　　　　　　　　　　　　　(　　)

12. 样本比率 p 的数学期望 $E(p)$ 等于总体比率 P 乘以 $(1-P)$。　　(　　)

13. 对来自正态总体的容量为 n 的简单随机样本,其比值 $\dfrac{(n-1)s^2}{\sigma^2}$ 服从自由度为 $n-2$ 的 χ^2 分布。　　　　　　　　　　　　　(　　)

14. 如果 X_1、X_2 为两个相互独立的非正态总体,n_1 和 n_2 是分别来自 X_1、X_2 的简单随机样本,在 $n_1\geqslant 30,n_2\geqslant 30$ 的条件下,两个样本均值之差 $\bar{x}_1-\bar{x}_2$ 近似的服从正态分布。

(　　)

15. 从两个服从正态分布的总体中分别抽取容量为 n_1 和 n_2 的两个简单随机样本,两个样本方差之比 s_1^2/s_2^2 服从 F 分布,即 $s_1^2/s_2^2\sim F(n_1,n_2)$。　(　　)

16. 有 N 个单位,按重复抽样方法抽取 n 个单位构成样本,如果考虑顺序,可能抽取的样本数为 N^n 个。　　　　　　　　　　　　(　　)

四、问答题

1. 如何理解概率的三种定义？

2. 什么是随机变量？如何理解离散型随机变量和连续型随机变量？

3. 离散型随机变量和连续型随机变量的概率分布的描述有何不同？

4. 常见的离散型随机变量和连续型随机变量概率分布有哪些类型？

5. 二项分布和两点分布有何不同？它们的数学期望和方差有何区别？

6. 正态分布曲线有什么特征？

7. 重复抽样和不重复抽样有何不同？

8. 抽样组织形式有哪些？各有何特点？

9. 如何理解样本均值 $\bar{x}$ 的抽样分布形式与总体分布、样本容量之间的密切关系？

10. 重复抽样和不重复抽样相比，样本均值 $\bar{x}$ 和样本比率 p 的方差（标准差）有何不同？

五、计算分析题

1. 某公司质量检验人员检验 5 件产品质量，观察其次品出现的次数，则该随机试验的基本事件有多少？样本空间有多大？利用样本空间，确定质量检验人员抽取到偶数次品的概率。

2. 某公司估计在一定时间内完成某项任务的概率如表 5.1 所示。

要求：

（1）完成该任务的数学期望。

（2）完成该任务的方差和标准差。

表 5.1　某公司在一定时间内完成任务的概率分布

天数（X）	1	2	3	4	5
概率 $P(X)$	0.05	0.20	0.35	0.30	0.10

3. 已知某公司生产的 100 个产品中出现 4 个次品。现从中任取 1 个，有放回地取 3 次，计算在所取的 3 个中恰好有 1 个次品的概率是多少。

4. 某房地产开发公司开发的某商住小区每个工作日约售 2 套房屋，房屋的销售服从泊松分布。则：

（1）1 天没有售出房屋的概率是多少？

（2）1 天售出 5 套房屋的概率是多少？

5. 假定某事业单位的职工在周五请事假的人数 X 服从泊松分布，设周五请事假的平均人数为 3 人。试求：

（1）X 的数学期望和方差。

（2）周五请事假的人数为 4 人的概率是多少？

6. 某厂生产的某种节能灯管的使用寿命服从正态分布。对某批节能灯管测试的结果，平均使用寿命为 1050 小时，标准差为 200 小时。试求：

（1）使用寿命在 500 小时以下的灯管占多大的比例？

（2）使用寿命在 850~1450 小时的灯管占多大比例？

（3）以均值为中心，95% 的灯管使用寿命在什么范围内？

7. 某批零件的长度服从正态分布，平均长度为 10 毫米，标准差为 0.2 毫米。试求：

（1）从该批零件中随机抽取 1 件，其长度不到 9.4 毫米的概率。

（2）为保证产品质量，要求以 95% 的概率保证该零件的长度在 9.5~10.5 毫米之间，这一要求能否得到保证？

8. 假设你正在计算一组服从正态分布的数据，它的均值是 200，标准差是 45。根据下列信息确定 X 的值：①有 65% 的变量值大于 X；②X 小于 17.9% 的变量值；③X 大于 55% 的变量值。

第六章　抽样估计

一、单选题（在每小题的四个备选答案中，选出一个正确答案）

1. 抽样误差是指（　　）。

　A. 由于观察、计算等差错引起的登记误差

　B. 抽样中违反随机原则出现的系统误差

　C. 随机抽样而产生的代表性误差

　D. 人为原因所造成的误差

2. 抽样误差（　　）。

　A. 既可以避免，也可以控制　　　　　B. 既不可以避免，也不可以控制

　C. 可以避免，但不可以控制　　　　　D. 不能避免，但可以控制

3. 抽样平均误差反映了样本估计量与总体参数之间的（　　）。

　A. 实际误差　　　　　　　　　　　B. 可能误差范围

　C. 平均差异程度　　　　　　　　　D. 实际误差的绝对值

4. 抽样平均误差是（　　）。

　A. 总体参数的标准差　　　　　　　B. 样本的标准差

　C. 样本估计量的标准差　　　　　　D. 样本估计量的平均差

5. 在其他条件不变的情况下，不重复抽样的抽样误差比重复抽样的抽样误差（　　）。

　A. 大　　　　　B. 小　　　　　C. 可大可小　　　　D. 相等

6. 反映样本估计量与总体参数之间抽样误差的可能范围的是（　　）。

　A. 抽样平均误差　　　　　　　　　B. 抽样极限误差

　C. 实际抽样误差　　　　　　　　　D. 置信水平

7. 简单随机抽样条件下，当极限误差扩大一倍，则样本容量（　　）。

　A. 只需原来的 1/2　　　　　　　　B. 只需原来的 1/4

　C. 需要原来的 1 倍　　　　　　　　D. 需要原来的 4 倍

8. 在其他条件不变的情况下,总体方差越大,所需样本容量(　　)。

    A. 越多　　　　　　　B. 越少　　　　　　C. 可多可少　　　　D. 不受影响

9. 对于既定的总体,既定的样本容量,比率的抽样平均误差是(　　)。

    A. 随机变量　　　　　　　　　　　　B. 常量

    C. 有限的 n 个变量　　　　　　　　D. 无限个变量值。

10. 随机抽样原则是指(　　)。

    A. 抽取样本时,要使每一个样本单位有充分的代表性

    B. 从总体中抽取样本时,要发挥人的主观能动作用

    C. 抽取样本时,每个总体单位被抽取的可能由它们的重要性来决定,不受人的主观意识影响

    D. 抽取样本时,每个总体单位被抽取的可能性都相等,不受人的主观意识影响

11. 抽样误差比全面调查的误差(　　)。

    A. 大　　　　　　　　B. 小　　　　　　　C. 相等　　　　　　D. 视情况而定

12. 样本均值是总体均值的(　　)。

    A. 无偏估计量　　　　　　　　　　　B. 有偏估计量

    C. 非一致估计量　　　　　　　　　　D. 非有效估计量

13. 抽样误差是(　　)引起的。

    A. 由于样本结构和总体结构之间的差异　B. 由于样本数目过少

    C. 由于观察、测量、计算的失误　　　　D. 由于破坏了随机原则

14. 抽样调查中(　　)。

    A. 既有登记性误差,又可能有代表性误差

    B. 没有登记性误差,也没有代表性误差

    C. 只有登记性误差,没有代表性误差

    D. 没有登记性误差,只有代表性误差

15. 在实际工作中,在总体方差未知的情况下,计算抽样误差使用的公式是(　　)。

$$A. \mu_{\bar{x}} = \sqrt{\frac{\sigma^2}{n}} \qquad\qquad B. \mu_{\bar{x}} = \sqrt{\frac{s^2}{n}}$$

$$C. \mu_{\bar{x}} = \sqrt{\frac{\sigma^2}{n}\left(\frac{N-n}{N-1}\right)} \qquad\qquad D. \mu_{\bar{x}} = \sqrt{\frac{\sum (X - \bar{X})^2}{可能样本个数}}$$

16. 比率的方差最大值是(　　)。

    A. 0.99　　　　　B. 0.25　　　　　C. 0.5　　　　　D. 1

17. 先将全及总体所有总体单位按某一标志排序,然后固定顺序和间隔来抽选调查单位的抽样组织形式,被称为(　　)。

    A. 简单随机抽样　　B. 系统抽样　　　C. 整群抽样　　　D. 分层抽样

18. 按地理区域所进行的区域抽样组织形式是(　　)。

    A. 简单随机抽样　　B. 系统抽样　　　C. 整群抽样　　　D. 分层抽样

19. 先将总体划分为若干类别,再在各个类别中按照随机抽样要求抽选出足够的调查单位的这样一种抽样组织形式是(　　)。

    A. 简单随机抽样　　B. 系统抽样　　　C. 整群抽样　　　D. 分层抽样

20. 在抽样估计中,构造总体参数的置信区间所依据的样本是随机的,所以置信区间是(　　)。

　　A. 随机的　　　　　　　　　　　B. 固定不变的

　　C. 不能确定　　　　　　　　　　D. 随置信水平的变化而变化

21. 在大样本条件下,给定置信水平 $1-\alpha$,则总体均值的置信区间为(　　)。

A. $\bar{x} - Z_{\frac{\alpha}{2}}\mu_{\bar{x}} \leqslant \bar{X} \leqslant \bar{x} + Z_{\frac{\alpha}{2}}\mu_{\bar{x}}$ 　　　　B. $\bar{x} - t_{\frac{\alpha}{2}}\mu_{\bar{x}} \leqslant \bar{X} \leqslant \bar{x} + t_{\frac{\alpha}{2}}\mu_{\bar{x}}$

C. $P(\,|\,\bar{x} - \bar{X}\,| \geqslant Z_{\frac{\alpha}{2}}\mu_{\bar{x}}) = 1-\alpha$ 　　　　D. $P(\,|\,\bar{x} - \bar{X}\,| \geqslant t_{\frac{\alpha}{2}}\mu_{\bar{x}}) = 1-\alpha$

二、多选题(在每小题的五个备选答案中,选出二至五个正确答案)

1. 用样本估计量估计总体参数应满足(　　)。

　　A. 代表性　　　　　B. 无偏性　　　　　C. 有效性　　　　　D. 优良性

　　E. 一致性

2. 影响抽样误差的因素包括(　　)。

　　A. 总体标准差　　　　　　　　　　B. 样本容量

　　C. 抽样方法　　　　　　　　　　　D. 抽样目的

　　E. 抽样组织形式

3. 在一定的极限误差要求下,(　　)。

　　A. 概率度大,要求可靠性低,样本容量相应要多

　　B. 概率度大,要求可靠性高,样本容量相应要多

　　C. 概率度小,要求可靠性低,样本容量相应要少

　　D. 概率度小,要求可靠性高,样本容量相应要少

　　E. 概率度小,要求可靠性低,样本容量相应要多

4. 影响必要样本容量的因素有(　　)。

　　A. 置信水平　　　　　　　　　　　B. 抽样极限误差

　　C. 抽样组织形式　　　　　　　　　D. 总体方差

　　E. 抽样方法

5. 从一个全及总体可以抽取已知样本容量的很多不同的样本,所以(　　)。

　　A. 抽样指标的数值不是唯一确定的

　　B. 抽样指标是从随机样本中得到的观察指标

　　C. 总体指标是随机变量

　　D. 抽样指标是随机变量

　　E. 抽样指标是随样本的不同而不同的

6. 抽样误差是(　　)。

　　A. 代表性误差　　　　　　　　　　B. 抽样实际误差

　　C. 抽样指标的标准差　　　　　　　D. 登记性误差

　　E. 系统性误差

7. 在抽样调查实践中能应用的抽样误差指标有(　　)。

　　A. 抽样实际误差　　　　　　　　　B. 抽样平均误差

    C. 抽样平均数   D. 抽样极限误差

    E. 抽样误差的概率度

8. 登记性误差可能出现在(　　　)之中。

    A. 重点调查   B. 典型调查

    C. 抽样调查   D. 普查

    E. 专门调查

9. 抽样误差(　　　)。

    A. 是可以事先计算出来的   B. 是可以通过改进调查方法来消除的

    C. 是不可避免的   D. 只能在调查结束后计算

    E. 大小是可以控制的

10. 简单随机抽样的抽样误差(　　　)。

    A. 比分层抽样的抽样误差大

    B. 通常比整群抽样的抽样误差小

    C. 比系统抽样中的无关标志排队的抽样误差大

    D. 比分层抽样的抽样误差小

    E. 通常比整群抽样的抽样误差大

11. 要对两个总体均值之差进行区间估计,应该考虑(　　　)。

    A. 样本容量是大样本还是小样本   B. 总体是否服从正态分布

    C. 总体方差是否已知   D. 样本是独立样本还是匹配样本

    E. 总体比率是否已知

三、判断改错题(正确的打"√",错误的打"×"并改正)

1. 抽样估计是用样本统计量对总体参数进行估计的,不可避免会产生误差,而且这种误差的大小是不能进行控制的。　　　　　　　　　　　　　　(　　　)

2. 抽样平均误差随样本估计值的不同而变化。因此,抽样平均误差是随机变量。
　　　　　　　　　　　　　　　　　　　　　　　　　　　　　　　(　　　)

3. 抽样极限误差可以大于、等于或小于抽样平均误差。　　　　　(　　　)

4. 当抽样平均误差一定时,概率度越小,估计的可靠程度越高。　(　　　)

5. 在极限误差一定的条件下,如果有两次比率的资料 P_1、P_2,其中 $P_1 > P_2$,则应根据 P_1 计算必要样本容量。　　　　　　　　　　　　　　　　　　　(　　　)

6. 在其他条件相同的情况下,整群抽样的误差常常大于简单随机抽样的误差,但是比类型抽样的误差要小。　　　　　　　　　　　　　　　　　　　(　　　)

7. 当极限误差越小时,抽选的必要样本单位数目也就越少。　　　(　　　)

8. 样本标准差是总体标准差的无偏估计值。　　　　　　　　　　(　　　)

9. 用抽样调查的数据推断总体数量特征必然会产生抽样误差。　(　　　)

10. 样本均值是总体均值的无偏估计值。　　　　　　　　　　　(　　　)

11. 在其他条件不变的情况下,不重复抽样的抽样误差是重复抽样的抽样误差的 $\sqrt{\dfrac{N-n}{N-1}}$。　　　　　　　　　　　　　　　　　　　　　　　(　　　)

12. 在计算抽样平均误差时,因为总体方差未知,所以就用历史方差数据中的最小值代替总体方差。 （　　）

13. 抽样误差可以控制,是因为可以调整样本容量,还可以调整抽样方法以及调整抽样组织形式。 （　　）

14. 确定必要样本容量时,根据对总体均值估计和对总体比率估计的要求不同而计算出两个大小不等的必要样本容量,此时,应该选择较小的必要样本容量。 （　　）

15. 因为某个样本的样本指标值是一个确定的值,总体指标是一个未知的随机变量,所以才可能用样本指标去估计总体指标。 （　　）

16. 在总体各单位标志值大小悬殊的情况下,运用分类抽样方法比简单随机抽样结果更有效。 （　　）

17. 如果计算出的必要样本容量不是整数,需要将小数点后面的数值一律进成整数,如 83.1 就应该取值为 84。 （　　）

四、问答题

1. 什么叫估计量? 评价估计量有哪些标准?

2. 什么是区间估计? 总体参数的区间估计有哪些步骤?

3. 什么是重复抽样和不重复抽样? 为何可以用纯随机抽样条件下的重复抽样的抽样平均误差来代替不重复抽样的抽样平均误差?

4. 抽样估计中为什么要遵循随机原则? 大数定律和中心极限定律对抽样估计有何意义?

5. 抽样平均误差和极限抽样误差的关系如何?

6. 如何理解抽样平均误差是样本统计量的标准差?

7. 影响抽样误差的因素有哪些? 各因素的影响方向和程度有何不同?

8. 确定样本容量有何意义? 影响样本容量的因素有哪些?

五、计算分析题

1. 某乡镇有 1500 户居民,上一年调查资料显示,居民人均纯收入的标准差为 80 元,现在用简单随机抽样方法从中随机抽 50 户居民进行调查。请计算在重复抽样和不重复抽样条件下居民人均纯收入的抽样平均误差。

2. 为了调查某砖厂的产品质量情况,现在从 40000 块机制透水砖中随机抽取 400 块进行检验,其中有 6 块坏砖。请按重复抽样和不重复抽样两种方法计算产品合格率的抽样平均误差。

3. 某快餐连锁店想了解每位顾客的就餐平均消费金额,在就餐的顾客中随机抽取 35 名组成一个简单随机样本,结果显示每位顾客平均消费额为 18 元,其中消费额在 25 元以上的占 20%。已知每位顾客平均消费额的标准差为 10 元。计算在 95% 的置信水平下每位顾客平均消费额和消费额在 25 元以上的所占比率的抽样极限误差。

4. 某高校为了了解学生每周上网时间情况,从全校学生中随机抽取 40 人进行调查,取得资料如表 6.1 所示,计算该校大学生每周平均上网时间在置信水平为 95% 的条件下的置信区间。

表 6.1 学生每周上网时间分组

每周上网时间/小时	人数/人
0~1	7
1~2	20
2~3	8
3 以上	5
合计	40

5. 某商品房住宅小区共有 800 户居民,业主委员会准备更换物业管理公司,想了解居民是否赞成,采用不重复抽样方法随机抽取了 50 户,其中有 32 户赞成,18 户反对。要求以 95.45% 的置信水平计算该小区居民中赞成更换物业管理公司所占比率的置信区间。

6. 已知某种电子管的寿命服从正态分布,现随机抽取 18 只进行检测,结果显示样本标准差为 300 小时。要求以 95% 的置信水平估计这种电子管寿命方差的置信区间。

7. 某灯具公司拟采用简单随机抽样方式对其生产的 5600 只节能灯进行质量检验。根据生产经验,已知该节能灯耐用时间标准差为 10 小时。要求计算在 95.45% 的置信水平下:

(1)当抽样极限误差为 1 小时时,至少应抽多少只节能灯?

(2)当抽样极限误差扩大为 2 小时时,至少应抽多少只节能灯?

8. 某外贸公司出口一种名茶,过去检查结果显示,茶叶合格率为 98%。现要求抽样极限误差为 2.3%,在 95% 的置信水平下,应抽多少包茶叶进行检验?

9. 假定根据类型抽样得到表 6.2 的数据,要求以 95% 的概率保证估计总体的平均数范围。

表 6.2 类型抽样数据

区域	抽取单位	标志平均数	标准差
甲	600	32	20
乙	300	36	30

10. 某地区统计局城市调查队 2008 年对某市居民进行抽样调查,根据调查资料获得平均每人每月生活费的标准差为 25.50 元,当允许误差 $\Delta_{\bar{x}} = 9$ 元,置信水平为 95.45%,在重复抽样条件下至少要抽多少户居民进行调查?若允许误差缩小为原来的 0.5 倍,至少应该抽多少户居民进行调查?

11. 某实验小学对该校小学生的身高进行了抽样调查,随机抽选 30 名小学生测定其身高,数据如下(单位:米):

0.9 1.2 1.1 1.1 1.2 1.4 1.5 1.2 1.2 1.4
1.1 1.3 1.3 1.0 1.1 1.0 1.3 1.1 1.1 1.3
1.2 1.0 1.2 1.2 1.1 1.2 1.2 1.2 1.3 1.3

请整理数据,并计算学生的平均身高、标准差以及抽样平均误差。

12. 某村有 2000 亩小麦地,用系统抽样方法抽取 50 亩。在每一亩中用测框测定 10 平方尺小麦的收获量,结果每 10 平方尺的收获量为 500 克,均方差为 100 克。计算:

(1)小麦平均收获量的 μ_x。

(2)当 $Z_{\frac{\alpha}{2}} = 2$ 时,每 10 平方尺的平均产量是多少?

(3)当 $Z_{\frac{\alpha}{2}} = 3$ 时,每 10 平方尺的平均产量是多少?

(4)当 $Z_{\frac{\alpha}{2}} = 2$ 时,推断 2000 亩小麦的总产量。

13. 对某电视机厂的某种品牌的某种规格的电视机产品质量进行抽样检查,要求允许误差不超过 0.025,置信水平为 95.45%,已知过去进行的三次同样调查得到的电视机的合格率为 99.1%,99.5%,99.8%,按重复抽样公式计算,应该抽取多少台电视机进行质量检查?

14. 某地区有两个生产同类产品的工厂,甲工厂的设备先进,产量是乙工厂产量的 1.5 倍,要了解产品的使用寿命,按照产量比例分别在甲、乙两个工厂进行抽样调查,共抽 50 个产品进行使用寿命测试,获得的数据如表 6.3 所示。

表 6.3 工厂产品数据

工厂产品	平均使用寿命/小时	总体均方差/小时
甲工厂	260	10
乙工厂	200	13

当置信水平为 95% 时,估计该产品的平均使用寿命。

15. 某电子设备厂生产电子零件,在某月的 30 天中,每天内抽取连续 1 小时的零件进行质量检查,结果产品合格率为 96%,已知各个群间方差为 0.01,按置信水平为 95.45% 推断本月电子零件的合格率。

第七章 假设检验

一、单选题(在每小题的四个备选答案中,选出一个正确答案)

1. 要想同时降低犯两类错误的概率,可以( )。

    A. 增加样本容量 n B. 降低犯第一类错误的概率 α

    C. 降低犯第二类错误的概率 β D. 减少样本容量 n

2. 如果检验统计量的值落在拒绝域内,就说明原假设 H0 与样本描述的情况有显著差异,应该拒绝原假设 H0。这里的拒绝域是指( )。

    A. $W = \left\{ (x_1, x_2, \cdots, x_n) : \dfrac{|\bar{x} - \mu_0|}{\sigma / \sqrt{n}} > c \right\}$

    B. $W = \left\{ (x_1, x_2, \cdots, x_n) : \dfrac{|\bar{x} - \mu_0|}{\dfrac{\sigma}{\sqrt{n}}} < c \right\}$

C. $W = \left\{ (x_1, x_2, \cdots, x_n) : \dfrac{|\bar{x} - \mu_0|}{\dfrac{\sigma}{\sqrt{n}}} = c \right\}$

D. $W = \left\{ (x_1, x_2, \cdots, x_n) : \dfrac{|\bar{x} - \mu_0|}{\sigma / \sqrt{n}} \leqslant c \right\}$

3. 在对单个总体比率进行假设检验时,用 p 表示样本比率,用 π 表示总体比率,用 π_0 表示总体比率的假设值。则检验统计量最精确的表述是(　　)。

A. $Z = \dfrac{p - \pi_0}{\sqrt{\pi \times (1 - \pi)/n}}$

B. $Z = \dfrac{p - \pi}{\sqrt{\pi_0 \times (1 - \pi)/n}}$

C. $Z = \dfrac{p - \pi_0}{\sqrt{p \times (1 - \pi_0)/n}}$

D. $Z = \dfrac{p - \pi_0}{\sqrt{\pi_0 \times (1 - \pi_0)/n}}$

4. 对单个总体方差的假设检验,所选取的检验统计量为(　　)。

A. $\chi^2 = (n - 1)\dfrac{s^2}{\sigma_0^2} \sim \chi^2(n)$

B. $\chi^2 = (n - 1)\dfrac{s^2}{\sigma_0^2} \sim \chi^2(n - 1)$

C. $t = \dfrac{\bar{x} - \mu_0}{\sigma / \sqrt{n}} \sim t(n - 1)$

D. $t = \dfrac{\bar{x} - \mu_0}{s / \sqrt{n}} \sim t(n - 1)$

5. 在对两个服从正态分布的总体均值之差进行假设检验时,如果两个总体的方差分别为 σ_1^2 和 σ_2^2,而且它们是已知的,均值分别为 μ_1 和 μ_2,来自两个总体的两个相互独立的样本的均值分别为 $\bar{x}$ 和 $\bar{y}$,则应选取(　　)作为检验统计量。

A. $Z = \dfrac{(\bar{x} - \bar{y}) - (\mu_1 - \mu_2)}{\sqrt{\dfrac{\sigma_1^2 + \sigma_2^2}{n_1 + n_2}}} \sim N(0, 1)$

B. $Z = \dfrac{(\bar{x} - \bar{y}) - (\mu_1 - \mu_2)}{\sqrt{\dfrac{\sigma}{n_1 + n_2}}} \sim N(0, 1)$

C. $Z = \dfrac{(\bar{x} - \bar{y}) - (\mu_1 - \mu_2)}{\sqrt{\dfrac{\sigma_1^2}{n_1} + \dfrac{\sigma_2^2}{n_2}}} \sim N(0, 1)$

D. $t = \dfrac{(\bar{x} - \bar{y}) - (\mu_1 - \mu_2)}{\sqrt{\dfrac{\sigma_1^2}{n_1} + \dfrac{\sigma_2^2}{n_2}}} \sim t(n - 1)$

6. 在对两个服从正态分布的总体均值之差进行假设检验时,如果两个总体的方差分别为 σ_1^2, σ_2^2 未知,但有 $\sigma_1^2 = \sigma_2^2 = \sigma^2$,均值分别为 μ_1 和 μ_2,来自两个总体的两个相互独立的样本的均值分别为 $\bar{x}$ 和 $\bar{y}$,则在显著性水平 α 下的拒绝域为(　　)。

A. $|Z| > Z_{\alpha/2}$

B. $|Z| \geqslant Z_{\alpha/2}$

C. $|t| \leqslant t_{\alpha/2}(n_1 + n_2 - 2)$

D. $|t| > t_{\alpha/2}(n_1 + n_2 - 2)$

7. 某研究机构的一项研究表明,司机因在驾车过程中接打手机而导致发生交通事故的比例超过 20%。该研究机构用于检验这一结论的原假设和备择假设应为(　　)。

　　A. $H_0:\mu \leq 20\%,H_1:\mu > 20\%$ 　　　　B. $H_0:\pi \geq 20\%,H_1:\pi < 20\%$

　　C. $H_0:\pi \leq 20\%,H_1:\pi > 20\%$ 　　　　D. $H_0:p \leq 20\%,H_1:p > 20\%$

　　8. 在总体平均值的假设检验中,设定显著性水平 $\alpha = 0.05$,临界值 $Z_{\frac{\alpha}{2}} = Z_{0.025} = 1.96$, $Z_\alpha = Z_{0.05} = 1.645$,则进行双侧检验时的接受域和左侧检验时的接受域分别为(　　)。

　　A. $-1.96<Z<1.96;Z<-1.645$ 　　　　B. $-1.96<Z<1.96;Z>-1.645$

　　C. $|Z|>1.96;Z<-1.645$ 　　　　D. $|Z|>1.96;Z>-1.645$

　　9. 在对两个总体方差比的检验中,通常情况下,F 分布概率表仅给出 $F_{\frac{\alpha}{2}}(n_1 - 1,n_2 - 1)$ 的值,可以用它来推算 $F_{1-\frac{\alpha}{2}}(n_1 - 1,n_2 - 1)$,推算公式为(　　)。

　　A. $F_{1-\frac{\alpha}{2}}(n_1 - 1,n_2 - 1) = 1/F_{\frac{\alpha}{2}}(n_1 - 1,n_2 - 1)$

　　B. $F_{1-\frac{\alpha}{2}}(n_1 - 1,n_2 - 1) = 1/F_{\frac{\alpha}{2}}(n_2 - 1,n_1 - 1)$

　　C. $F_{1-\frac{\alpha}{2}}(n_1 - 1,n_2 - 1) = 1/F_\alpha(n_1 - 1,n_2 - 1)$

　　D. $F_{1-\frac{\alpha}{2}}(n_1 - 1,n_2 - 1) = 1/F_\alpha(n_2 - 1,n_1 - 1)$

　　10. 在检验两个总体比率之差为某一个不为零的常数时,即检验 $\tilde{p}_1 - \tilde{p}_2 = d_0(d_0 \neq 0)$,设两个样本比率分别为 p_1 和 p_2,此时若 np 和 $n(1 - p)$ 均大于5,则二项分布近似于服从正态分布,正态分布的期望值和方差分别为(　　)。

　　A. $\tilde{p}_1 - \tilde{p}_2$; $\dfrac{\tilde{p}_1(1 - \tilde{p}_1)}{n_1} + \dfrac{\tilde{p}_2(1 - \tilde{p}_2)}{n_2}$ 　　　　B. $p_1 - p_2$; $\dfrac{\tilde{p}_1(1 - \tilde{p}_1)}{n_1} + \dfrac{\tilde{p}_2(1 - \tilde{p}_2)}{n_2}$

　　C. $\tilde{p}_1 - \tilde{p}_2$; $\bar{p}(1 - \bar{p})\left(\dfrac{1}{n_1} + \dfrac{1}{n_2}\right)$ 　　　　D. $p_1 - p_2$; $\bar{p}(1 - \bar{p})\left(\dfrac{1}{n_1} + \dfrac{1}{n_2}\right)$

　　二、多选题(在每小题的五个备选答案中,选出二至五个正确答案)

　　1. 如果以 μ 代表要检验的总体均值,μ_0 代表假定的平均水平,总体平均数的假设有(　　)。

　　A. $H0:\mu = \mu_0$; $H1:\mu \neq \mu_0$ 　　　　B. $H0:\mu \geq \mu_0$; $H1:\mu < \mu_0$

　　C. $H0:\mu \leq \mu_0$; $H1:\mu > \mu_0$ 　　　　D. $H0:\mu > \mu_0$; $H1:\mu < \mu_0$

　　E. $H0:\mu < \mu_0$; $H1:\mu > \mu_0$

　　2. 在假设检验中,能用 Z 检验统计量进行假设检验的情形有(　　)。

　　A. 对单个总体均值检验时,总体服从正态分布,且方差已知,样本为大样本

　　B. 对单个总体均值检验时,总体服从正态分布,总体方差未知,样本为大样本

　　C. 对单个总体均值检验时,总体服从正态分布,总体方差未知,样本为小样本

　　D. 对单个总体均值检验时,总体服从正态分布,且方差已知,样本为小样本

　　E. 对单个总体均值检验时,总体分布未知,总体方差未知,样本为小样本

　　3. 以下情形中能做 χ^2 检验或者 F 检验的有(　　)。

　　A. 单个正态总体方差的检验 　　　　B. 两个正态总体比率之差的检验

　　C. 两个正态总体均值之差的检验 　　　　D. 单个正态总体均值的检验

　　E. 两个正态总体方差比的检验

　　4. 单个正态总体比率的假设检验 Z 检验的拒绝域包括(　　)。

A. $Z > Z_{\alpha/2}$ B. $Z < -Z_{\alpha/2}$

C. $Z > Z_{\alpha}$ D. $Z < -Z_{\alpha}$

E. $Z > t_{\alpha}$

5. 进行单个正态总体方差的左侧检验时,总体均值未知,对于原假设 H0:$\delta^2 \geqslant \delta_0^2$ 的错误的拒绝域有(   )。

A. $\chi^2 < \chi_{1-\alpha}^2(n-1)$ B. $\chi^2 > \chi_{\alpha}^2(n-1)$

C. $\chi^2 < \chi_{1-\frac{\alpha}{2}}^2(n-1)$ D. $\chi^2 > \chi_{\frac{\alpha}{2}}^2(n-1)$

E. $\chi^2 < \chi_{1-\alpha}^2(n)$

三、判断改错题(正确的打"√",错误的打"×"并改正)

1. 参数估计和假设检验都是统计推断的组成部分。   (   )

2. 判断原假设 H0 是否成立的一个法则:当 H0 成立时,会有 $|Z| = \dfrac{|\bar{x} - \mu_0|}{\delta/\sqrt{n}} > c$ (临界值),此时不能拒绝 H0;若 $|Z| \leqslant c$,此时拒绝 H0。   (   )

3. 假设检验中的两类错误的第一类错误是当 H0 本来不成立时,样本观测值却落入接受域而错误的接受了 H0。   (   )

4. 假设检验中的两类错误的第一类错误和第二类错误发生的概率分别为 α 和 β,则在样本容量一定的情况下,二者之间的关系是 α 越大,β 越大;α 越小,β 越小。   (   )

5. 显著性水平通常是一个取值超过 0.5 的大概率。   (   )

6. 在对单个总体参数的假设检验中,如果总体服从正态分布但方差未知,来自正态总体的样本为小样本,应该选择 t 统计量作为检验统计量。   (   )

7. 对于服从二项分布的 $X \sim B(n, p)$,当 n 很大,而且 np 和 $n(1-p)$ 均大于 3 时,二项分布近似于正态分布。   (   )

8. 在右侧检验条件下,检验统计量 $t = \dfrac{\bar{x} - \mu_0}{s/\sqrt{n}}$ 在显著性水平 α 下的拒绝域是:$t < t_{\alpha}(n-1)$。   (   )

9. 对总体方差做单侧检验时,在给定的显著性水平 α 下,原假设 H0:$\delta^2 = \delta_0^2$ 的拒绝域为:$\chi_{\alpha}^2(n-1) < \chi^2 < \chi_{1-\alpha}^2(n-1)$。   (   )

10. 在对两个服从正态分布的总体均值之差进行假设检验时,如果两个总体的方差分别为 δ_1^2 和 δ_2^2,而且它们是已知的,均值分别为 μ_1 和 μ_2,来自两个总体的两个相互独立的样本的均值分别为 $\bar{x}$ 和 $\bar{y}$,则:$\bar{x} - \bar{y} \sim N(\mu_1 - \mu_2, \dfrac{\delta_1^2 + \delta_2^2}{n_1 + n_2})$。   (   )

11. 在对两个服从正态分布的总体均值之差进行假设检验时,如果两个总体的方差分别为 δ_1^2 和 δ_2^2,而且它们是未知的,但是 $\delta_1^2 = \delta_2^2 = \delta^2$,均值分别为 μ_1 和 μ_2,来自两个总体的两个相互独立的样本的均值分别为 $\bar{x}$ 和 $\bar{y}$,则选用合并方差 s_p^2 来估计 δ^2,合并方差 s_p^2 的正确计算形式是 $s_p^2 = \dfrac{(n_1 - 1)s_1^2 + (n_2 - 1)s_2^2}{n_1 + n_2 - 1}$。   (   )

四、问答题

1. 假设检验和参数估计有何异同？

2. 何谓假设检验中的第一类错误和第二类错误？它们之间是什么关系？

3. 如何理解假设检验中的显著性水平 α？确定显著性水平 α 的原则是什么？

4. 假设检验依据的基本原理是什么？

5. 在对一个服从正态分布、总体方差未知的总体均值进行假设检验时，应该使用什么检验？请阐述理由。

6. 简述假设检验的一般步骤。

7. 你是赞成还是反对以下说法："你在假设检验中，若设定很低的显著性水平 α，比如说 0.001，则你将很少出现误差。因此，你总应当如此行事。"

8. 请解释临界值在假设检验中的作用。

五、计算分析题

1. 根据以往资料，某种电子元件的使用寿命服从均值为 2350 小时，标准差为 25 小时的正态分布。现从一周内生产的一批电子元件中随机抽取 15 只，测得其使用寿命为

2315　2360　2340　2325　2350
2320　2335　2385　2325　2355
2360　2350　2345　2340　2370

在显著性水平 $\alpha = 0.05$ 条件下，检验这批电子元件的平均使用寿命是否发生显著变化。

2. 某砖瓦厂所生产的砖块的抗压强度（计量单位：$10^6\,Pa$）服从正态分布，且标准差为 0.6。从其甲、乙两个砖窑中分别随机抽取 10 块和 8 块，测得其抗压强度如下：

甲砖窑：3.05　2.55　3.07　3.72　3.62　2.59　3.62　2.69　2.46　2.53
乙砖窑：2.66　2.56　3.25　3.30　3.10　3.48　3.16　3.37

要求在显著性水平 $\alpha = 0.05$ 条件下，检验两砖窑所产砖的抗压强度有无明显差异。

3. 已知某种矿砂的含镍量服从正态分布。现测定 10 个样品的含镍量（%）如下：

3.25,3.28,3.27,3.30,3.24,3.21,3.26,3.22,3.24,3.28

要求在显著性水平 $\alpha = 0.01$ 条件下，检验这批矿砂的含镍量是否在 3.25%。

4. 一个大公司会计部门的负责人发现开出的发票中有错误，他估计在这些发票中，至少包含一个错误的发票占 5% 以上。于是，该负责人在众多发票中随机抽出 400 张，经检查发现至少包含一个错误的发票有 22 张。

要求在显著性水平 $\alpha = 0.05$ 条件下，检验这些数据是否支持这个负责人的看法。

5. 在正常情况下，某肉类加工厂生产的小包装精肉每包重量（单位：g）服从正态分布，标准差为 10g。某日随机抽取 12 包，测得其重量为

501　497　483　492　510　503
478　494　483　496　502　513

要求在显著性水平 $\alpha = 0.05$ 条件下，检验该日生产的精肉每包重量的标准差是否正常。

6. 已知某种化学纤维的抗拉强度服从正态分布,标准差为 1.4。改进工艺后提高了抗拉强度,要求标准差保持不变。现从改进工艺后的产品中随机抽取 25 根纤维测量其抗拉强度,计算得到的样本标准差为 1.38。

要求在显著性水平 $\alpha = 0.05$ 条件下,检验改进工艺后纤维的抗拉强度是否符合要求。

7. 具有耐 360℃ 温度能力是对于制造某种产品的材料提出的要求。现在有两种合适的材料,一种是天然的材料,另一种是比较经济的合成材料。合成材料在各个方面都同样令人满意,只有耐热性能或有例外。从这两种材料中各取 400 个样品组成两个独立随机样本,并对它们进行耐热试验。有 36 个天然材料的样品和 42 个合成材料的样品在不到 360℃ 时就已不合格。

要求在显著性水平 $\alpha = 0.05$ 条件下,检验这些数据是否支持"这两种材料的耐热性有差别"的结论。

8. 某种食品的含脂率服从正态分布。抽样分析这种食品在处理前和处理后的含脂率,测得数据如下:

处理前:0.19 0.18 0.21 0.30 0.41 0.12 0.27 0.25 0.32

处理后:0.15 0.13 0.07 0.24 0.19 0.06 0.08 0.12 0.14 0.16

要求在显著性水平 $\alpha = 0.02$ 条件下,检验处理前后食品含脂率差异是否显著。

9. 从过去的数据可知某厂生产的电子元件的寿命服从均值为 500 小时,标准差未知的正态分布。通过改进生产工艺后,抽查检验 15 件样品的数据(小时)如下:

$$502 \quad 509 \quad 513 \quad 504 \quad 498$$
$$506 \quad 510 \quad 495 \quad 501 \quad 508$$
$$507 \quad 511 \quad 508 \quad 507 \quad 496$$

要求在显著性水平 $\alpha = 0.05$ 条件下,检验改进生产工艺后这种电子元件的寿命是否有所提高。

10. 有两种药物能使从事紧张工作的职员解除精神紧张。在一项旨在比较这两种药物效果的研究中,医疗小组抽取两个小组各 8 名职员分别服用这两种药物,2 个月后搜集到这两组的实验数据,$s_1^2 = 4836$,$s_2^2 = 3024$。

试问:在显著性水平 $\alpha = 0.05$ 条件下,这些数据能否证明两种药物在解除职员精神紧张上有显著差异?

第八章 方差分析

一、单选题(在每小题的四个备选答案中,选出一个正确答案)

1. 方差分析作为一种统计方法,主要用于一次性检验(   )。

   A. 单个总体均值是否存在显著性差异

   B. 两个总体均值是否存在显著性差异

  C. 多个总体均值是否存在显著性差异

  D. 多个总体比率是否存在显著性差异

2. 方差分析作为一种统计方法,研究的是( )。

  A. 分类型变量之间的关系

  B. 数值型变量之间的关系

  C. 数值型自变量与分类型因变量之间的关系

  D. 分类型自变量与数值型因变量之间的关系

3. 方差分析中影响考察指标的条件称为( )。

  A. 水平   B. 因素   C. 观察值   D. 变量

4. 衡量不同水平下样本数据的误差称为( )。

  A. 随机误差 B. 系统误差 C. 组间误差 D. 组内误差

5. 组内误差源于( )。

  A. 系统误差 B. 随机误差 C. 登记性误差 D. 代表性误差

6. 组间误差源于( )。

  A. 系统误差与代表性误差   B. 代表性误差与登记性误差

  C. 登记性误差与随机误差   D. 系统误差与随机误差

7. 方差分析中,检验统计量的抽样分布服从( )。

  A. 正态分布 B. t 分布 C. F 分布 D. χ^2 分布

8. 单因素方差分析中,组内离差平方和对应的自由度为( )。

  A. $n-1$ B. $k-1$ C. $n-k$ D. n

9. 下列计算单因素方差分析的检验统计量公式中,正确的是( )。

  A. $F=\dfrac{MSA}{MST}$ B. $F=\dfrac{MSE}{MST}$ C. $F=\dfrac{MSA}{MSE}$ D. $F=\dfrac{MSE}{MSA}$

10. 单因素方差分析中,根据给定的显著性水平 α 确定拒绝原假设的是( )。

  A. $F>F_{\alpha/2}$ B. $F>F_\alpha$ C. $F<F_{\alpha/2}$ D. $F<F_\alpha$

二、多选题(在每小题的五个备选答案中,选出二至五个正确答案)

1. 下列关于方差分析的看法,正确的有( )。

  A. 方差分析用于检验多个总体均值是否相等

  B. 方差分析与假设检验相比更简便,效率更高

  C. 方差分析研究的是两个数值型变量之间的关系

  D. 方差分析通过数据误差来源的分析来判断自变量对因变量的影响

  E. 方差分析中检验统计量服从正态分布

2. 方差分析的基本假定是( )。

  A. 每个总体都服从正态分布   B. 每个总体都服从 F 分布

  C. 每个总体的方差必须相同   D. 每个总体的方差不同

  E. 观测值是独立的

3. 下列关于数据误差的描述,不正确的有( )。

  A. 数据误差分为组内误差和组间误差

  B. 组内误差包含随机误差和系统误差

  C. 组间误差包含随机误差和系统误差

  D. 如果组内误差包含随机误差,则反映自变量对因变量有显著影响

  E. 如果组间误差包含系统误差,则反映自变量对因变量有显著影响

 4. 单因素方差分析的具体步骤是( )。（排序）

  A. 计算数据误差   B. 确定检验统计量

  C. 确定原假设和备择假设   D. 计算均值

  E. 判断显著性,进行统计决策

三、判断改错题（正确的打"√",错误的打"×"并改正）

 1. 方差分析的基本思想是通过对数据误差来源的分析来判断自变量对因变量是否有显著影响。   （ ）

 2. 方差分析中,如果拒绝原假设,则表明各总体的均值相互之间均不相等。（ ）

 3. 方差分析假定每一个水平的观测值来自正态总体的简单随机样本。（ ）

 4. 单因素方差分析是研究分类型自变量的不同水平是否对数值型因变量产生显著影响的统计方法。   （ ）

 5. 在单因素方差分析中,从不同水平下抽取的样本容量必须相等。（ ）

 6. 单因素方差分析的组间离差平方和反映各相同水平下观测值的分散程度。（ ）

 7. 在单因素方差分析中,组间均方除以组内均方的值服从正态分布。（ ）

四、问答题

 1. 什么是方差分析？方差分析有哪些类型？

 2. 方差分析中有哪些基本假定？

 3. 举例说明方差分析中因素、水平、观测值的含义。

 4. 单因素方差分析的基本步骤有哪些？

 5. 解释总离差平方和、组间离差平方和、组内离差平方和的含义。

五、计算分析题

 1. 某高校为庆祝中秋节准备购进一批月饼发放给教职工,现有 A、B、C 三个月饼品牌生产企业愿意供货,为比较它们生产的月饼质量,从每个品牌各随机抽取 4 个月饼,测得它们的重量数据如表 8.1 所示。

表 8.1 三个品牌的月饼重量测验数据   单位:克

观察值	月饼品牌		
	A	B	C
1	48	47	49
2	49	49	51
3	50	48	50
4	49	48	50

试分析三个品牌的月饼重量之间有无显著差异?($\alpha = 0.05$)

2. 某牛奶生产企业为其生产的纯牛奶设计了三种包装形式:塑料袋、塑料瓶、纸质真空盒,随机抽取五个城市试销,取得周销售量数据如表8.2所示。

表8.2　三种包装纯牛奶周销售量数据　　　　　单位:件

城市	塑料袋	塑料瓶	纸质真空盒
A	68	72	77
B	72	53	63
C	60	82	64
D	48	61	57
E	64	65	70

试分析三种包装形式的纯牛奶销售量之间有无显著差异?($\alpha = 0.01$)

3. 某位教师希望检验课堂讲授、案例讨论、模拟实验这三种教学方法的效果,从会计专业随机抽取18个学生,每个学生被随机分在一个小组,共3组。每组6人,实行一种教学方法,最后对18个学生统一测试。通过对每个学生考试成绩的方差分析得到如表8.3所示的结果。

表8.3　学生成绩的方差分析表

差异源	SS	df	MS	F
组间			170	
组内	810		—	
总计		17	—	—

要求:

(1)完成上面的方差分析表。

(2)若显著性水平 $\alpha = 0.05$,分析三种教学方法的学生成绩是否有显著差异。

第九章　相关分析与回归分析

一、单选题(在每小题的四个备选答案中,选出一个正确答案)

1. 若价格上涨,商品的销售量相应减少,则价格与商品销售量之间的关系为(　　)。

　A. 不相关　　　　B. 负相关　　　　C. 正相关　　　　D. 复相关

2. 若居民收入、商品价格发生变化,商品销售额受其影响也发生变化,则居民收入、商品价格与商品销售额之间的关系为(　　)。

　A. 单相关　　　　B. 负相关　　　　C. 正相关　　　　D. 复相关

3. 判断现象间线性相关关系的密切程度的主要方法是( )。

    A. 对现象作定性分析   B. 编制相关表

    C. 绘制相关图   D. 计算相关系数

4. 相关系数可以说明( )。

    A. 现象之间的因果关系   B. 现象之间的函数关系

    C. 相关关系的方向和密切程度   D. 相关关系的表现形式

5. 相关系数 r 的取值范围( )。

    A. $0 \leqslant r \leqslant 1$ B. $-1 < r < 1$ C. $-1 \leqslant r \leqslant 1$ D. $-1 \leqslant r \leqslant 0$

6. 确定一元线性回归方程时,对相关的两个变量要求( )。

    A. 因变量是给定的数值,自变量是随机的

    B. 自变量是给定的数值,因变量是随机的

    C. 自变量和因变量都是随机的

    D. 自变量和因变量都不是随机的

7. 产品产量与单位成本的相关系数是 -0.88,单位成本与利润率的相关系数是 -0.94,产量与利润之间的相关系数是 0.81,因此( )。

    A. 产量与利润的相关程度最高

    B. 单位成本与利润率的相关程度最高

    C. 产量与单位成本的相关程度最高

    D. 看不出哪对变量间的相关程度最高

8. 产品单位成本(元)和工人劳动生产率(吨/人)之间的回归方程为 $\hat{y} = 270 - 0.5x$,这意味着劳动生产率每提高 1 吨/人,单位成本平均将( )。

    A. 降低 269.5 元   B. 提高 269.5 元

    C. 降低 0.5 元   D. 提高 0.5 元

9. 产品单位成本(元)和产品废品率(%)之间的回归方程为 $\hat{y} = 32 + 6x$,这意味着( )。

    A. 废品率每增加 1%,产品单位成本平均增加 38 元

    B. 废品率每增加 1%,产品单位成本平均增加 6%

    C. 废品率每增加 1%,产品单位成本平均增加 6 元

    D. 废品率每增加 1%,产品单位成本为 32 元

10. 下列不属于相关关系的是( )。

    A. 劳动生产率与工资的关系   B. 投资额与国民收入的关系

    C. 销售额与销售价格、销售量的关系   D. 施肥量与单产量的关系

11. 下列不属于相关关系的是( )。

    A. 工资总额与员工人数的关系   B. 储蓄额与利率、物价指数的关系

    C. 销售额与广告费的关系   D. 工业产值与固定资产投资的关系

12. 用最小二乘法估计简单线性回归模型中的参数,需满足( )。

    A. 实际观测值等于回归估计值。

    B. 实际观测值与回归估计值离差和等于最小值

    C. 实际观测值与回归估计值离差平方和等于最小值

    D. 实际观测值与回归估计值离差平方和等于零

13. 当相关系数 $0 < r < |1|$，表明 x 与 y（　　）。
    A. 完全线性相关
    B. 没有线性相关
    C. 存在一定线性相关
    D. 存在一定非线性相关

14. 由同一资料计算的相关系数 r 与回归系数 b 之间的关系是（　　）。
    A. r 大，b 也大
    B. r 与 b 的正负号相反
    C. r 与 b 同值
    D. r 与 b 的正负号相同

15. 下列简单回归方程中，r 为相关系数，则结果错误的是（　　）。
    A. $\hat{y} = 0.03 + 1.534x$　　$r = 0.89$
    B. $\hat{y} = -0.03 + 1.534x$　　$r = 0.89$
    C. $\hat{y} = 0.03 - 1.534x$　　$r = -0.89$
    D. $\hat{y} = -0.03 - 1.534x$　　$r = 0.89$

16. 判定系数 R^2 的取值范围是（　　）。
    A. $-1 \leq R^2 \leq 1$
    B. $-1 < R^2 < 1$
    C. $0 \leq R^2 \leq 1$
    D. $-0 \leq R^2 \leq 0$

17. 在因变量总离差中，反映除自变量 x 以外的其他因素对因变量 y 的影响是（　　）。
    A. $y - \bar{y}$
    B. $y - \hat{y}$
    C. $\hat{y} - \bar{y}$
    D. $\bar{y} - y$

18. 在下列计算公式中，属于简单线性回归的估计标准误差的是（　　）。

    A. $s_{y/x} = \sqrt{\dfrac{\sum (y - \bar{y})^2}{n - 2}}$

    B. $s_{y/x} = \sqrt{\dfrac{\sum (\hat{y} - \bar{y})^2}{n - 2}}$

    C. $s_{y/x} = \sqrt{\dfrac{\sum (y - \hat{y})^2}{n - 2}}$

    D. $s_{y/x} = \sqrt{\dfrac{\sum (\bar{y} - \hat{y})^2}{n - 2}}$

19. 在正态分布条件下，以 $1.96 s_{y/x}$ 为距离作为平行于回归直线的两条直线，在这两条平行直线中，包括的观测值的数目大约为全部观测值的（　　）。
    A. 68.27%
    B. 95%
    C. 95.45%
    D. 99%

20. 在多元线性回归方程 $\hat{y} = a + b_1 x_1 + b_2 x_2$ 中，b_2 说明（　　）。
    A. x_2 与 y 之间的相关程度
    B. x_2 每变化一个单位，y 平均变化多少单位
    C. x_2 每变化一个单位，y 确定变化多少单位
    D. x_1 不变时，x_2 每变化一个单位，y 平均变化多少单位

二、多选题（在每小题的五个备选答案中，选出二至五个正确答案）

1. 下列属于正相关的现象是（　　）。
    A. 家庭收入越多，其消费支出也越多
    B. 某产品产量随工人技术水平的提高而增加
    C. 商品销售量随广告费用投入的增加而增加
    D. 生产单位产品所耗工时随劳动生产率的提高而减少
    E. 职工薪酬随劳动生产率的降低而减少

2. 下列属于负相关的现象是（　　）。
    A. 商品销售规模越大，销售费用率越低
    B. 商品销售量随商品价格的降低而增加
    C. 国民收入随社会投资额的增加而增长
    D. 工资随受教育水平的增加而提高

E. 企业产出随企业资金投入的增加而增加

3. 若两个变量之间的相关系数为 -0.85,则这两个变量是(　　)。

    A. 负相关关系　　　　B. 正相关关系　　　　C. 不相关　　　　　　D. 完全相关

    E. 不完全相关

4. 回归分析的特点有(　　)。

    A. 两个变量是不对等的　　　　　　　B. 必须区分自变量和因变量

    C. 两个变量都是随机的　　　　　　　D. 因变量是随机的

    E. 自变量是给定的

5. 家庭消费支出(元)与家庭收入(百元)的回归方程为:$\hat{y} = 10 + 70x$,这意味着(　　)。

    A. 若家庭收入为 100 元,则家庭消费支出为 70 元

    B. 若家庭收入每增加 100 元,则家庭消费支出预计增加 80 元

    C. 若家庭收入不变,家庭消费支出为 80 元

    D. 若家庭收入减少 50 元,家庭消费支出预计减少 35 元

    E. 若家庭收入增加 100 元,家庭消费支出预计提高 70 元

6. 从变量相关关系的表现形式看,相关关系可以分为(　　)。

    A. 完全相关　　　B. 线性相关　　　C. 非线性相关　　　D. 单相关

    E. 不完全相关

7. 从变量相关的程度看,相关关系可以分为(　　)。

    A. 完全相关　　　B. 线性相关　　　C. 不相关　　　D. 简单相关

    E. 不完全相关

8. 判定现象间有无相关关系的方法有(　　)。

    A. 对现象作定性分析　　　　　　B. 编制相关表

    C. 绘制相关图　　　　　　　　　D. 计算相关系数

    E. 计算估计标准误

9. 下列运用相关系数 r 判断两个变量之间相关程度的描述,正确的是(　　)。

    A. $r=-1$ 为完全负相关　　　　　B. $r=0$ 为不相关

    C. $|r|=1$ 为完全相关　　　　　　D. $0 < r \leq 1$ 为不完全正相关

    E. $-1 < r < 0$ 为不完全负相关

10. 下列对可决系数 R^2 的描述,正确的是(　　)。

    A. 可决系数具有非负性

    B. 可决系数的取值范围为 $-1 \leq R^2 \leq 1$

    C. 可决系数越接近 1,回归方程拟合优度越高

    D. 可决系数越接近 -1,回归方程拟合优度越低

    E. 可决系数是样本观测值的函数,是随机变量

三、判断改错题(正确的打"√",错误的打"×"并改正)

1. 相关分析所研究的变量不是对等的,必须确定其中的自变量和因变量。　　(　　)

2. 若变量 X 和 Y 之间具有线性相关关系,就可以建立简单线性回归模型进行回归分析。　　(　　)

3. 简单线性回归方程中的回归系数表示:当自变量 x 每变动一个单位时,因变量 y 平均变动值。　　　　　　　　　　　　　　　　　　　　　　　　　　（　　）

4. 简单线性回归方程 $\hat{y} = -10.35 + 0.72x$,说明自变量和因变量之间存在负相关关系。　　　　　　　　　　　　　　　　　　　　　　　　　　　　　　（　　）

5. 相关系数不仅能反映变量间线性相关程度,也能确定变量的因果关系。　（　　）

6. 相关系数 r 只反映变量间的线性相关程度,不能说明非线性相关关系。　（　　）

7. 两变量呈负相关,则必定为非线性相关。　　　　　　　　　　　　　　（　　）

8. 两个变量之间为线性相关关系时,不论假定哪个变量为自变量,哪个变量为因变量,相关系数的计算结果只能有一个。　　　　　　　　　　　　　　　　　　（　　）

9. 回归系数 b 与相关系数 r 的计算结果均能反映变量相关的方向。　　（　　）

10. 可决系数越接近于 1,说明回归系数拟合优度越低,反之越高。　　　（　　）

11. 相关系数值越大,相关程度越高,估计标准误差值也越大。　　　　　（　　）

12. 回归系数的 t 检验中,若 $|t| < t_{\alpha/2}$,表明变量之间存在显著的相关关系。
　　　　　　　　　　　　　　　　　　　　　　　　　　　　　　　　　（　　）

四、问答题

1. 什么是相关关系?它与因果关系有何区别?

2. 相关分析与回归分析的联系和区别是什么?

3. 相关分析和回归分析的主要内容分别有哪些?

4. 解释总离差平方和、回归平方和、残差平方和的含义,并说明其关系。

5. 如何进行简单线性回归方程的显著性检验?

五、计算分析题

1. 在某地区随机抽取 10 家中小型超市,得到资料如表 9.1 所示。

表 9.1　10 家超市的广告费支出与销售额　　　　　　　　　　单位:万元

超市编号	广告费支出	销售额
1	2	20
2	3	25
3	4	48
4	6	65
5	10	93
6	14	135
7	20	189
8	25	236
9	31	299
10	38	365

依据上述资料:

（1）绘制广告费支出和销售额的相关图,判断两者之间的关系形态。

(2)计算广告费支出和销售额之间的相关系数,说明相关方向和程度。

(3)用最小平方法建立广告费支出和销售额的线性回归方程。

(4)计算可决系数,解释其意义。

(5)计算估计标准误差,解释其意义。

(6)在 0.05 的显著性水平下,检验回归系数。

2. 调查某企业产品产量和生产费用的情况,得到资料如表 9.2 所示。

表 9.2　某企业产品产量和生产费用资料

产品产量/万件	生产费用/万元
1	19
2	32
4	44
6	40
10	52
14	53
20	54

依据上述资料:

(1)绘制产品产量和生产费用的散点图,说明二者之间的关系形态。

(2)采用最小二乘法建立产品产量和生产费用的线性回归方程,解释回归系数的经济意义。

(3)假定产品产量达到 30 万件,预测生产费用额。

3. 现有 8 个职工的工作年限与劳动生产率资料如表 9.3 所示。

表 9.3　职工工作年限与劳动生产率资料

编号	工作年限/年	劳动生产率/(件·小时$^{-1}$)
1	3.2	5.2
2	4.1	6.0
3	2.0	4.5
4	4.0	6.8
5	4.3	7.5
6	5.0	8.7
7	5.2	8.8
8	6.8	9.6

依据上述资料:

(1)计算相关系数,判断职工工作年限与劳动生产率的相关程度。

(2)以工作年限为自变量,采用最小平方法建立工作年限与劳动生产率的线性回归方程。

(3)对线性关系显著性进行 F 检验。(假定 $\alpha = 0.05$)

第十章　时间序列分析

一、单选题(在每小题的四个备选答案中,选出一个正确答案)

1. 构成时间序列的两个基本要素是(　　)。
    A. 主词与宾词　　　　　　　　　B. 变量与频数
    C. 现象所属时间与指标数值　　　D. 现象所属时间与次数

2. 下面哪个数列属于时间序列? (　　)
    A. 学生按成绩分组形成的数列　　B. 人口按性别分组形成的数列
    C. 家禽按重量分组形成的数列　　D. 产量按时间先后形成的数列

3. 把最近 10 年来每年的居民储蓄存款额按时间先后排列形成的时间序列称为(　　)。
    A. 变量序列　　　B. 时期序列　　　C. 时点序列　　　D. 平均数序列

4. 某企业 2020 年 1 月初职工人数为 190 人,2 月初职工人数为 152 人,3 月初职工人数为 220 人,4 月初职工人数为 230 人。则第一季度的平均职工人数为(　　)。
    A. 209 人　　　B. 198 人　　　C. 214 人　　　D. 194 人

5. 在时间序列中,累计增长量等于与之对应的各个逐期增长量之(　　)。
    A. 和　　　　　B. 差　　　　　C. 积　　　　　D. 商

6. 在时间序列中,定基发展速度等于相应各期环比发展速度之(　　)。
    A. 和　　　　　B. 差　　　　　C. 积　　　　　D. 商

7. 根据间隔不相等的间断时点序列计算平均发展水平的方法是(　　)。
    A. 简单算术平均法　　　　　　　B. 加权序时平均法
    C. 加权算术平均法　　　　　　　D. 首尾折半法

8. 已知环比增长速度分别为 20%、15%、12%和 8%,则定基增长速度为(　　)。
    A. 20%×15%×12%×8%
    B. 120%×115%×112%×108%
    C. (20%×15%×12%×8%)−100%
    D. (120%×115%×112%×108%)−100%

9. 某产品产量 2020 年比 2015 年增长了 35%,那么该产品产量的平均发展速度是(　　)。
    A. 35%的 5 次方根　　　　　　　B. 135%的 5 次方根
    C. 35%的 6 次方根　　　　　　　D. 135%的 6 次方根

10. 某企业历年产量发展速度资料如下:2014—2016 年平均发展速度为 110%,2017—2020 年平均发展速度 108%,则该企业 2014—2020 年产量的平均发展速度为(　　)。

A. $\sqrt[7]{110\%^3 \times 108\%^4}$ B. $\sqrt[6]{110\%^4 \times 108\%^3}$

C. $\sqrt[7]{110\%^4 \times 108\%^3}$ D. $\sqrt[6]{110\%^3 \times 108\%^3}$

11. 有某公司 2013—2019 年商品销售额资料,以该时间序列中间项为原点,拟合直线趋势方程为 $y=610+73t$,利用该直线趋势方程预测 2020 年商品销售额为(　　)。

    A. 683   B. 756   C. 829   D. 902

12. 根据间隔不等的时点数列求序时平均数的公式为(　　)。

    A. $\bar{a} = \dfrac{\dfrac{a_1}{2} + a_2 + a_3 + \cdots + \dfrac{a_n}{2}}{n}$

    B. $\bar{a} = \dfrac{\dfrac{a_1}{2} + a_2 + a_3 + \cdots + \dfrac{a_n}{2}}{n-1}$

    C. $\bar{a} = \dfrac{\dfrac{a_1+a_2}{2}f_1 + \dfrac{a_2+a_3}{2}f_2 + \cdots + \dfrac{a_{n-1}+a_n}{2}f_{n-1}}{\sum\limits_{i=1}^{n-1} f_i}$

    D. $\bar{a} = \dfrac{\sum a}{n}$

13. 在计算序时平均数时,公式 $\bar{a} = \dfrac{\sum a}{n}$ 适用于(　　)。

    A. 时期数列

    B. 间隔相等的时点数列

    C. 平均数数列

    D. 由两个时点数列构成的相对数时间序列

14. 增长 1% 的绝对值是(　　)。

    A. 基期水平除以 100   B. 本期水平除以 100

    C. 增长量除以 100   D. 本期累计增长除以 100

15. 平均增长速度是(　　)。

    A. 环比增长速度的和除以 n B. 平均发展速度减 1

    C. 环比增长速度连乘积开 n 次方   D. 定基增长速度开 n 次方

16. 用几何平均法计算平均增长速度时,其计算方法为(　　)。

    A. 各增长速度相加,然后除以增长速度个数

    B. 各增长速度相乘,然后开方

    C. 各增长速度相乘,然后除以增长速度个数

    D. 先计算平均发展速度,然后再推算平均增长速度

17. 用最小二乘法拟合的趋势线,满足(　　)。

    A. 数列与趋势线的离差平方和为最小

    B. 数列的所有点都在趋势线上

C. 数列与趋势线的离差平方和为零

D. 数列的所有点与趋势线的离差总和为最小

18. 用最小二乘法拟合线性趋势,得到的线性回归方程 $Y_c = a + bt$ 中的 b 为正数,表明直线(　　)。

A. 呈下降趋势 　　　　　　　　 B. 呈上升趋势

C. 呈水平变化趋势 　　　　　　 D. 变化趋势不能确定

19. 在用最小二乘法拟合线性趋势时,若 $\sum t = 0$ 的,那么斜率 b 的计算公式为(　　)。

A. $b = \dfrac{\sum tY}{\sum t^2}$

B. $b = \dfrac{n\sum tY - \sum t \sum Y}{n\sum t^2 - (\sum t)^2}$

C. $b = \dfrac{\sum tY - n\sum t \sum Y}{n\sum t^2 - (\sum t)^2}$

D. $b = \dfrac{n\sum tY - \sum t \sum Y}{n\sum t - (\sum t)^2}$

20. 在时间序列中,如果没有季节变动,那么季节指数就应该(　　)。

A. 等于零　　 B. 等于100%　　 C. 大于100%　　 D. 小于100%

二、多选题(在每小题的五个备选答案中,选出二至五个正确答案)

1. 平均增长量的计算方法有(　　)。

A. $\dfrac{逐期增长量之和}{逐期增长量个数}$

B. $\dfrac{逐期增长量之和}{逐期增长量个数 - 1}$

C. $\dfrac{累计增长量之和}{累计增长量个数}$

D. $\dfrac{累计增长量}{时间序列项数}$

E. $\dfrac{累计增长量}{时间序列项数 - 1}$

2. 增长速度的计算方法有(　　)。

A. 报告期发展水平与基期发展水平之比

B. 增长量与基期水平之比

C. 增长量与报告期水平之比

D. 平均增长量与基期水平之比

E. 发展速度-1

3. 用几何平均法计算平均发展速度时,被开方的指标是(　　)。

A. 环比发展速度的连乘积　　 B. 环比增长速度的连乘积

C. 发展总速度　　　　　　　 D. 期末发展水平与期初发展水平之比

E. 发展水平之和

4. 一般而言,影响时间序列的因素有(　　)。

A. 长期趋势　　 B. 季节变动　　 C. 循环变动　　 D. 确定性变动

E. 不规则变动

5. 编制时间序列最基本的原则,是要保证时间序列中各项指标值具有可比性,它表现为(　　)。

A. 时间长短尽可能相等　　　　　　B. 总体保持一致

C. 经济内容相同　　　　　　　　　D. 计算方法一致

E. 计量单位一致

6. 时间序列的速度指标包括(　　　)。

　　A. 发展水平　　　　　　　　　　　B. 平均发展水平

　　C. 发展速度　　　　　　　　　　　D. 平均发展速度

　　E. 增长速度

7. 时期数列的特点有(　　　)。

　　A. 数列中各指标数值可以相加

　　B. 数列中各指标数值不能相加

　　C. 数列中每个指标数值的大小与其时间长短有直接关系

　　D. 数列中每个指标值的大小与其时间长短无关

　　E. 数列中每个指标值通常是通过连续登记而取得的

8. 下列时间序列中属于时点数列的有(　　　)。

　　A. 商品库存量时间序列　　　　　　B. 在校生人数时间序列

　　C. 固定资产原值时间序列　　　　　D. 基本建设投资额时间序列

　　E. 粮食产量时间序列

9. 以下指标构成的时间序列属于时期数列的有(　　　)。

　　A. 某企业 20 年内的年产值　　　　　B. 某商店历年年末产品库存量

　　C. 某商店 5 年内各月的销售额　　　　D. 某企业历年新增设备数

　　E. 某企业 20 年的年末职工人数

10. 在年度时间序列中,其影响因素可能有(　　　)。

　　A. 长期趋势　　　B. 季节变动　　　C. 循环变动　　　D. 非政策因素

　　E. 不规则变动

11. 下列各项指标构成的时间序列属于平均数时间序列的有(　　　)。

　　A. 某企业各年职工人均产值　　　　B. 各年人均 GDP

　　C. 某企业各年职工人均工资　　　　D. 各年人均钢产量

　　E. 某高校各年新生平均入学年龄

12. 时间序列按其指标表现形式的不同,分为(　　　)。

　　A. 绝对数时间序列　　　　　　　　B. 相对数时间序列

　　C. 平均数时间序列　　　　　　　　D. 时期数列

　　E. 时点数列

13. 时间序列长期趋势的测定方法有(　　　)。

　　A. 指数平滑法　　　　　　　　　　B. 移动平均法

　　C. 趋势方程拟合法　　　　　　　　D. 算术平均法

　　E. 几何平均法

14. 用水平法计算平均发展速度的特点是(　　　)。

　　A. 从最初水平出发,每期按平均发展速度计算就可能达到期末的发展水平

　　B. 按平均发展速度推算出的总速度,等于各时期实际环比发展速度的连乘积

　　C. 按平均发展速度推算的最末一年的理论水平与实际水平相符

D. 考虑了中间各期的变化

E. 无法考虑中间各期的变化

15. 应用移动平均法分析趋势时,应注意(   )。

   A. 移动平均数所取项数多少,应视资料特点而定

   B. 移动平均后所得修匀数列的项数较原来项数减少

   C. 采用奇数项移动,一次即得修匀值;采用偶数项移动,必须再进行一次两项移动平均,计算二次修匀值,方能使修匀值与原观测值时间对应一致

   D. 修匀后的时间序列资料,一般不宜直接用作预测,只有进一步加工后才宜进行预测

   E. 以上说法都正确。

三、判断改错题(正确的打"√",错误的打"×"并改正)

1. 时间序列中的各项指标数值都可以直接相加。(   )

2. 依据间断时点序列计算序时平均数,一般假设相邻时点之间现象是均匀变动的。因此,以此种假设为前提计算出的只是一个近似值。(   )

3. 由于定基发展速度等于相应各环比发展速度的连乘积,所以定基增长速度也等于相应各环比增长速度的连乘积。(   )

4. 某企业产量10年内翻了两番,则表示该企业产量10年内增长了4倍。(   )

5. 某企业2019年产值比2009年增长了4倍,比2015年增长了150%,则2015年产值比2009年增长了50%。(   )

6. 时间序列又称动态数列,其常用的分析方法有抽样估计法、构成因素分析法。(   )

7. 时间序列中的指标概念是相对稳定的,而指标数值是不断变化的。(   )

8. 某地计划五年后粮食产量增长30%,预计总人口增长10%,那么五年后人均粮食增长20%。(   )

9. 某企业某种产品的产量从2001年的50台增加到2020年的250台,即2020年比2001年的产量增长了4倍。倘若该厂决定从2001年起对该产品缩减生产,从50台下降到2020年的10台,则2020年比2001年的产量减少了1/4。(   )

10. 产品的不变价格固定不变只是暂时的,在时间序列的分析中,由于不变价格的变动,所以要对时间序列中的不同不变价格计算的产值指标进行调整。(   )

11. 虽然两个时点指标之间的间隔长短与指标数值大小没有明显关系,但是在编制时间序列时应该尽可能使得两个时点间的间隔相等。(   )

12. 用水平法计算平均发展速度,其值的大小取决于各期发展水平的高低。(   )

13. 在使用平均法测定季节指数时,各月(季)季节指数之和应等于100%。(   )

14. 在测定季节变动时,如果数列具有明显的长期趋势,而仍然只是使用按月(季)平均法,则计算出的季节指数不够准确。(   )

15. 用最小二乘法拟合线性趋势,线性回归方程为 $\hat{y}=a+bt$,为简化其中的 a 和 b 的计算,可以使 $\sum t=0$。(   )

四、问答题

1. 简述时间数列的概念和种类。
2. 时期数列和时点数列各有何不同的特点？
3. 阐述时间序列的编制原则。
4. 阐述环比发展速度与定基发展速度之间的关系。
5. 阐述序时平均数和静态平均数的异同。
6. 计算平均发展速度的水平法和累计法有何不同？
7. 影响时间数列的因素有哪几类？说明其含义。

五、计算分析题

1. 某种股票 2020 年各个统计时点的收盘价如表 10.1 所示。

表 10.1　某股票 2020 年各个统计时点的收盘价

日期	1 月 1 日	3 月 1 日	7 月 1 日	10 月 1 日	12 月 31 日
收盘价/元	15.2	14.2	17.6	16.3	15.8

要求：计算该股票 2020 年的年平均价格。

2. 某企业 2020 年 9—12 月月末职工人数资料如表 10.2 所示。

表 10.2　某企业 2020 年职工人数

日期	9 月 30 日	10 月 31 日	11 月 30 日	12 月 31 日
月末人数/人	1400	1510	1460	1420

要求：计算该企业第四季度的平均职工人数。

3. 2015—2020 年各年底某企业职工人数和工程技术人员数资料如表 10.3 所示。

要求：计算各年工程技术人员数占全部职工人数的平均比值。

表 10.3　2015—2020 年各年底某企业职工人数和工程技术人员数　　　单位：人

年份	2015	2016	2017	2018	2019	2020
职工人数	1000	1020	1085	1120	1218	1425
工程技术人员数	50	50	52	60	78	82

4. 某机械厂 2020 年第四季度各月产值和职工人数资料如表 10.4 所示。

表 10.4　某机械厂 2020 年第四季度各月产值和职工人数

月份	10 月	11 月	12 月
产值/元	400000	462000	494500
平均职工人数/人	400	420	430
月平均劳动生产率/元	1000	1100	1150

要求：计算该厂在该季度的月平均劳动生产率。

5. 某家工业企业 2020 年在职工人月末人数资料如表 10.5 所示。

表 10.5 某家工业企业 2020 年在职工人月末人数

	6月	7月	8月	9月	10月	11月	12月
月末工人数/人	1100	1240	1300	1290			
月平均工人数/人					1300	1350	1400

要求：

(1)将表格中空缺的数值填上。

(2)计算第三季度平均工人数、第四季度平均工人数。

(3)计算 2020 年下半年平均工人数。

6. 某工业企业 2016—2020 年五年计划期间实现的工业总产值资料如表 10.6 所示，计算年平均发展水平。

表 10.6 2016—2020 年五年计划期完成的工业总产值

年份	2016	2017	2018	2019	2020
工业总产值/万元	1500	1600	1750	1800	1950

7. 某工业企业 2020 年第四季度职工人数和企业实现的增加值资料如表 10.7 所示。

表 10.7 某工业企业第四季度职工人数和增加值

月份	9月	10月	11月	12月
月末职工数/人	2500	2600	2600	2650
增加值/万元	3000	3250	3390	3320

要求：(保留小数 4 位)

(1)计算 10—12 月各月的劳动生产率。

(2)计算第四季度月平均劳动生产率。

(3)计算第四季度劳动生产率。

8. 某地区粮食总产量数据如表 10.8 所示。

表 10.8 某地区粮食总产量

年份	2011	2012	2013	2014	2015	2016	2017	2018	2019	2020
产量/万吨	230	236	241	246	252	257	262	266	271	276

要求：

(1)检查该地区粮食生产发展趋势是否接近直线型。

(2)如果是直线型,用最小平方法拟合直线方程。

(3)预测 2021 年的粮食产量。

9. 某工厂 2014—2020 年的工业总产值数据如表 10.9 所示。

表 10.9　某工厂 2014—2020 年间的工业总产值

年份	2014	2015	2016	2017	2018	2019	2020
工业总产值 Y/万元	850	900	945	1005	1045	1100	1150

要求:用最小二乘法估计趋势方程,分析该工厂工业总产值的发展变化趋势。

10. 某产品专卖店 2018—2020 年各季度销售额资料如表 10.10 所示。

表 10.10　某产品专卖店 2018—2020 年各季度销售额　　　　单位:万元

年份	一季度	二季度	三季度	四季度
2018	51	75	87	54
2019	65	67	82	62
2020	76	77	89	73

要求:

(1)采用按季平均法和移动平均趋势剔除法计算季节指数。

(2)计算 2020 年无季节变动情况下的销售额。

第十一章　统计指数

一、单选题(在每小题的四个备选答案中,选出一个正确的答案)

1. 凡是用来反映现象数量对比关系的相对数被称为(　　　)。

　　A. 增(减)量　　　　B. 增加速度　　　　C. 广义指数　　　　D. 狭义指数

2. 用来反映个别事物数量对比的相对数被称为(　　　)。

　　A. 总指数　　　　B. 类指数　　　　C. 个体指数　　　　D. 平均指数

3. 在综合指数的变形中,加权算术平均指数所用权数是(　　　)。

　　A. p_1q_1　　　　B. p_1q_0　　　　C. p_0q_1　　　　D. p_0q_0

4. 某厂职工工资总额今年比去年减少了 2%,平均工资上升了 5%,则职工人数(　　　)。

　　A. 增加 7%　　　　B. 减少 3%　　　　C. 增加 10%　　　　D. 减少 6.7%

5. 以下指数是数量指标指数的有(　　　)。

　　A. 产品产量指数　　　　　　　　B. 产品出厂价格指数

　　C. 产品销售价格指数　　　　　　D. 产品单位成本指数

6. 要反映多种产品单位成本的变动,则应该在下列指标中选择作为同度量因素的指标是(　　　)。

　　A. 原材料消耗量　　B. 出厂价格　　　　C. 产品产量　　　　D. 销售量

7. 某超级市场今年销售成本比上年增长 38%，销售量增长 15%，那么单位成本增长（   ）。

    A. 23%   B. 20%   C. 53%   D. 25%

8. 同样数量的人民币在物价上涨后只能购买到原来商品数量的 80%，则物价指数为（   ）。

    A. 120%   B. 125%   C. 180%   D. 130%

9. 如果 2020 年一月份的 CPI 比 2019 年同期上涨 25%，那么 2020 年一月份的 1 元钱（   ）。

    A. 只是 2019 年同期的 0.80 元   B. 只是 2019 年同期的 0.75 元

    C. 只是 2019 年同期的 0.85 元   D. 等于 2019 年同期的 1 元钱

10. 消费者物价指数的编制采用的是固定权数算术平均指数公式，依次编制各个小类、中类及消费价格总指数，其公式为：$\bar{K}_p = \dfrac{\sum k_p w}{\sum w}$，公式中的 k_p 和 w 分别为（   ）。

    A. 各小类、中类或大类商品的价格指数和各类商品所占比重

    B. 各小类、中类或大类商品的购买量指数和各类商品所占比重

    C. 各小类、中类或大类商品的销售额指数和各类商品所占比重

    D. 以上均是

11. 以下指数计算公式中用于计算农产品收购价格指数的是（   ）。

    A. $\bar{K} = \dfrac{\sum p_1 q_1}{\sum \dfrac{1}{K} p_1 q_1}$ B. $\bar{K} = \dfrac{\sum kw}{\sum w}$

    C. $\bar{K} = \dfrac{\sum k p_0 q_0}{\sum p_0 q_0}$ D. $\bar{K} = \dfrac{\sum p_0 q_0}{\sum \dfrac{1}{K} p_0 q_0}$

12. 如果用 x 表示农作物亩产，f 表示农作物播种面积，那么 $\dfrac{\sum x_1 f_1}{\sum f_1} - \dfrac{\sum x_0 f_1}{\sum f_1}$ 的含义是（   ）。

    A. 由于报告期的播种面积和亩产双因素的变动而引起的总产量的增减

    B. 由于报告期的播种面积结构的变动而引起的总平均亩产的增减

    C. 由于基期到报告期的亩产的变动而引起的总平均亩产的增减

    D. 由于报告期的播种面积和亩产的变动而引起的总平均亩产的增减

二、多选题（在每小题的五个备选答案中，选出二至五个正确的答案)

1. 某企业报告期三种不同产品实际总产值为计划的 105%，这是（   ）。

    A. 总指数   B. 广义指数   C. 狭义指数   D. 静态指数

    E. 计划指数

2. 用综合指数法计算总指数的关键问题是( )。

    A. 选择指数化指标
           B. 选择同度量因素

    C. 选择指数化指标所属时期
    D. 确定同度量因素所属时期

    E. 选择计算的"型"

3. 下列属于质量指标指数的是( )。

    A. 物价指数
           B. 商品销售量指数

    C. 平均工资指数
        D. 劳动生产率指数

    E. 工业生产指数

4. 某商店第四季度全部商品销售量为第三季度的102%,这个指数属于( )。

    A. 总指数
           B. 个体指数

    C. 数量指标指数
        D. 质量指标指数

    E. 季节指数

5. 比较相对指标是一种( )。

    A. 广义指数
           B. 数量指标总指数

    C. 静态指数
           D. 质量指标总指数

    E. 动态指数

6. CPI 是一种( )。

    A. 数量指标指数
        B. 质量指标指数

    C. 总指数
           D. 个体指数

    E. 平均指数

7. 总指数的编制方法有( )。

    A. 综合指数
           B. 动态指数

    C. 指数体系
           D. 多因素指数

    E. 平均指数

8. 将综合指数按照指数化指标性质的不同,可分为( )。

    A. 质量指标指数
        B. 数量指标指数

    C. 算术平均指数
        D. 调和平均指数

    E. 总指数

9. 编制综合指数的一般原则是( )。

    A. 质量指标指数以报告期数量指标作为同度量因素

    B. 质量指标指数以基期质量指标作为同度量因素

    C. 质量指标指数以基期数量指标作为同度量因素

    D. 质量指标指数以报告期质量指标作为同度量因素

    E. 数量指标指数以基期质量指标作为同度量因素

  10. 若以 q 表示产品产量,m 表示单耗(即"单位产品原材料消耗量"),p 表示原材料单价,则编制原材料成本指数体系时,不正确的原材料成本指数体系有( )。

    A. $\dfrac{\sum q_1 m_1 p_1}{\sum q_0 m_0 p_0} = \dfrac{\sum q_1 m_0 p_0}{\sum q_0 m_0 p_0} \times \dfrac{\sum q_1 m_1 p_0}{\sum q_1 m_0 p_0} \times \dfrac{\sum q_1 m_1 p_1}{\sum q_1 m_1 p_0}$

B. $\dfrac{\sum q_1 m_1 p_1}{\sum q_0 m_0 p_0} = \dfrac{\sum q_1 m_0 p_0}{\sum q_0 m_0 p_0} \times \dfrac{\sum q_0 m_1 p_0}{\sum q_0 m_0 p_0} \times \dfrac{\sum q_1 m_1 p_1}{\sum q_1 m_1 p_0}$

C. $\dfrac{\sum q_1 m_1 p_1}{\sum q_0 m_0 p_0} = \dfrac{\sum q_1 m_1 p_0}{\sum q_0 m_0 p_0} \times \dfrac{\sum q_1 m_1 p_0}{\sum q_1 m_0 p_0} \times \dfrac{\sum q_1 m_1 p_1}{\sum q_1 m_1 p_0}$

D. $\dfrac{\sum q_1 m_1 p_1}{\sum q_0 m_0 p_0} = \dfrac{\sum q_1 m_0 p_1}{\sum q_0 m_0 p_1} \times \dfrac{\sum q_1 m_1 p_0}{\sum q_1 m_0 p_0} \times \dfrac{\sum q_1 m_1 p_1}{\sum q_1 m_1 p_0}$

E. $\dfrac{\sum q_1 m_1 p_1}{\sum q_0 m_0 p_0} = \dfrac{\sum q_1 m_0 p_0}{\sum q_0 m_0 p_0} \times \dfrac{\sum q_1 m_1 p_0}{\sum q_1 m_0 p_0} \times \dfrac{\sum q_1 m_0 p_1}{\sum q_1 m_0 p_0}$

11. 加权调和平均指数可以由综合指数演变而来,当综合指数为 $\bar{K}_p = \dfrac{\sum q_1 p_1}{\sum q_1 p_0}$ 时,要演变为加权调和平均指数,不正确的权数是(　　)。

A. $q_1 p_1$ 　　　　 B. $q_0 p_0$ 　　　　 C. $q_1 p_0$ 　　　　 D. $q_0 p_1$

E. W(固定权数)

12. 统计指数按其所反映的对象范围不同,可分为(　　)。

A. 现象总体指数　　B. 影响因素指数　　C. 个体指数　　　D. 总指数

E. 静态指数

三、判断改错题(正确的打"√",错误的打"×"并改正)

1. 用来反映不能直接相加和对比的复杂现象总体数量对比关系的相对数称为广义指数。　　　　　　　　　　　　　　　　　　　　　　　　　　　(　　)

2. 在编制质量指标综合指数时,一般应将作为同度量因素的数量指标值固定在基期。　　　　　　　　　　　　　　　　　　　　　　　　　　　　　　(　　)

3. 某厂产品单位成本本月比上月下降3%,生产费用上升3%,这是因为其产量增加6%。　　　　　　　　　　　　　　　　　　　　　　　　　　　　　　　(　　)

4. 平均指标指数又称为可变构成指数,是将两个不同时期、同一经济内容的平均指标值对比,以说明同类现象在两个不同时期平均水平的动态变化情况。　(　　)

5. 计划完成程度相对指标是统计指数。　　　　　　　　　　　　　　　(　　)

6. 比较相对指标是静态指数。　　　　　　　　　　　　　　　　　　　(　　)

7. 某商场零售商品销售量增长了10%,销售额增长15%,这是因为同期价格增长5%。　　　　　　　　　　　　　　　　　　　　　　　　　　　　　　　(　　)

8. 平均指数仅仅是综合指数的一种变形指数。　　　　　　　　　　　　(　　)

9. 德国学者拉斯贝尔提出的数量指标指数的计算公式是 $\bar{K}_q = \dfrac{\sum q_1 p_1}{\sum q_0 p_1}$。　(　　)

10. 在实际工作中,编制质量指标综合指数,一般是将作为同度量因素的数量指标固定在报告期。　　　　　　　　　　　　　　　　　　　　　　　　　(　　)

11. 在"销售额指数=销售量指数×销售价格指数"的关系中,销售额指数是现象总体指数,也是数量指标指数,还是动态指数;销售量指数和销售价格指数都是影响因素指数,也都是动态指数。   (   )

12. 平均指数和综合指数的计算条件不同:计算综合指数要求掌握计算对象的全面资料,而平均指数既可以根据全面资料计算,也可以根据非全面资料计算。   (   )

13. 平均指标指数体系中的结构影响指数的计算公式是 $\bar{K}_f = \dfrac{\dfrac{\sum x_1 f_1}{\sum f_1}}{\dfrac{\sum x_0 f_1}{\sum f_1}}$。   (   )

四、问答题

1. 什么是统计指数? 统计指数有哪些种类? 统计指数有何作用?

2. 什么是综合指数? 编制综合指数的一般原则是什么?

3. 什么是同度量因素? 为什么在编制总指数时要引入同度量因素?

4. 什么是平均指数? 平均指数有哪些种类?

5. 说明综合指数和平均指数的联系与区别。

6. 什么是指数体系? 怎样构建指数体系? 在利用指数体系进行总量指标变动的多因素分析时,必须关注的两个要点是什么?

7. 什么是可变构成指数、固定构成指数和结构影响指数? 三者之间有何关系?

五、计算分析题

1. 三种产品的产量及出厂价格资料如表 11.1 所示。

表 11.1 某厂产品产量及出厂价格

产品名称	产量			出厂价格/元	
	计量单位	基期	报告期	基期	报告期
甲	吨	6000	5000	110	100
乙	台	10000	12000	50	60
丙	件	40000	41000	20	20

要求:对该厂总产值变动进行因素分析。

2. 某单位职工人数和工资总额资料如表 11.2 所示。

表 11.2 某单位职工人数和工资

指标	符号	2019 年	2020 年
工资总额/万元	E	500	567
职工人数/人	a	1000	1050
平均工资/(元·人$^{-1}$)	b	5000	5400

要求:对该单位工资总额变动进行因素分析。

3. 某企业总产值及产量增长速度资料如表 11.3 所示。

表 11.3　某企业产值及产量

产品名称	总产值/万元		产量增长百分数/%
	基期	报告期	
A	120	150	10
B	200	210	5
C	400	440	20
合计	720	800	—

要求：

(1)计算三种产品的总产值指数及其变动的绝对量。

(2)计算三种产品的产量总指数及其对总产值的绝对影响。

(3)三种产品的物价总指数及其对总产值的绝对影响。

4. 某企业工人人数及工资资料如表 11.4 所示。

表 11.4　某企业工人人数及工资水平

工人分组	月工资水平/万元		工人人数/人	
	基期 x_0	报告期 x_1	基期 f_0	报告期 f_1
技术工	1880	1920	245	280
辅助工	1560	1720	120	150
合计			365	430

要求：

(1)分析该企业工人工资总额的变动情况。

(2)分析工人工资水平和工人结构变动对工人总平均工资的影响。

5. 某总厂所属两个分厂的某产品成本与产量资料如表 11.5 所示。

表 11.5　某产品成本与产量

总厂所属分厂	单位成本/元		产量/件	
	基期 x_0	报告期 x_1	基期 f_0	报告期 f_1
甲分厂	10.0	9.0	300	1300
乙分厂	12.0	12.2	700	700
总厂			1000	2000

要求：分析总厂该产品平均单位成本变动受分厂成本水平及总厂产量结构变动的影响。

6. 某大型设备综合加工厂加工三种产品的产量及其不变价格的资料如表 11.6 所示。

表 11.6　产品的产量及其不变价格

产品名称	计量单位	产量		不变价格/元
		基期	报告期	
A	件	1100	1280	30
B	台	50	60	650
C	套	380	390	5

要求：

（1）计算各产品的个体产量指数及三种产品的产量总指数。

（2）报告期由于产量的增加所增加的产值（按不变价格计算）。

7. 已知某百货公司销售的三种商品的个体价格指数和报告期的销售额资料如表11.7 所示。

表 11.7　某百货公司商品销售额及价格表

商品名称	实物计量单位	报告期销售额/千元	个体价格指数/%
A	箱	4200	95.00
B	台	250	120.52
C	套	474	100.25
合计	—	4924	

要求：

（1）根据下表数据计算分析商品价格总指数。

（2）三种商品综合价格的下降引起该百货公司销售额减少多少？

8. 某日用品生产企业的四种产品的产量及产值资料如表 11.8 所示。

表 11.8　日用产品产量和产值表

产品名称	产值/万元		报告期产量比基期产量增减/%
	基期	报告期	
甲	200	220	15
乙	245	270	10
丙	530	540	11
丁	320	370	16

要求：

（1）计算四种产品的产量总指数？

（2）分析该企业产值变动情况（从相对数和绝对数两方面进行分析）。

9. 某电视机厂的甲、乙两个生产小组生产相同的电视机配件要消耗同样的原材料，在报告期和基期，其电视机配件的产量和原材料消耗资料如表 11.9 所示。

表 11.9　电视机配件的产量和原材料消耗资料

生产小组	配件产量/件		原材料			
			单耗/(kg·件$^{-1}$)		单价/(元·kg^{-1})	
	基期	报告期	基期	报告期	基期	报告期
甲	110	120	11	10.5	20	22
乙	100	120	11.5	10.5	20	22

要求:计算甲、乙生产小组生产该电视机配件所使用的这种原材料的总成本指数、配件产量指数、单耗指数和价格指数(要求从绝对数和相对数体系分别进行分析)。

答案详解

第一章　总论

一、单选题

1-5:DBBDA　　6-10:ADDCA　　11-15:DDADA　　16-18:ADB

二、多选题

1. AC	2.ADE	3.BCE	4.ABCDE	5.ABCDE
6. ABCDE	7.ABCDE	8.ABCD	9.ABE	10.AB
11. BCDE	12.ACD	13.BE	14.ABC	15.ABCDE
16. ABE	17.AE	18.ABCD		

三、判断改错题

1.×。统计工作即统计实践,是为了说明研究对象某种数量特征和规律性,对客观现象的数量进行搜集、整理和分析的活动过程。

2.×。统计总体的同质性要求构成总体的各个总体单位必须至少具有一个相同的属性或特征。

3.×。在职工文化素质调查中,"大专文化程度"是品质标志表现或"文化程度"是品质标志。

4.√。

5.×。不是所有统计指标的数值大小都由研究范围的大小来决定或总量指标的数值大小由研究范围的大小来决定。

6.×。定比尺度中的"0"表示"没有"或"不存在"或定距尺度中的"0"有意义。

四、问答题

1. 统计的三种含义是什么？它们之间有何联系？

答：统计有三种含义，即统计数据、统计实践和统计科学。

统计数据是通过统计实活动取得的能够说明研究对象某种数量特征的数据、图表和相关文字资料等信息。

统计实践是为了说明研究对象某种数量特征和规律性，对客观现象的数量进行搜集、整理和分析的活动过程。

统计科学是通过对统计实践活动的经验总结和理论概括与升华而形成的，并用于指导统计实践活动的一门学问，是阐述统计理论与方法的科学。

统计学与统计实践之间是统计理论与实践的关系，统计实践与统计数据之间是统计活动过程与活动成果之间的关系。

2. 什么是统计学？怎样理解统计学与统计数据的关系？

答：统计学是通过对统计实践活动的经验总结和理论概括与升华而形成的，并用于指导统计实践活动的一门学问，是阐述统计理论与方法的科学。

首先，统计学是一门有关统计数据的搜集、整理和分析的方法科学，统计方法源于对统计数据的研究，目的也在于对统计数据的研究。离开了统计数据，统计方法乃至统计学就失去了存在的意义。

其次，英文"statistics"有两个含义：它的单数形式表示一门科学的名称即统计学；它的复数形式表示统计数据。同一个单词同时表现两个含义，显示出统计学与统计数据之间的密切联系，而且统计数据不是单个的数字，而是多数据构成的数据集。

3. 什么是统计总体和总体单位？试举例说明。

答：所谓统计总体是有特定研究目的确定的统计研究对象的全体，是由客观存在的、具有某种共同性质的众多个体构成的有机整体。总体单位是指构成统计总体的各个个体。例如，要研究某地区工业企业的生产经营状况，此时，该地区所有工业企业是统计总体，该地区的各个工业企业就是总体单位。

4. 什么是标志和指标？两者有何联系与区别？

答：标志和指标既有区别又有联系。它们的主要联系是：很多统计指标的数值是由总体单位的数量标志值直接汇总得来的；当研究目的发生变化后，总体和总体单位发生转化，总体变成总体单位时，与原来的总体相对应的指标就变成了与现在的总体单位相对应的数量标志。它们的主要区别是：标志是相对于总体单位而言的，指标是相对于总体而言的；标志分为反映总体单位属性的品质标志和数量特征的数量标志，而指标都是反映总体数量特征的。

5. 变量有哪些种类？试举例说明。

答：（1）变量分为品质变量和数量变量。

品质变量的具体表现是品质或属性数据，由定类尺度和定序尺度计量形成。数量变量的具体表现为数量数据，由定距尺度和定比尺度计量形成。比如，大学本科毕业论文成绩就是品质变量，其具体表现分为优、良、中、及格和不及格。人对某个事件的态度也是品质变量，具体表现为非常赞成、赞成、反对、极力反对。

（2）数量变量根据其赋值的类型不同,可以分为离散型变量和连续型变量。离散型变量的变量值表现为间断的取值,例如,人口数这个变量就是离散型变量,其取值只能是从 1 开始的自然数;又如,城市居民住户数(户)也只能是用自然数计量;还有企业数、设备台数、牲畜头数等。

连续型变量的取值是在某个区间内连续不断的,不能一一列举其具体的全体数据。例如,人的身高、每日的气温变化、人的年龄、考试成绩等就是连续型变量。

（3）数量变量还可以按其性质分为确定性变量和随机变量。

确定性变量是某种(或者某些)起决定性作用的因素致使其沿着一定的方向呈上升、下降或水平变动的变量。例如,某个企业生产的产品的单位成本就是一个确定性变量,该变量随着企业生产技术水平的提高和管理水平的提高,单位成本必然会呈现一个下降的趋势;又如,农业生产中的水稻亩产也是一个确定性变量,随着水稻良种培育水平的提高,水稻种植田间管理水平的提高,亩产水平就会持续呈现出上升的趋势。

随机变量是指受多种方向和作用大小不同的因素的影响,致使变量的变动无确定性方向,即呈随机变动的变量。例如,某机械设备厂生产的某种零件的尺寸,在正常的生产条件下,任何一个工人生产出的设备零件的尺寸都是一个随机变量。

6. 统计数据计量尺度中的定距尺度和定比尺度有何区别? 试举例说明。

答:定距尺度是对事物类别或顺序之间间距的度量,不仅能将事物类别区分开来并进行排序,可以准确地指出各类别之间的差距。定比尺度是最高一级的度量水平,具有其他所有计量尺度的全部特征,还可以计算两个测度值之间的比值。两类计量尺度的结果都表现为数值,但是定比尺度中"0"表示"不存在"或"没有",而定距尺度中的"0"的取值是有意义的。例如,"气温"的计量尺度是定距尺度,气温为 0 是有意义的;而"身高"的计量尺度则是定比尺度,身高为 0 的人是不存在的,取值为 0 没有任何意义。

7. 怎样理解总体与样本、参数与统计量? 试举例说明。

答:总体是抽样估计的对象。样本是从总体中按随机原则抽取出来的那一部分单位所组成的整体。两者间是"母"与"子"的关系。参数和统计量的关系是总体与样本的关系在量上的体现。例如,要掌握某地区的农户的农业生产经营情况,决定采用抽样调查的方式,为此对该地区 15652 户农户设计抽样框,根据抽样估计的精确性要求和估计的把握程度的要求,决定随机抽取 250 户农户进行调查。这里该地区 15652 户农户就是总体,随机抽取的 250 户农户就是样本。250 户农户的户均农业生产经营收入就是样本统计量,而这 15652 户农户的户均农业生产经营收入就是总体参数。

第二章 统计数据的搜集与整理

一、单选题

1-5:DCDCC   6-10:ADBCC   11-14:BCAB

二、多选题

1. ABCDE	2. ACD	3. ADE	4. ABCE	5. DE
6. ABE	7. ACD	8. CD	9. AB	10. AE
11. AB	12. AD	13. ABC	14. ABCDE	15. ABCDE

三、判断改错题

1. ×。各种调查方式可以结合运用。

2. ×。统计整理虽然是一个从调查到分析的中间环节,但在统计工作过程中必不可少。

3. √。

4. ×。为了保证总体中每一个单位在分组时不被遗漏,分组时应满足最小组的下限不高于最小变量值,最大组的上限不低于最大变量值这个条件。

5. √。

6. ×。组距数列按其表现形式可以分为等距数列和异距数列两种。

7. √。

8. √。

9. √。

10. ×。复合分组就是对所研究的总体按两个或者两个以上的标志重叠起来进行的分组。

11. √。

12. ×。归组时,应将变量值刚好等于组限的总体单位归在下限所在组。

四、问答题

1. 什么是普查?普查和全面统计报表各有哪些不同的特点和用途?

答:普查是为了某种特定的目的而专门组织的一次性的全面调查,用以搜集重要国情国力和资源状况的全面资料,为政府制定规划、方针政策提供依据。

普查和全面统计报表都是全面调查,但它们是两种不同的调查组织形式,各有其不同的特点和用途:

(1)普查是一次性调查,主要用以收集重要国情国力和资源状况的全面资料,为政府制定规划、方针政策提供依据;全面统计报表一般属于经常性调查,可以定期获取数据,了解社会经济活动的基本情况,以满足日常管理工作的需要。

(2)普查搜集资料需要进行专门的组织工作,或者建立专门的组织机构;而全面统计报表是依靠统计报表制度来搜集资料的。

(3)普查搜集有关专门问题的全面、详细、准确的资料;而全面统计报表搜集的是基本的一般的总结性的资料。

(4)普查比全面统计报表的工作量大,花费的人力、物力、财力更多,时间更长。普查发挥其在市场经济体制下的搜集资料的日益重要的作用。

2. 什么是抽样调查？抽样调查有何特点？

答：抽样调查是按照一定的取样原则，从调查对象的总体中抽取一部分单位作为样本进行调查，并根据样本实际调查结果来推断总体数量特征的一种非全面调查方法。

抽样调查按照抽样方法的不同，可以划分为随机抽样调查和非随机抽样调查。随机抽样调查主要有以下几个特点：

(1)按照随机原则抽取调查单位。总体中调查单位的确定完全由随机因素决定，能够保证总体中每个单位都有同等的中选机会。

(2)要抽取足够多的调查单位。根据大数定律的要求，样本要有足够多的样本单位才能保证样本对总体的代表性，因此，抽样调查所观察的样本一般都是大样本。

(3)可以从数量上推断总体。通过对样本单位的观察，将其综合为样本指标，然后用样本指标对总体的相应指标作估计推断。

(4)要运用概率估计的方法。样本指标和总体指标之间不存在严格对应的因果关系，无法用函数进行推断，但是样本指标是随机变量，其概率分布揭示了样本指标和总体指标之间的内在联系，以此来推断总体指标，只能用概率估计的方法。

(5)抽样调查中产生的抽样误差可以事先计算并加以控制。由于样本和总体在客观上存在的差异，就必然会产生抽样误差，但是这种误差可以事先通过一定的资料加以计算，并可以采取一定措施将其控制在分析所要求的精度范围内。

3. 统计调查方案的主要内容包括哪些？

答：统计调查方案的主要内容包括：

(1)确定调查目的和任务。统计调查是为一定的研究目的和任务服务的，不同的研究目的和任务决定不同的调查任务、调查内容和调查范围。

(2)确定调查对象和调查单位。对调查对象给予严格的定义和明确的界限划分，明确具体地规定调查单位的名称、含义等。

(3)确定调查项目，设计调查表。根据调查目的、取得资料的可能性，并保持调查项目之间有机联系来制定调查项目，设计调查表，并尽可能做到简明扼要、易于理解登记。

(4)确定调查时间、空间和方法。明确规定调查资料所属的时间和调查期限；并根据调查目的、范围、单位、内容和实际条件来确定调查方法。

(5)制订调查工作的组织实施计划。为了保证整个调查工作有条不紊地进行，在调查方案中还应该设计出一个严密而科学的组织实施计划。

4. 抽样调查、重点调查和典型调查之间有何异同？

答：抽样调查、重点调查和典型调查都是非全面调查，但是各有其不同的特点。

(1)调查方式不同。抽样调查是按照随机原则从总体中抽取一部分单位作为样本单位进行调查；重点调查是从总体中有意识地挑选那些标志值在总体中占有较大比重的单位进行调查；典型调查是从总体中有意识地选择具有代表性的典型单位进行调查。

(2)调查的目的不同。抽样调查用很少的成本支出取得较为准确可靠的总体数据；重点调查是了解总体的基本情况；典型调查是要了解现象的发展趋势，对全面调查的资料做补充，提供详细、生动的补充资料。

(3)对总体情况进行估计的可靠程度和误差范围不同。抽样调查的抽样误差和可靠程度是可以事先计算和控制的；重点调查只是掌握总体的基本情况，无法测定误差，也没有可靠程度之说;典型调查数据只有在特定条件下可以用于对总体指标的推断,但是也无法对误差和可靠程度进行测度。

5. 如何保证统计调查数据的准确性?

答:统计调查数据的准确性是指调查所提供的资料应该如实地反映客观实际、真实可靠。准确性要求从统计主体和客体两个方面来保证:

(1)从统计资料搜集的主体看,准确性要求统计机构和统计人员必须实事求是,严格执行统计法规,统计人员有责任心,有适合本岗位要求的专业素质。

(2)从统计资料搜集的客体看,各个统计调查对象和统计资料的填报单位必须依据《中华人民共和国统计法》和国家相关规定,如实提供统计资料。

6. 编制开口组组距数列的条件是什么?

答:所谓开口组组距数列是指标志值最小组没有下限或者标志值最大组没有上限的组距数列。在变量的取值出现极端变量值时(即出现远离数据群的数据),不便于设置标志值最小组的下限或者标志值最大组的上限,此时可设置开口组组距数列。

7. 什么是统计分组? 统计分组的关键是什么?

答:统计分组是根据统计研究的目的和现象的特点,按照某一标志将研究对象划分为若干个组成部分的一种统计整理方法。

统计分组的关键在于正确选择分组标志和划分各组界限。

(1)正确选择分组标志是进行科学分组、获得正确结论的前提。我们主要根据研究目的来选择分组标志。

(2)划分各组界限就是对各个组质的内涵和数量界限的界定。科学的划分组限,应遵循如下原则:①突出质的差异。要求准确把握品质标志的各个类型界限和数量标志质量互变的数量界限。②穷举的原则。要使统计分组具有完整性,不得有遗漏在分组之外的单位。③互斥的原则。要使组与组之间不能相互兼容,任何单位和数据只能归属一个组,不能同时归属两个组或多个组。

五、计算分析题

1.解:

按营业额分组/万元	划记	商店数/家	比重/%
300~400	++-	5	11.11
400~500	++++++-	13	28.89
500~600	++++++++-	17	37.78
600~700	+++-	7	15.55
700~800	+-	3	6.67
合计	45	45	100.00

2.解:

按日产量分组	划记	工人数/人	人数比重/%
16	+—	3	7.5
17	++++	8	20
18	+++++++	16	40
19	++++	8	20
20	++—	5	12.5
合计	40	40	100.0

3.解:

(1)该表是一个不等距的组距数列,而且是开口式的异距数列。

(2)

日销售额(为分组变量)/元	下限	上限	组中值	组距	营业员数/次数	人数比重/%
3000 以下	—	3000	2000	2000	9	11.25
3000~5000	3000	5000	4000	2000	16	20
5000~6000	5000	6000	5500	1000	35	43.75
6000~7000	6000	7000	6500	1000	17	21.25
7000 以上	7000	—	7500	1000	3	3.75
合计	—	—	—	—	80	100.00

4. 解:

劳动生产率/(百元·人$^{-1}$)	企业数比重/%
750 以下	7
750~1000	23
1000~1250	40
1250 以上	30
合计	100

750 以下这一组应该包括原分组资料的 600 以下、600~700 这两组的比重,以及 700~800 这一组的比重的一半,即 3%+2%+4%×0.5=7%。

750~1000 这一组应该包括 700~800 这一组的比重的一半,以及 800~900、900~1000 这两组的比重,即 4%×0.5+12%+9%=23%。

1000~1250 这一组应该包括 1000~1100、1100~1200 这两组的比重,以及 1200~1300 这一组比重的一半,即 20%+15%+10%×0.5=40%。

1250 以上这一组应该包括 1200~1300 这一组比重的一半,以及最后两组 1300~1400、1400 以上的比重,即 10%×0.5+14%+11%=30%。

5. 解:

500 以下这一组职工人数占全体职工人数比重为 16/110=14.55%;500~600 这一组

职工人数占全体职工人数比重为 50/110 = 45.45%;其余各组分别为 23/110 = 20.91%、14/110 = 12.73%、7/110 = 6.36%。

月工资/元	职工人数/人	比重/%	累计次数/人		累计频率/%	
			向上	向下	向上	向下
500 以下	16	14.55	16	110	14.55	100
500~600	50	45.45	66	94	60	85.45
600~700	23	20.91	89	44	80.91	40
700~800	14	12.73	103	21	93.64	19.09
800 以上	7	6.36	110	7	100	6.36
合计	110	100	—	—	—	—

第三章　统计数据的简单描述

一、单选题

1-5：ACBCD　　　6-10：CDABC　　　11-15：CABDC　　　16-20：DDBBD

二、多选题

1. ADE　　　2.ABD　　　3.BC　　　4.ACE　　　5.ACDE
6. BCE　　　7.ABD　　　8.ABCD　　　9.ABD　　　10.BCD
11. ABCD　　　12.DE　　　13.AC　　　14.AB　　　15.ABCD
16. ABE　　　17.ABCDE　　　18.ACE

三、判断改错题

1. √。

2. √。

3. ×。不管调查方式怎么变化,指标的性质不会随调查方式的不同而变化。

4. √。

5. ×。统计指标既可以有计量单位也可以没有计量单位,例如结构相对指标就没有计量单位。

6. √。

7. ×。不是所有的强度相对指标的分子与分母都可以互换。

8. √。

9. ×。比较相对指标的分子和分母可以互换位置,但是结构相对数不可以。

10. ×。物价从 P_0 提高到 P_1 时上涨了 10%,如果从 P_1 再降低到 P_0 则不会下降 10%。

11. ×。有些强度相对指标不是用复名数表示的,比如人口出生率是用百分数或者千分数表示的。

12. ×。超额完成单位成本计划。

13. ×。该企业的劳动生产率的计划完成相对数不能计算。

14. √。

15. √。

16. √。

17. ×。它们都是强度相对指标。

18. √。

19. ×。新增人口数是时期指标。

20. √。

四、问答题

1. 什么是总量指标？它在社会经济统计中的作用如何？

答：总量指标是反映在一定时间、地点条件下社会经济现象的总规模、总水平或工作总量的统计指标，也称绝对量指标或绝对数。

总量指标是社会经济统计的基础指标，在社会经济统计中具有十分重要的作用：

（1）可以用总量指标反映一个国家、地区、部门或单位的基本情况，是认识社会经济现象的基础；

（2）总量指标是制定政策、编制计划、进行科学管理的基本依据；

（3）总量指标是计算相对指标、平均指标的基础。

2. 计算和运用总量指标应注意哪些问题？

答：计算和应用总量指标应注意的问题是：

（1）应该正确理解各个总量指标的含义、计算范围和计算方法；

（2）计算实物指标时，应注意社会经济现象的同类性；

（3）计算口径、计量单位、计算价格应该保持一致。

3. 如何区别总体单位总量和总体标志总量、时期指标和时点指标？

答：如何区别单位总量和标志总量：总体单位总量简称单位总量，它是总体中所包含的总体单位数的总和，用来说明总体本身的规模大小，对于一个特定的总体而言，总体单位总量是唯一的；总体标志总量简称标志总量，是反映总体单位某种标志值总和的总量指标，对于一个特定的总体而言，总体标志总量可以有很多个。

如何区别时期指标和时点指标：时期指标是反映现象在一段时间内发展过程的总数量；时点指标是反映现象在某一时刻上所达到的总量。两者各有不同的特点，主要表现在以下三个方面：

（1）时期指标具有可加性，相加后的数据表示现象在更长时间内的累计总量；而时点指标不具有可加性；

（2）时期指标数值的大小与时期的长短有直接关系；而时点指标数值的大小与时期的长短没有直接关系；

（3）时期指标数值是连续登记取得的，而时点指标数值一般是非连续登记取得的。

4. 实物指标和价值指标的特点和作用如何？

答：实物指标是根据实物单位计算得到的总量指标，可以直接反映实物的使用价值或现象的具体内容,但是不同属性或不同计算单位的实物指标不能直接汇总,因此无法用来反映非同类现象的总规模和总水平。

价值指标是以货币为单位计算的总量指标,具有广泛的综合性和概括能力,但是价值指标脱离了具体的物质内容。因此在统计分析过程中应该将实物指标和价值指标结合起来使用。

5. 什么是相对指标? 它有何作用? 怎样正确运用相对指标?

答:相对指标是两个有联系的统计指标相对比所得到的,反映现象之间数量对比关系的统计指标。相对指标是以一个抽象化的数值,从现象之间的数量对比上反映事物的性质、特征和规律。其作用有:

(1)相对指标可以使某些不能直接对比的统计指标找到共同比较基础,从而更准确地对事物作出鉴别和评价;

(2)相对指标可以反映社会经济现象的发展速度、内部结构、比例关系以及计划或目标的完成程度;

(3)相对指标可以考核评价社会经济活动的成果及效益。

准确运用相对指标应做到:

(1)保证对比指标的可比性;

(2)相对指标应与总量指标结合运用;

(3)各种相对指标尽可能结合运用。

6. 强度相对指标与其他相对指标有什么区别?

答:强度相对指标与其他相对指标的区别在于:

(1)强度相对指标是两个性质不同的统计指标之比;

(2)强度相对指标的作用在于反映现象的强度、密度和普遍程度,广泛应用于反映经济实力、生产水平、生活水平及社会服务能力方面;

(3)强度相对指标的分子分母分别属于不同的总体;

(4)有许多强度指标的分子与分母可以交换,得出正指标和逆指标;

(5)强度相对指标的计量形式一般为有名数,它是分子与分母计量单位相结合的复名数。

7. 试比较结构相对指标与比例相对指标。

答:结构相对指标和比例相对指标都是在统计分组的基础上,依据事物内部组成进行分析的,但它们之间有着明显的区别:

(1)结构相对指标是部分与总体相比较的结果;

(2)结构相对指标反映总体内部结构,说明各个组成部分在总体中的地位及其对总体现象的影响;比例相对指标反映总体内部各组成部分之间的比例协调关系和协调平衡状况;

(3)结构相对指标的分子与分母是固定的,而比例相对指标的分子和分母可以根据研究目的互换;

(4)结构相对指标一般都是用百分数表示,而比例相对指标可以系数、倍数、百分数等多种形式来表示。

五、计算分析题

1. 解:单位成本计划完成程度 $= \dfrac{100\% - 7\%}{100\% - 6\%} = 98.94\%$。

2. 解:$\dfrac{1 + 13\%}{1 + 11\%} = 101.80\%$。

3. 解:(1)基期产量的结构相对指标是:

甲班:$\dfrac{800}{2750} \times 100\% = 29.09\%$　乙班:$\dfrac{950}{2750} \times 100\% = 34.55\%$　丙班:$\dfrac{1000}{2750} \times 100\% = 36.36\%$

报告期产量的结构相对指标是:

甲班:$\dfrac{960}{2960} \times 100\% = 32.43\%$　乙班:$\dfrac{900}{2960} \times 100\% = 30.41\%$　丙班:$\dfrac{1100}{2960} \times 100\% = 37.16\%$

产量的动态相对指标是:

甲班:$\dfrac{960}{800} \times 100\% = 120\%$　乙班:$\dfrac{900}{950} \times 100\% = 94.74\%$　丙班:$\dfrac{1100}{1000} \times 100\% = 110\%$

(2)单位成本的动态相对指标是:

甲班:$\dfrac{300}{310} \times 100\% = 96.77\%$　乙班:$\dfrac{320}{320} \times 100\% = 100\%$　丙班:$\dfrac{330}{340} \times 100\% = 97.06\%$

4. 解:三种产品的动态相对数及 2020 年计划完成情况相对数见下表:

单位:%

产品编号	2020 年计划完成情况	2020 年与 2019 年产量之比
A	108.33	130
B	115	127.78
C	116.67	127.27

5. 解:钢产量五年计划完成程度 = 五年计划期末年实际产量/五年计划期末年计划水平 $\times 100\% = \dfrac{25+26+27+29}{100} \times 100\% = 107\%$。

由于在第四年的第三季度到第五年的第二季度为连续的一年,四个季度的钢产量合计为 100 万吨,正好达到五年计划规定的末年计划产量要求,所以提前两个季度完成计划。

6. 解:计划完成程度 = 计划期实际完成累计数/计划期累计计划任务数 $\times 100\%$

$$= \dfrac{550+600+200+250+250+270+280+300}{2400} \times 100\% = 112.5\%$$

因为销售额实际完成数从第一季度到第四季度的 11 月份累计达到 2400 万元,所以年度计划提前 1 个月完成。

7. 解:采用"累计法"检查计划完成程度:

计划完成百分比 $= \dfrac{\text{五年实际完成累计}}{\text{五年计划完成累计}} \times 100\% = 28900/25000 \times 100\% = 115.6\%$

超额完成计划投资额＝28900－25000＝3900（万元），而2020年的最后两个季度的固定资产投资额合计正好是3900万元，所以提前完成任务的时间为2个季度。

8. 解：（1）动态相对指标

人口数动态相对指标＝1500/1490×100%＝100.67%

土地面积动态相对指标＝190/190×100%＝100%

GDP动态相对指标＝5980.5/5695.4×100%＝105%

（2）强度相对指标

2019年：

人口密度＝1490/190＝784（人/百平方千米）

人均GDP＝5695.4/1490＝3.82（万元/人）

2020年：

人口密度＝1500/190＝789（人/百平方千米）

人均GDP＝5980.5/1500＝3.99（万元/人）

9. 解：（1）

车间	2019年		2020年	
	产量/件	结构相对指标/%	产量/件	结构相对指标/%
甲	600	40	1200	60
乙	900	60	800	40
合计	1500	100	2000	100

（2）因为单位成本比乙产品低的甲产品2020年的比重比2019年提高了很多，由40%提高到了60%，所以导致2020年的全厂单位成本比2019年降低了10元。

10. 解：（1）该企业单位成本计划完成程度指标＝$\dfrac{1-8\%}{1-10\%}$＝102.22%。

（2）劳动生产率计划完成程度指标＝$\dfrac{1+20\%}{1+10\%}$＝109.1%。

（3）企业实现利润总额＝1500×105%＝1575（万元）。

第四章　统计数据分布特征的描述

一、单选题

1-5：BACCD　　6-10：ACACA　　11-15：BCBCB

16-20：AABAA　　21-25：CDBAB　　26：A

二、多选题

1. ABC　　2. ABD　　3. ABCE　　4. BCDE　　5. ACE

6. AE　　7. ACD　　8. ABCE　　9. ABC　　10. AE

11. AD   12.ABC   13ABCE   14.ADE   15.BCE

16. DE   17.AE   18.ABE   19.ABC

三、判断改错题

1. ×。平均指标能将总体各标志值的数量差异抽象化,从而反映现象的一般水平和集中趋势。

2. ×。算术平均数、调和平均数、几何平均数都是数值平均数。

3. ×。组距数列中的众数是在对众数组的分布进行假设的前提下根据相关计算公式计算的结果,所以此时的众数是近似值。

4. √。

5. √。

6. √。

7. √。

8. ×。在比较两个变量数列的离散程度时,标志变异程度指标中的离散系数越大表明数据的离散程度就越大。

9. ×。方差是测度数据变异程度最重要的指标,它是各个数据与其算术平均数的离差的平方的平均数。

10. ×。根据分组资料计算的变量的方差公式为 $\sigma^2 = \dfrac{\sum (X-\bar{X})^2 f}{\sum f}$,该公式仅仅反映出变量总体的各组之间的差异程度,并没有反映出各个组内的差异。

11. √。

12. ×。众数是变量数列中最大次数的标志值。

13. √。

14. ×。并非所有冠以"平均"一词的统计指标都是平均指标,如平均每人钢产量、平均每人 GDP 等。

15. ×。变量的变异程度越高,其平均指标的代表性就越低;反之就越高。

16. ×。比较不同总体变异程度的高低,只能用离散系数。

17. ×。用加权平均数法计算标准差,既适用于分组资料,也适用于未分组资料。

18. √。

19. √。

20. √。

21. ×。偏态系数是用来反映数据分布的形状是否对称的统计指标。

22. √。

23. ×。利用峰度系数公式 $K = \dfrac{\sum (M-\bar{x})^4 f}{s^4 \sum f}$ 反映分布的峰态,当 $K>3$ 时为尖峰分布,$K<3$ 时为平峰分布。

四、问答题

1. 一组数据的分布特征可以从哪几个方面进行描述？

答：一组数据的分布特征可以从分布的集中趋势和离散程度，分布的形状对称、偏斜的程度以及分布的扁平程度等方面进行描述。

（1）集中趋势的测度可以使用平均数，平均数分为两大类，一类是数值平均数，包括算术平均数、调和平均数、几何平均数等；另外一类是位置平均数，包括中位数和众数等。

（2）离散程度的测度可以使用极差、方差和标准差以及离散系数。

（3）分布形状的测度可以使用偏态系数和峰度系数。

2. 如何正确理解加权算术平均数中权数的意义和实质？如何选择权数？

答：（1）加权算术平均数中的权数就是体现各组标志值在平均指标中的权衡轻重作用的数值。权数大，其标志值对平均数的影响就大，平均数也就比较靠近权数大的标志值；反之，标志值对平均数的影响就小，平均数也就远离权数小的标志值。权数的实质在于权衡轻重，权的轻重作用在于各组之间的权数大小。如果各组之间的权数大小相同，则权数就失去权衡的作用，加权算术平均数就转变为简单算术平均数。

（2）在加权算术平均数中，权数有两类：客观权数和主观权数。

客观权数是指与被平均的变量存在客观联系的指标，可以从两个方面考虑：

①在次数分布数列中，可以是各组的单位数（也叫次数或频数，常用 f 表示），也可以是各组单位数占总体单位数的比重（也叫频率），常用 $f/\sum f$ 表示，它是相对数形式的权数；②根据事物的内在属性确定权数。

主观权数是在缺少或不存在客观权数的资料，但又要体现被平均对象在总体中的重要程度，这时就需要根据人们的经验设定权数。

3. 何谓调和平均数？调和平均数适用于哪些场合？

答：调和平均数是根据标志值的倒数计算的，它是标志值的倒数的算术平均数的倒数，又称为倒数平均数。但在社会经济统计中直接利用调和平均数的定义来计算平均数的情况较少，一般是在由标志值为相对数或平均数之类的比值变量计算算术平均数时，当已知资料为标志值及其分子的条件下，将其作为平均数的变形形式来使用。

4. 何谓中位数、众数？它们各自有什么特点和作用？

答：（1）中位数是将各变量值按大小顺序排列后居于中间位置上的标志值；众数是总体中出现次数最多、最常见的标志值。在某些情况下，中位数和众数也可作为标志值的代表值，反映标志值的一般水平。

（2）中位数的特点是：中位数不受极端变量值的影响，不受开口组的影响，由组距数列计算中位数时受 S_{m-1} 和 S_{m+1} 大小关系影响，一般不宜用来推算总量指标。

众数的特点是：众数不受极端变量和开口组的影响；由组距数列计算众数时受 Δ_1 与 Δ_2 的大小关系的影响；在总体单位数较多，且有明显集中状态的条件下才有众数存在。

5. 算术平均数与强度相对指标有何不同？

答：（1）算术平均数是标志总量除以总体总量，而强度相对指标不具有这个关系，它的分子、分母是两个性质不同而又有一定联系的统计指标。

（2）算术平均数的作用在于反映总体各单位标志值的一般水平和总体分布趋势，而强度相对指标的作用在于反映两类现象之间数量对比的关系。

（3）算术平均数的分子是分母本身固有的数量特征,而强度相对指标的分子与分母不具有这种联系关系。

（4）算术平均数的分子与分母属于同一总体,强度相对指标的分子与分母属于不同的总体。

（5）有些强度指标有正指标和逆指标,而平均指标则没有,分子与分母的位置是固定不变的。

6. 什么是标志变异指标? 它有什么作用?

答:(1)标志变异指标是反映总体各单位标志值变异程度的统计指标。

（2）标志变异指标的作用有:标志变异指标能够反映社会经济活动及过程的稳定性与均衡性;标志变异指标说明平均指标代表性的大小;标志变异指标反映了总体分布的离中趋势。

7. 测定标志变动程度的常用指标有哪些? 各有什么特点?

答:测定标志变异程度的常用统计指标有极差、方差和标准差以及标准差系数。

（1）极差也称全距,它是最大标志值与最小标志值之差,说明标志值的差异范围大小。优点是计算简便,易于理解;缺点是比较粗略,不能反映所有标准值的综合变异程度,在极端变量值的情况下,更难反映标志变异程度。

（2）方差和标准差是测度数据变异程度的最重要、最常用的指标。方差是各个数据与其算术平均数的离差平方的平均数。标准差是方差的算术平方根,又称为均方差。它克服了极差的缺点,能全面、综合、灵敏地反映标志变异程度,且具有一些数学性质,便于作定量分析,因而应用广泛。

（3）标准差系数是标准差与平均水平相对比的百分数,从相对数的角度反映标志变异程度。其特点是:对于平均水平不同或计量单位不同的不同组别的变量值,不能直接用极差、方差或者标准差进行离散程度的直接比较,只有通过计算出标准差系数这种反映离散程度的相对指标才能进行直接的比较。

8. 测度数据分布形状的统计指标有哪些? 如何判断分布形状的对称性和扁平程度?

答:测度数据分布形状的统计指标有偏态系数和峰度系数。

（1）分布的对称性:

在分组资料的情况下,用公式 $SK = \dfrac{\sum (M - \bar{X})^3 f}{ns^3}$ 来计算偏态系数。当 $SK = 0$ 时,分布对称;当 $SK \neq 0$ 时,分布是非对称的,如果 $SK > 0$,就是正偏,当 $SK < 0$ 时,就是负偏。

（2）分布的扁平程度:

在分组资料的情况下,用公式 $K = \dfrac{\sum (M - \bar{X})^4 f}{ns^4} - 3$ 来计算峰度系数。当 $K = 0$ 时就是正态分布;当 $K > 0$ 时,就是尖峰分布,当 $K < 0$ 时,就是扁平分布。

五、计算分析题

1. 解：

$$\bar{X} = \frac{\sum Xf}{\sum f} = \frac{15 \times 10 + 16 \times 25 + \cdots + 19 \times 7}{117} \approx 17(台)$$

2. 解：

（1）甲品种的单位面积产量 $\bar{X}_甲 = \dfrac{\sum Xf}{\sum f} = \dfrac{600 + 495 + \cdots + 420}{1.2 + 1.1 + \cdots + 0.8}$

$$= 2500/5 = 500(千克/亩)$$

乙品种的单位面积产量 $\bar{X}_乙 = \dfrac{\sum Xf}{\sum f} = \dfrac{840 + 770 + \cdots + 450}{1.5 + 1.4 + \cdots + 0.9}$

$$= 3120/6 = 520(千克/亩)$$

（2）每块田的亩产量：

甲品种			乙品种		
田块面积/亩	产量/千克	亩产量	田块面积/亩	产量/千克	亩产量
1.2	600	500	1.5	840	560
1.1	495	450	1.4	770	550
1.0	445	445	1.2	540	450
0.9	540	600	1.0	520	520
0.8	420	525	0.9	450	500

甲品种的亩产量的标准差

$$\sigma_甲 = \sqrt{\frac{\sum(X-\bar{X})^2 f}{\sum f}}$$

$$= \sqrt{\frac{(500-500)^2 \times 1.2 + \cdots + (525-500)^2 \times 0.8}{5}}$$

$$= \sqrt{3055} = 55.27(千克)$$

甲品种的亩产量的标准差系数 $V_\sigma = \dfrac{\sigma}{\bar{X}} = 55.27/500 = 0.11$

乙品种的亩产量的标准差

$$\sigma_乙 = \sqrt{\frac{\sum(X-\bar{X})^2 f}{\sum f}}$$

$$= \sqrt{\frac{(560-520)^2 \times 1.5 + \cdots + (500-520)^2 \times 0.9}{6}}$$

$$= \sqrt{1650} = 40.62(千克)$$

乙品种的亩产量的标准差系数 $V_\sigma = \dfrac{\sigma}{\overline{X}} = 40.62/520 = 0.078$

（3）因为乙品种的亩产量的标准差系数为 0.078，它比甲品种的亩产量的标准差系数 0.11 小，所以乙品种具有较大稳定性，适宜推广。

3. 解：

（1）各个车间工人人数

车间名称	人均产量/件	工人人数比重/%	工人数/人
一车间	56	29	232
二车间	64	36	288
三车间	70	35	280
合计	—	100	800

该工厂平均每个工人的产量 $\overline{X} = \sum X \dfrac{f}{\sum f}$

$$= 56 \times 0.29 + 64 \times 0.36 + 70 \times 0.35$$

$$= 63.78(件)$$

（2）该工厂平均每个车间的产量 $= \dfrac{56 \times 232 + 64 \times 288 + 70 \times 280}{3}$

$$= 17008(件)$$

4. 解：

按销售计划完成程度分组/%	组中值	商店数/个	计划销售额/万元	实际销售额/万元
<90	85	1	278.82	237
90~100	95	3	269.47	256
100~110	105	7	379.04	398
110~120	115	4	231.30	266
>120	125	2	297.60	372
合计	—	17	1456.23	1529
按销售计划完成程度分组/%	实际利润额/万元	实际销售额/万元	实际利润率/%	
<90	13.8171	237	5.83	
90~100	19.3024	256	7.54	
100~110	27.9396	398	7.02	
110~120	13.9384	266	5.24	
>120	23.1384	372	6.22	
合计	98.1359	1529	—	

销售计划平均完成百分比 $= \dfrac{\sum m}{\sum \dfrac{m}{x}} \times 100\% = \dfrac{237+256+\cdots+372}{\dfrac{237}{0.85}+\dfrac{256}{0.95}+\cdots+\dfrac{372}{1.25}} \times 100\% = 104.99\%$

平均利润率 $= \dfrac{\sum xf}{\sum f} \times 100\% = 98.1359/1529 \times 100\% = 6.42\%$

5. 解：

甲企业工人平均工资 $\bar{X}_甲 = \dfrac{\sum xf}{\sum f} = \dfrac{450 \times 20 + 540 \times 105 + \cdots + 900 \times 15}{20 + 105 + \cdots + 15}$

$$= 170100/270 = 630(元)$$

甲企业工人工资标准差

$$\sigma_甲 = \sqrt{\dfrac{\sum (X - \bar{X})^2 f}{\sum f}}$$

$$= \sqrt{\dfrac{(450 - 630)^2 \times 20 + \cdots + (900 - 630)^2 \times 15}{270}}$$

$$= \sqrt{\dfrac{3826000}{270}} = 119(元)$$

甲企业工人工资标准差系数 $V_\sigma = \dfrac{\sigma_甲}{\bar{X}_甲} = 119/630 = 0.1889$

乙企业工人工资标准差系数 $V_\sigma = \dfrac{\sigma_乙}{\bar{X}_乙} = 140/700 = 0.2$

可见甲企业工人工资标准差系数比乙企业工人工资标准差系数小，所以甲企业的平均工资更有代表性。

6. 解：

（1） $\bar{X}_1 = \dfrac{\sum X}{N} = (110 + 150 + \cdots + 120)/6 = 910/6 = 151.67(吨)$

$$M_e = \dfrac{x_{\frac{n}{2}} + x_{\frac{n}{2}+1}}{2} = (150 + 150)/2 = 150(吨)$$

（2）

日产量/吨	天数/天	组中值	xf	向上累计次数
100~150	8	125	1000	8
150~200	10	175	1750	18
200~250	4	225	900	22
>250	2	275	550	24
合计	24	—	4200	

$$\bar{X}_2 = \dfrac{\sum xf}{\sum f} = 4200/24 = 175(吨)$$

$$M_e = L + \frac{\frac{\sum f}{2} - S_{m-1}}{f_m} \times d = 150 + \frac{\frac{24}{2} - 8}{10} \times 50 = 150 + 20 = 170(吨)$$

$$M_O = L + \frac{\Delta_1}{\Delta_1 + \Delta_2} \times d = 150 + \frac{10 - 8}{(10 - 8) + (10 - 4)} \times 50 = 162.5(吨)$$

（3）星期一产量的极差和标准差

极差 $R = 210 - 110 = 100(吨)$

$$标准差\ \sigma = \sqrt{\frac{\sum (X - \bar{X})^2}{n}}$$

$$= \sqrt{\frac{(110 - 151.67)^2 + \cdots + (120 - 151.67)^2}{6 - 1}}$$

$$= 36.01(吨)$$

非星期一产量的极差和标准差

极差 $R = 275 - 125 = 150(吨)$

$$标准差\ \sigma = \sqrt{\frac{\sum (X - \bar{X})^2 f}{\sum f}} = \sqrt{\frac{(125 - 175)^2 \times 8 + \cdots + (275 - 175)^2 \times 2}{24 - 1}} =$$

$46.63(吨)$

（4）星期一产量的标准差系数

$$V_\sigma = \frac{\sigma}{\bar{X}} = 36.01/151.67 = 0.24$$

非星期一产量的标准差系数

$$V_\sigma = \frac{\sigma}{\bar{X}} = 46.63/175 = 0.27$$

可见,星期一产量的标准差系数比非星期一产量的标准差系数小,故星期一产量的离散程度比非星期一产量的离散程度小。

7. 解:

（1）

按利润额分组/万元	组中值	企业数/个
200~300	250	19
300~400	350	30
400~500	450	42
500~600	550	18
600 以上	650	11
合计	—	120

$$\bar{X} = \frac{\sum xf}{\sum f} = \frac{250 \times 19 + 350 \times 30 + \cdots + 650 \times 11}{120} = 426.67(万元)$$

$$s = \sqrt{\frac{\sum (X - \bar{X})^2 f}{\sum f - 1}} = \sqrt{\frac{(250 - 426.67)^2 \times 19 + \cdots + (650 - 426.67)^2 \times 11}{120 - 1}}$$

$$= 116(万元)$$

（2）

按利润额分组/万元	组中值	企业数/个	$(M - \bar{X})^3 f$	$(M - \bar{X})^4$	$(M - \bar{X})^4 f$
200~300	250	19	−104771225	974206964	18509932316
300~400	350	30	−13520640	34554280	1036628411
400~500	450	42	533316	296250	12442517
500~600	550	18	33765912	231352888	4164351991
600 以上	650	11	122527581	2487644194	27364086138
合计	—	120	38534944	—	51087441373

$$SK = \frac{\sum (M - \bar{X})^3 f}{ns^3}$$

$$= \frac{(250 - 426.67)^3 \times 19 + (350 - 426.67)^3 \times 30 + \cdots + (650 - 426.67)^3 \times 11}{120 \times 116^3}$$

$$= 38534944/187307520 = 0.2057$$

$$K = \frac{\sum (M - \bar{X})^4 f}{ns^4}$$

$$= \frac{(250 - 426.67)^4 \times 19 + (350 - 426.67)^4 \times 30 + \cdots + (650 - 426.67)^4 \times 11}{120 \times 116^4}$$

$$= 51087441373/21727672320 = 2.35$$

由以上计算结果可以看出，偏态系数为正值，且靠近 0，说明 120 家企业利润额分布呈轻微的正偏分布。峰度系数 $K = 2.35$，该值小于 3，所以分布为扁平分布。

8. 解：

车间	计划完成率/%	实际产量/kg	计划产量/kg
1	115	950	826
2	95	560	589.5
3	105	680	647.6
合计		2190	2063.1

$$\bar{X}_H = \frac{\sum m}{\sum \dfrac{m}{x}} \times 100\% = 2190/2063.1 \times 100\% = 106.15\%$$

9. 解:

品种	价格/元	甲市场销售情况		乙市场销售情况	
		销售额/千元	销量	销售额/千元	销量
A	1.10	1100	1000	2200	2000
B	1.20	2400	2000	2520	2100
C	1.40	1400	1000	1540	1100
合计	—	4900	4000	6260	5200

$$甲市场农产品平均价格 \bar{X}_H = \frac{\sum m}{\sum \frac{m}{x}} = 4900/4000 = 1.23(元)$$

$$乙市场农产品平均价格 \bar{X}_H = \frac{\sum m}{\sum \frac{m}{x}} = 6260/5200 = 1.20(元)$$

可见,甲市场素菜价格比乙市场高,因为价格最低的 A 素菜在乙市场的销售量是甲市场的 2 倍,而另外两种素菜的销售量在两个市场的销量差异很小,所以导致甲市场素菜价格比乙市场高。

10. 解:

本问题适宜使用加权几何平均数的方法计算平均年利率:

$$25 年的平均本利和 \bar{X}_G = \sqrt[\sum f]{\prod X^f} = \sqrt[25]{1.03^2 \times 1.04^5 \times \cdots \times 1.1^4} = 1.074$$

$$25 年的平均年利率 = \bar{X}_G - 1 = 0.074 = 7.4\%$$

11. 解:

用电量组中值/千度	用电企业/个	Xf	向上累计次数	用电量组中值/千度	用电企业/个	Xf	向上累计次数
175	18	3150	18	425	80	34000	287
225	22	4950	40	475	64	30400	351
275	42	11550	82	525	53	27825	404
325	50	16250	132	575	28	16100	432
375	75	28125	207	625	15	9375	447

$$\bar{X} = \frac{\sum xf}{\sum f} = \frac{175 \times 18 + 225 \times 22 + \cdots + 625 \times 15}{447} = 181725/447 = 406.54(千度)$$

$$M_e = L + \frac{\frac{\sum f}{2} - S_{m-1}}{f_m} \times d = 400 + \frac{\frac{447}{2} - 207}{80} \times 50 = 410.31(千度)$$

$$M_O = L + \frac{\Delta_1}{\Delta_1 + \Delta_2} \times d = 400 + \frac{80 - 75}{80 - 75 + 80 - 64} \times 50 = 411.9(千度)$$

可见,这三个平均数的关系是算数平均数小于中位数小于众数,所以该次数分布是一个左偏分布。

12. 解:

年纯收入/元	居民户比重/%	组中值/元	$x(f/\sum f)$
1500 以下	6	1250	75
1500~2000	20	1750	350
2000~2500	35	2250	787.5
2500~3000	20	2750	550
3000~3500	10	3250	325
3500 以上	9	3750	337.5
合计	100	—	2425

组中值/元	$(M-\bar{x})^3$	$(M-\bar{x})^3 f/\sum f$	$(M-\bar{x})^4$	$(M-\bar{x})^4 f/\sum f$
1250	−1622234375	−97334062	1906125390625	114367523437
1750	−307546875	−61509375	207594140625	12455648437
2250	−5359375	−1875781	937890625	328261718
2750	34328125	6865625	11156640625	2231328125
3250	561515625	56151562	463250390625	46325039062
3750	2326203125	209358281	3082219140625	277399722656
合计	—	986906250	—	453107523435

$$\bar{X} = \frac{\sum xf}{\sum f} = \sum x(f/\sum f) = 2425(\text{元})$$

$$s = \sqrt{\frac{\sum (x-\bar{x})^2 f}{\sum f}} = \sqrt{\sum (x-\bar{x})^2 \frac{f}{\sum f}}$$

$$= \sqrt{(1250-2425)^2 \times 0.06 + \cdots + (3750-2425)^2 \times 0.09} = 657(\text{元})$$

$$V_\sigma = \frac{\sigma}{\bar{x}} = 657.17/2425 = 0.27$$

$$SK = \frac{\sum (M-\bar{x})^3 f}{ns^3}$$

$$= \frac{(1250-2425)^3 \times 0.06 + (1750-2425)^3 \times 0.2 + \cdots + (3750-2425)^3 \times 0.09}{657^3}$$

$$= 986906250/283593393 = 3.48$$

$$K = \frac{\sum (M-\bar{x})^4 f}{ns^4}$$

$$= \frac{(1250 - 2425)^4 \times 0.06 + (1750 - 2425)^4 \times 0.2 + \cdots + (3750 - 2425)^4 \times 0.09}{657^4}$$

$$= 453107523435/186320859201 = 2.43$$

由以上计算结果可以看出,偏态系数为正值,说明 100 户居民年纯收入分布呈正偏分布。峰度系数 $K = 2.43$,该值小于 3,所以分布为扁平分布。

13. 解:

表一

补助金/百元	组中值	家庭户数/户	
		甲镇 $f_甲$	乙镇 $f_乙$
15 以下	10	1	2
15～25	20	15	10
25～35	30	30	28
35～45	40	12	8
45 以上	50	2	1
合计	—	60	49

(1)甲镇 $\bar{X} = \dfrac{\sum xf}{\sum f} = \dfrac{10 \times 1 + \cdots + 50 \times 2}{60} = 1790/60 = 29.83(百元)$

乙镇 $\bar{X} = \dfrac{\sum xf}{\sum f} = \dfrac{10 \times 2 + \cdots + 50 \times 1}{49} = 29.18(百元)$

由上述计算结果可知:甲镇的户均补助金高于乙镇。

表二

补助金/百元	组中值/百元	甲镇家庭户数/户	向上累计户数	$(X - \bar{X})^2$	$(X - \bar{X})^2 f$
15 以下	10	1	1	393.2289	393.2289
15～25	20	15	16	96.6289	1449.4335
25～35	30	30	46	0.0289	0.867
35～45	40	12	58	103.4289	1241.1468
45 以上	50	2	60	406.8289	813.6578
合计	—	60	—	—	3898.334

(2)根据表二的计算结果,可知:

甲镇的户均补助金的标准差是

$$s = \sqrt{\frac{\sum (x - \bar{x})^2 f}{\sum f - 1}} = \sqrt{\frac{3839.334}{60 - 1}} = 8.07(百元)$$

甲镇户均补助金的标准差系数是 $V_\sigma = \dfrac{\sigma}{\bar{x}} = 8.07/29.83 = 0.2705$

表三

补助金/百元	组中值/百元	乙镇家庭户数/户	向上累计户数	$(X-\bar{X})^2$	$(X-\bar{X})^2 f$
15 以下	10	2	2	367.8724	735.7448
15~25	20	10	12	84.2724	842.724
25~35	30	28	40	0.6724	18.8272
35~45	40	8	48	117.0724	936.5792
45 以上	50	1	49	433.4724	433.4724
合计	—	49	—	—	2967.3476

根据表三的计算结果可知：

乙镇的户均补助金的标准差是

$$s = \sqrt{\frac{\sum (x-\bar{x})^2 f}{\sum f}} = \sqrt{\frac{2967.3476}{49-1}} = 7.86（百元）$$

乙镇户均补助金的标准差系数是 $V_\sigma = \dfrac{\sigma}{\bar{X}} = 7.86/29.18 = 0.2694$

由上述计算结果可知，甲镇户均补助金的标准差系数大于乙镇，所以乙镇户均补助金代表性强。

（3）根据表二的计算结果，可知：

甲镇的众数 $M_0 = L + \dfrac{\Delta_1}{\Delta_1 + \Delta_2} \times d = 25 + \dfrac{30-15}{(30-15)+(30-12)} \times 10 = 29.55（百元）$

甲镇的中位数是在向上累计户数达到 46 户（$\dfrac{\sum f}{2} = 60/2 = 30$）的这一组里面（第三组里面）：

甲镇的中位数 $M_e = L + \dfrac{\dfrac{\sum f}{2} - S_{m-1}}{f_m} \times d = 25 + \dfrac{\dfrac{60}{2} - 16}{30} \times 10 = 29.667（百元）$

根据表三的计算结果，可知：

乙镇的众数是 $M_0 = L + \dfrac{\Delta_1}{\Delta_1 + \Delta_2} \times d = 25 + \dfrac{28-10}{(28-10)+(28-8)} \times 10 = 29.74（百元）$

乙镇的中位数是 $M_e = L + \dfrac{\dfrac{\sum f}{2} - S_{m-1}}{f_m} \times d = 25 + \dfrac{\dfrac{49}{2} - 12}{28} \times 10 = 29.46（百元）$

可见甲镇的中位数大于乙镇，甲镇的众数小于乙镇。

（4）由于甲镇的特困户的补助金的算术平均数、中位数和众数三者的数量关系是：

$$M_o < M_e < \bar{X}$$

所以，此分布为右偏分布。

乙镇的特困户的补助金的算术平均数、中位数和众数三者的数量关系是：

$$\bar{X} < M_e < M_o$$

所以，此分布为左偏分布。

第五章 抽样及抽样分布

一、单选题

1–5：BBDCA 6–10：ACADB

二、多选题

1. BD 2.ABCE 3.ABCD 4.ABC 5.ACE

6. AC 7.ABC 8.BCD 9.ACE

三、判断改错题

1. √。

2. ×。连续型随机变量 X 的数学期望公式为 $E(X)=\int_{-\infty}^{\infty} xf(x)\mathrm{d}x$。

3. ×。该商店星期日上午 2 分钟内恰有 15 位顾客光顾的概率是 $\dfrac{10^{15}}{15!}e^{-10}$。

4. ×。如果连续型随机变量 X 的概率密度为 $f(x)=\dfrac{1}{\sigma\sqrt{2\pi}}e^{-\frac{(x-\mu)^2}{2\sigma^2}}$，则该分布的数学期望和方差分别为 $E(x)=\mu$，$D(x)=\sigma^2$。

5. ×。统计上的 3σ 准则的含义是：若随机变量 $X\sim N(\mu,\sigma^2)$，此时随机变量 X 的取值几乎落在区间 $(\mu-3\sigma,\mu+3\sigma)$ 内。

6. ×。F 分布的曲线形式随自由度变化而不同，当统计量 F 的分子和分母自由度同时增大时，分布曲线近于对称，不以正态分布为极限分布，总是一个正偏分布。

7. ×。样本均值 $\bar{x}$ 经过标准化后的随机变量服从自由度为 $n-1$ 的 t 分布。

8. ×。在不重复抽样方法下，样本均值 $\bar{x}$ 的方差 $\sigma_{\bar{x}}^2$ 与总体方差 σ^2 之间的关系是 $\sigma_{\bar{x}}^2=\dfrac{1}{n}\sigma^2\left(\dfrac{N-n}{N-1}\right)$。

9. √。

10. ×。分层抽样的具体做法就是先将总体中的单位划分为若干类，然后从每个类中随机抽取一定数量的单位，将其组合构成一个样本。

11. ×。按有关标志排队的等距抽样的优点是样本分布均匀，代表性强，抽样误差小，可以提高抽样估计的精确度。

12. ×。样本比率 p 的数学期望 $E(p)$ 等于总体比率 P。

13. ×。对来自正态总体的容量为 n 的简单随机样本，其比值 $\dfrac{(n-1)s^2}{\sigma^2}$ 服从自由度为 $n-1$ 的 χ^2 分布。

14. √。

15. ×。从两个服从正态分布的总体中分别抽取容量为 n_1 和 n_2 的两个简单随机样本，两个样本方差之比 s_1^2 / s_2^2 服从 F 分布，即 $s_1^2 / s_2^2 \sim F(n_1 - 1, n_2 - 1)$。

16. √。

四、问答题

1. 如何理解概率的三种定义？

答：基于对概率的不同解释，概率的定义主要有古典概率、统计概率和主观概率。

（1）古典概率：具有以下两个特征的随机试验被称为古典概型：①基本事件的总数是有限的。②每个基本事件出现的可能性相等。在古典概型中，事件 A 所包含的基本事件个数（m）与样本空间中基本事件总数（n）的比值称为事件 A 的古典概率或称为先验概率，用 $p(A)$ 表示：$p(A) = \dfrac{m}{n}$。

（2）统计概率：随机事件的出现具有偶然性，事件出现的可能性大小需要大量的观察才能判断，只有试验次数充分时，事件出现的频率才具有稳定性。具有稳定性的频率常数是随机事件出现可能性大小的一个客观的度量，这个常数被称为统计概率，或被称为后验概率，可以表述为：在相同条件下重复进行的 n 次试验中，事件 A 发生了 m 次，当试验次数 n 很大时，事件 A 发生的频率 $\dfrac{m}{n}$ 稳定地在某一常数 p 上下波动，且波动的幅度逐渐减小。则定义 p 为事件 A 发生的概率，记为 $p(A) = p = \dfrac{m}{n}$。

（3）主观概率：有些随机事件出现的可能性大小不能通过等可能事件个数来计算，也无法根据大量重复试验的频率来估计，只能通过人们的主观感觉或见解来判断。因此，凡是依据人们的主观判断估计的随机事件出现的可能性大小被称为主观概率。例如：某大型客机发动机出现机械故障的可能性就无法通过大量重复的试验来估计，而只能通过人们的主观见解来估计。

2. 什么是随机变量？如何理解离散型随机变量和连续型随机变量？

答：（1）随机变量：随机试验的每个可能结果都可以给予数量的标识，一个可能结果对应一个数值，所有可能结果就可以用一个变量来描述。由于随机因素的作用，这种变量的取值事先不能确定，而随抽样结果取不同的值，因而称该变量为随机变量。

（2）离散型随机变量：如果变量的所有取值为有限或无限个可列值，就称该变量为离散型随机变量。例如：在一所高校的全体在校生中，随机抽取 50 人，调查近视眼人数，此近视眼人数就是一个离散型随机变量，其取值范围在 0~50 之间。

（3）连续型随机变量：如果变量的所有取值是一定区间内任一数值，称该变量为连续型随机变量。例如：某日宾馆门口进入宾馆的前后两顾客的间隔时间，可以是这一天的时间内的任何一个时间。

3. 离散型随机变量和连续型随机变量的概率分布的描述有何不同？

答：设 X 为一离散型随机变量，X 的所有可能取值 x_i 与其概率 p_i（$i = 1, 2, 3, \cdots$）之间的对应关系为离散型随机变量 X 的概率分布。离散型随机变量的概率函数为 $P(X = x_i) = p_i$。而连续型随机变量的取值为某一区间的任一值，就无法列出每一个值及其相应的概率,只能通过数学函数的形式来描述。用来描述连续型随机变量概率分布的函数 $f(x)$ 被称为概率密度函数,或者简称为概率密度。

4. 常见的离散型随机变量和连续型随机变量概率分布有哪些类型?

答:(1)常见的离散型随机变量的概率分布类型有:二项分布和泊松分布。

①二项分布:设 X 为离散型随机变量,如果 X 的概率分布为

$P(X=x) = C_n^x P^x (1-P)^{n-x}$ (其中 $x = 0, 1, 2, \cdots, n$)

则称 X 服从参数为 n, p 的二项分布,记为 $X \sim B(n, p)$。

②泊松分布:设 X 为离散型随机变量,如果 X 的概率分布为

$$P(X=x) = \frac{\lambda^x}{x!} e^{-\lambda}, 其中:x = 0, 1, 2, \cdots, \lambda > 0$$

则称 X 服从参数为 λ 得泊松分布,记为 $X \sim P(\lambda)$。

(2)常见的连续型随机变量的概率分布类型有:均匀分布、正态分布、指数分布、t 分布、F 分布等。其中应用最为广泛的是正态分布。对于连续型随机变量 X,如果 X 的概率密度为

$$f(x) = \frac{1}{\sigma \sqrt{2\pi}} e^{-\frac{(x-\mu)^2}{2\sigma^2}} \quad 其中:-\infty < x < \infty$$

则称 X 服从参数为 μ, σ^2 的正态分布,记为 $X \sim N(\mu, \sigma^2)$。

5. 二项分布和两点分布有何不同?它们的数学期望和方差有何区别?

答:二点分布只是在 n 重贝努利实验的 $n=1$ 时的一种特殊分布,也称为 0-1 分布,其概率分布为

$$P(X=x) = P^x (1-P)^{1-x}$$

由于二项分布的数学期望和方差分别为 $E(X) = np$, $D(X) = np(1-p)$,而二点分布只是在 $n=1$ 时的二项分布,所以此时二点分布的数学期望和方差分别就是将 $n=1$ 代入 $E(X) = np$, $D(X) = np(1-p)$ 的结果,即为 $E(X) = p$, $D(X) = p(1-p)$。

6. 正态分布曲线有什么特征?

答:正态分布曲线有以下特征:

(1)正态分布曲线是一条关于 $x = \mu$ 对称的钟形曲线。参数 μ 的不同取值决定正态分布曲线的中心位置。

(2)正态分布曲线的陡缓程度取决于 σ 的大小。σ 越小,曲线越陡峭;σ 越大,曲线越平缓。

(3)正态分布曲线以 x 轴为渐近线,即正态分布曲线与 x 轴不相交,曲线的尾端向左右两个方向无限延伸。

(4)正态分布曲线下的总面积为 1。

7. 重复抽样和不重复抽样有何不同?

答:重复抽样也叫放回抽样,或叫重置抽样,是指从总体单位数为 N 的总体中随机抽取一个单位观察后,又重新放回总体,参加下一次的抽选。如此连续进行 n 次抽选后,就获得一个样本容量为 n 的样本。不重复抽样也叫不放回抽样,或叫不重置抽样,是指从总体单位数为 N 的总体中随机抽取一个单位观察后,就不放回总体中参加下一次的抽选,如此连续进行 n 次,就获得一个样本容量为 n 的样本。从上述两种抽样方法来看,二者最重

要的区别在于,重复抽样的 n 次抽样,总体中的每个单位在各次抽样中被抽中的概率是相同的,也就是说,重复抽样是 n 次相互独立的实验;而不重复抽样的 n 次抽样中,总体中的每个单位在各次抽样中被抽中的概率是不相同的,也就是说,不重复抽样不是 n 次相互独立的实验。

8. 抽样组织形式有哪些? 各有何特点?

答:在概率抽样中有 4 种基本的抽样组织形式:简单随机抽样、分层抽样、系统抽样和整群抽样。

(1)简单随机抽样:也叫纯随机抽样,它是严格按照随机原则,不对总体作任何处理,直接从总体 N 个单位中抽取 n 个单位作为样本,保证总体中每个单位在抽选时都有相同的概率被抽中。

(2)分层抽样:又叫分类抽样,或叫类型抽样,它是先将总体中的单位划分为若干层(类),然后从每个层(类)中随机抽取一定数量的单位,将抽中的所有单位组合成一个样本。分层抽样按照两种方法进行:一是等比分层抽样,就是在每层中抽取样本单位的百分比是每层的单位数相对于总体单位总数的比例;二是最优分层抽样,就是每层应抽取的样本单位数是该层标志变异程度大小来决定的分层抽样。分层抽样的优点是:样本分布均匀、代表性强、抽样误差小。

(3)系统抽样:又叫等距抽样,或叫机械抽样,它是先将总体各个单位按照某一标志依顺序排列,并按照某种规则确定一个随机起点,然后每隔一定的间隔抽取一个单位,直至抽取 n 个单位构成一个样本为止。系统抽样的特点就是比简单随机抽样简便易行,而且按照有关标志排队的系统抽样,其样本分布均匀、代表性强、抽样误差小,可以提高估计的精确程度。但是要注意抽样间隔不能与数据变化的周期性一致,以免产生系统误差。

(4)整群抽样:是将总体全部单位划分为若干个群,以群为调查单位,从中随机抽取一部分群作为样本,并对抽中的各个群的所有单位进行调查。整群抽样的优点就是方便、成本低廉,但是这种抽样组织形式会使样本单位的分布不够均匀,误差会比较大,抽样估计的效果较差。

9. 如何理解样本均值 $\bar{x}$ 的抽样分布形式与总体分布、样本容量之间的密切关系?

答:样本均值 $\bar{x}$ 是抽样推断中最常用的统计量,其抽样分布与总体分布和样本容量之间存在密切的关系。

大样本($n \geqslant 30$):无论总体分布是否为正态分布,样本均值 $\bar{x}$ 的抽样分布趋近于数学期望为 μ,方差为 $\dfrac{\sigma^2}{n}$ 的正态分布,即 $\bar{x} \sim N(\mu, \dfrac{\sigma^2}{n})$。

小样本($n < 30$):(1)总体为正态分布,且总体方差 σ^2 已知,此时,样本均值 $\bar{x}$ 的抽样分布服从数学期望为 μ,方差为 $\dfrac{\sigma^2}{n}$ 的正态分布,即 $\bar{x} \sim N(\mu, \dfrac{\sigma^2}{n})$。(2)总体方差 σ^2 未知,只能用样本方差 s^2 代替总体方差 σ^2,此时,样本均值 $\bar{x}$ 在经过标准化处理后的随机变量服从自由度为 $n-1$ 的 t 分布,即 $t = \dfrac{\bar{x} - \mu}{s / \sqrt{n}} \sim t(n-1)$。

可见,在总体分布相同的情况下,由于样本容量的大小不同,总体分布的方差是否已知,结果导致样本均值 $\bar{x}$ 的抽样分布有所不同。

10. 重复抽样和不重复抽样相比,样本均值 $\bar{x}$ 和样本比率 p 的方差(标准差)有何不同?

答:(1)样本均值 $\bar{x}$。在重复抽样条件下,样本均值 $\bar{x}$ 的方差 $\sigma_{\bar{x}}^2$ 与总体方差 σ^2 之间的关系是:$\sigma_{\bar{x}}^2 = \frac{1}{n}\sigma^2$。在不重复抽样条件下,样本均值 $\bar{x}$ 的方差 $\sigma_{\bar{x}}^2$ 与总体方差 σ^2 之间的关系是:$\sigma_{\bar{x}}^2 = \frac{1}{n}\sigma^2\left(\frac{N-n}{N-1}\right)$。

(2)样本比率 p。在重复抽样条件下,样本比率 p 的方差 σ_p^2 与总体方差 $P(1-P)$ 之间的关系是:$\sigma_p^2 = \frac{1}{n}P(1-P)$。在不重复抽样条件下,样本比率 p 的方差 σ_p^2 与总体方差 $P(1-P)$ 之间的关系是:$\sigma_p^2 = \frac{1}{n}P(1-P)\left(\frac{N-n}{N-1}\right)$。

五、计算分析题

1. 解:

该随机试验的基本事件有 6 个,样本空间为 $\Omega = \{0,1,2,3,4,5\}$,按照古典概率,抽取到偶数次品的概率 $=2/6=1/3$。

2. 解:

(1)完成该任务的数学期望为

$$E(X) = \sum_{i=1}^{n} x_i p_i = 1\times0.05+2\times0.20+\cdots+5\times0.10 = 3.20(天)$$

(2)完成该任务的方差为 $D(X) = \sum_{i=1}^{n}(x_i-\mu)^2 P_i$

$=(1-3.2)^2 0.05+(2-3.2)^2 0.20+\cdots+(5-3.20)^2 0.10$

$=0.242+0.288+0.014+0.192+0.324$

$=1.06$

完成该任务的标准差为 $\sigma = \sqrt{D(X)} = \sqrt{1.06} = 1.03(天)$

3. 解:

从 100 个产品中(其中有 4 个次品)有放回地随机抽取 3 个,即是重复抽样,样本容量为 3,取出的 3 个中恰好有 1 个次品,也就是在 3 个产品中有正品 2 个,次品 1 个。这 2 个正品只能从总体中的 96 个正品中抽取,共有 C_{96}^2 种;而 1 个次品只能从总体中的 4 个次品中抽取,共有 C_4^1 种。因此"3 个中恰有 1 个次品"共包含了 $C_{96}^2 C_4^1$ 个基本事件。设所取的 3 个中恰好有 1 个次品的概率为 $P(A)$,则:

$$P(A) = C_{96}^2 C_4^1 / C_{100}^3 = 0.1128$$

4. 解:

由于房屋的销售服从泊松分布 $P(X=x) = \frac{\lambda^x}{x!}e^{-\lambda}$,所以

(1)1 天没有售出房屋的概率为 $P(X=0) = \frac{2^0}{0!}e^{-2} = 0.1353$

（2）1 天售出 5 套房屋的概率是 $P(X=5) = \dfrac{2^5}{5!} e^{-2} = 0.0361$

5. 解：

（1）因为服从泊松分布的 X 的数学期望 $E(X) = \lambda$，方差 $D(X) = \lambda$，所以有 $E(X) = 3$，$D(X) = 3$。

（2）给定周五请事假的人数为 4 人的概率是：

$$P(X=x) = P(X=4) = \dfrac{3^4}{4!} e^{-3} = 0.168$$

6. 解：

设节能灯管的使用寿命为 X，则 $X \sim N(1050, 200^2)$。因此

（1）$P(X < 500) = P(Z < \dfrac{500-1050}{200} = -2.75) = 1 - \varPhi(2.75) = 0.3\%$

（2）$P(850 \leqslant X \leqslant 1450) = P(\dfrac{850-1050}{200} \leqslant X \leqslant \dfrac{1450-1050}{200}) = P(-1 \leqslant X \leqslant 2) = \varPhi(2) - \varPhi(-1) = 0.9772 - 0.1587 = 81.85\%$

（3）在 95% 的概率水平下，节能灯管的使用寿命在 $(\mu - 1.96\sigma, \mu + 1.96\sigma)$ 范围，即为 $(1050 - 1.96 \times 200 \leqslant X \leqslant 1050 + 1.96 \times 200)$，$(658 \leqslant X \leqslant 1442)$。

7. 解：

（1）$P(X < 9.4) = P(Z < \dfrac{9.4-10}{0.2} = -3) = 1 - \varPhi(3) = 0.13\%$

（2）以 95% 的概率保证，该零件的长度应该在：$(\mu - 1.96\sigma, \mu + 1.96\sigma)$，即是在：$(10 - 1.96 \times 0.2 \leqslant X \leqslant 10 + 1.96 \times 0.2)$，$(9.608 \leqslant X \leqslant 10.392)$。此变化范围比要求的 9.5 ~ 10.5 毫米还要小，可见此要求能够得到保证。

8. 解：

设要确定的 X 的值为 x，则（1）$P(X > x) = P(Z > \dfrac{x-200}{45}) = 0.35$，查表可以得到 $\dfrac{x-200}{45} = -0.39$，$x = 182.45$ 即有 65% 的变量值大于 182.45。

（2）$P(X < x) = P(Z < \dfrac{x-200}{45}) = 0.179$，查表可以得到 $\dfrac{x-200}{45} = -0.92$，$X = 158.6$。

（3）$P(X > x) = P(Z > \dfrac{x-200}{45}) = 0.55$，查表可以得到 $\dfrac{x-200}{45} = 0.13$，$X = 205.85$。

第六章　抽样估计

一、单选题

1-5：CDCCB　　6-10：BBABD　　11-15：DAAAB　　16-20：BBCDA

21：A

二、多选题

1. BCE   2. ABCE   3. BC   4. ABCDE   5. ABDE
6. AC   7. BD   8. ABCDE   9. ACE   10. AB
11. ABCD

三、判断改错题

1. ×。抽样估计是用样本统计量对总体参数进行估计的，不可避免会产生误差，而且这种误差的大小是能够进行控制的。

2. ×。抽样平均误差本身并不随样本估计值的不同而变化。因此，抽样平均误差不是随机变量。

3. √。

4. ×。当抽样平均误差一定时，概率度越小，估计的可靠程度越低。

5. ×。在极限误差一定的条件下，如果有两次比率的资料 P_1、P_2，其中 $P_1 > P_2$，则应根据 P_1、P_2 两个比率中的最大方差值计算必要样本容量。

6. ×。在其他条件相同的情况下，整群抽样的误差常常大于简单随机抽样的误差，比类型抽样的误差也要大。

7. ×。当极限误差越小时，抽选的必要样本单位数目就越多。

8. ×。样本（修正）方差才是总体方差的无偏估计值。

9. √。

10. √。

11. √。

12. ×。在计算抽样平均误差时，因为总体方差未知，所以就用历史方差数据中的最大值代替总体方差。

13. √。

14. ×。此时应该选择较大的必要样本容量。

15. ×。因为样本指标值是一个随机变量，总体指标是一个未知的确定的值，所以才可能用样本指标去估计总体指标。

16. √。

17. √。

四、问答题

1. 什么叫估计量？评价估计量有哪些标准？

答：在抽样估计中，用获得的样本统计量对总体参数进行估计，将用来对总体参数进行估计的样本统计量称为估计量。

评价优良估计量的标准有三个：无偏性、有效性、一致性。无偏性是指估计量抽样分布的期望值等于被估计的总体参数。有效性是指估计量与总体参数的离散程度比较小，即估计量的方差尽可能小，又称为优良估计量的最小方差性。一致性是指随着样本容量的增大，估计量应当充分地接近被估计的总体参数。

2. 什么是区间估计？总体参数的区间估计有哪些步骤？

答：区间估计是利用样本统计量在给定的概率$(1-\alpha)$保证下，给总体参数构造一个估计区间。总体参数的区间估计一般要经过以下四个步骤：

（1）计算样本统计量：主要是样本均值、样本比率、样本方差等；

（2）计算抽样误差和抽样极限误差；

（3）确定置信区间；

（4）对估计结果加以说明，指出总体参数的估计范围及落在此范围的可能性。

3. 什么是重复抽样和不重复抽样？为何可以用纯随机抽样条件下的重复抽样的抽样平均误差来代替不重复抽样的抽样平均误差？

答：（1）抽样过程中，如果每次抽取一个单位进行观察之后又放回去参加下一次的抽样，这种抽样方法就叫重复抽样。重复抽样的样本是n次互相独立的连续实验所组成，每次实验是在完全相同的条件下进行的。因此每个单位中选或不中选的机会在各次实验中都完全均等。如果每次抽取一个单位进行观察之后不再放回去参加下次抽取，则这样的抽样方法就叫不重复抽样。

（2）抽样平均误差在重复和不重复抽样条件下是不相同的，由计算公式可以看到，在其他条件相同的情况下，不重复抽样的抽样平均误差总比重复抽样的抽样平均误差多一个修正因子$(\frac{N-n}{N-1})$，而修正因子又总是小于1的数，因此不重复抽样平均误差总是小于重复抽样平均误差。在实际工作中，可使用重复抽样平均误差代替不重复抽样平均误差。其原因是：① 当全及总体单位数N很大时，而修正因子近似地等于1，重复抽样误差和不重复抽样误差的差别很小，可以忽略不计。② 采用随机重复抽样平均误差代替不重复抽样平均误差，实际是采用较大的抽样误差代替较小的抽样误差，在统计估计时，适当地扩大了估计区间范围，从而更加保证了估计的把握程度，又简化了计算。因此从事实际统计工作的统计工作者往往不用修正因子。

4. 抽样估计中为什么要遵循随机原则？大数定律和中心极限定律对抽样估计有何意义？

答：（1）随机抽样使每个总体单位都有抽中的机会（或概率），使每次抽样成为随机观察，使样本指标成为随机变量，为抽样估计中应用概率论的理论与方法提供了先决条件。可以说，抽样估计的一系列理论与方法都是以随机抽样为基础的，离开了随机抽样，抽样估计就失去了科学依据。当然随机抽样对于排除人的主观偏好的影响，避免系统性误差，保证样本的代表性也具有重要意义。

（2）大数定律是关于大量的随机现象具有稳定性质的定律。其意义概括起来就是：对随机现象进行大量观察，其总体现象的一般特征与规律性就可以通过个别单位观察结果的综合特征。在随机抽样和样本单位数足够多的条件下，可以通过样本指标表现出来。大数定律揭示了样本指标与总体指标之间的相互关系，为在一定条件下，根据样本指标去估计总体指标，提供了数理依据，解决了抽样估计的可行性问题。

（3）中心极限定律表明如果总体变量存在有限的平均数$\bar{X}$和方差σ^2，那么不论总体变量的分布如何，在样本单位数目n足够多的条件下，样本平均数$\bar{X}$的分布将接近以总体平均数$\bar{X}$为中心，以总方差的n分之一为方差$(\frac{\sigma^2}{n})$的正态分布。中心极限定律把样本指标通过正态分布与总体指标联系了起来,阐明了样本指标与总体指标之间的必然数量关系,这就为取得了样本指标后,利用正态分布估计总体指标提供了方法依据,从而解决了怎样估计的理论问题。

5. 抽样平均误差和极限抽样误差的关系如何?

答:抽样平均误差是样本指标的标准差,它是反映抽样误差一般水平的指标,抽样平均数误差是一个定值;抽样极限误差是以绝对值形式表示的在一定的概率保证下给定的抽样误差的一般范围,或者说在一定概率下样本统计量与被估计的总体参数之差的可能范围,也叫允许误差,或称抽样误差范围,可用公式表示抽样平均误差与抽样极限误差之间的关系:$\Delta_{\bar{x}} = Z_{\frac{\alpha}{2}} \mu_{\bar{x}}$

6. 如何理解抽样平均误差是样本统计量的标准差?

答:抽样平均误差是反映抽样误差一般水平的指标,计算方法是全部样本指标与全及指标离差平方的算术平均数的算术平方根。它反映了样本指标与总体指标之间的平均离差程度。

在公式 $\mu_{\bar{x}} = \sqrt{\dfrac{\sum (\bar{x} - \bar{X})^2}{\text{可能样本数目}}}$,$\mu_p = \sqrt{\dfrac{\sum (p - P)^2}{\text{可能样本数目}}}$ 中,由于样本平均数的平均数等于总体平均数,样本成数的平均数等于总体成数的平均数,因此抽样平均误差的计算公式恰好符合标准差的计算方法。所以说抽样平均误差也就是样本指标的标准差。

7. 影响抽样误差的因素有哪些?各因素的影响方向和程度有何不同?

答:(1)影响抽样误差的因素有:① 总体标准差;② 抽样单位数;③ 抽样方法;④ 抽样的组织方式。

(2)总体标准差与抽样误差成正比,样本单位数的平方根 $\sqrt{n}$ 与抽样误差成反比,重复抽样比不重复抽样的抽样误差大;在同一条件下,纯随机抽样的样本单位数多;在同一样本单位数条件下,纯随机抽样、整体抽样的误差比分层抽样、等距抽样的误差大。

8. 确定样本容量有何意义?影响样本容量的因素有哪些?

答:在进行抽样估计时,总是希望既满足较高的可靠程度,又满足较高的精确度要求,最一般的做法就是通过扩大样本容量来控制抽样误差,但是过大的样本容量会增加人、财、物的支出和耗费,加大了统计成本,造成浪费,还可能会降低抽样效率。反之,过小的样本容量无法满足抽样估计精确度和可靠程度的要求。因此,在抽样估计之前,有必要确定一个合理的样本容量。影响样本容量的因素有:① 置信水平;② 抽样极限误差;③ 总体方差;④ 抽样方法;⑤ 抽样的组织方式。

五、计算分析题

1. 解:

(1)重复抽样:$\mu_{\bar{x}} = \sqrt{\dfrac{\sigma^2}{n}} = \sqrt{\dfrac{80^2}{50}} = 11.31$(元)

(2)不重复抽样:$\mu_{\bar{x}} = \sqrt{\dfrac{\sigma^2}{n}\left(\dfrac{N-n}{N-1}\right)} = \sqrt{\dfrac{80^2}{50} \times \left(\dfrac{1500-50}{1500-1}\right)} = 11.13$(元)

2. 解：

（1）重复抽样：$\mu_p = \sqrt{\dfrac{p(1-p)}{n}} \times 100\% = \sqrt{\dfrac{\frac{394}{400} \times (1-\frac{394}{400})}{400}} \times 100\% = 0.608\%$

（2）不重复抽样：

$\mu_p = \sqrt{\dfrac{p(1-p)}{n}(1-\dfrac{n}{N})} \times 100\% = \sqrt{\dfrac{\frac{394}{400} \times (1-\frac{394}{400})}{400} \times (1-\dfrac{400}{40000})} \times 100\% = 0.605\%$

3. 解：

（1）每位顾客平均消费额的抽样极限误差

$\mu_{\bar{x}} = \sqrt{\dfrac{\sigma^2}{n}} = \sqrt{\dfrac{10^2}{35}} = 1.69（元）$

$\Delta_{\bar{x}} = Z_{\frac{\alpha}{2}}\mu_{\bar{x}} = 1.96 \times 1.69 = 3.31（元）$

（2）每位顾客消费额在 25 元以上的所占比率的抽样极限误差

$\mu_p = \sqrt{\dfrac{p(1-p)}{n}} \times 100\% = \sqrt{\dfrac{0.2 \times (1-0.2)}{35}} \times 100\% = 6.76\%$

$\Delta_p = Z_{\frac{\alpha}{2}}\mu_p = 1.96 \times 6.76\% = 13.25\%$

4. 解：

每周上网时间/小时	组中值(x)	人数(f)/人	xf
0~1	0.5	7	3.5
1~2	1.5	20	30
2~3	2.5	8	20
3 以上	3.5	5	17.5
合计	—	40	71

平均上网时间 $\bar{x} = \dfrac{\sum xf}{\sum f} = \dfrac{0.5 \times 7 + 1.5 \times 20 + \cdots + 3.5 \times 5}{40} = 71/40 = 1.775（小时）$

$s = \sqrt{\dfrac{\sum(x-\bar{x})^2 f}{\sum f - 1}} = \sqrt{\dfrac{(0.5-1.775)^2 7 + \cdots + (3.5-1.775)^2 5}{40-1}} = 0.905（小时）$

$\mu_{\bar{x}} = \sqrt{\dfrac{s^2}{n}} = \sqrt{\dfrac{0.905^2}{40}} = 0.143（小时）$

该校大学生每周平均上网时间在置信水平为95%的条件下的置信区间为

$$\bar{x} - Z_{\frac{\alpha}{2}}\mu_{\bar{x}} \leq \bar{X} \leq \bar{x} + Z_{\frac{\alpha}{2}}\mu_{\bar{x}}$$

$$1.775 - 1.96 \times 0.143 \leq \bar{X} \leq 1.775 + 1.96 \times 0.143$$

$$1.49 \leq \bar{X} \leq 2.06$$

平均上网时间在置信水平为95%的条件下的置信区间是1.49小时至2.06小时。

5. 解：

已知 $N = 800, n = 50, p = 32/50 = 64\%, 1 - \alpha = 95.45\%$，即 $Z_{\frac{\alpha}{2}} = 2$

$$\mu_p = \sqrt{\frac{p(1-p)}{n} \times \left(1 - \frac{n}{N}\right)} \times 100\% = \sqrt{\frac{0.64 \times (1 - 0.64)}{50} \times \left(1 - \frac{50}{800}\right)} \times 100\% = 6.573\%$$

$$p - Z_{\frac{\alpha}{2}} \mu_p \leq \pi \leq p + Z_{\frac{\alpha}{2}} \mu_p$$

$$64\% - 2 \times 6.573\% \leq \pi \leq 64\% + 2 \times 6.573\%$$

$$即 \quad 50.85\% \leq \pi \leq 77.15\%$$

在 95.45% 的置信水平条件下，小区居民中赞成更换物业管理公司所占比率的置信区间是 50.85% 至 77.15%。

6. 解：

已知 $n = 18, s = 300$ 小时，$1 - \alpha = 95\%$，查 χ^2 分布表得

$$\chi^2_{\frac{\alpha}{2}}(n - 1) = \chi^2_{0.025}(18 - 1) = 30.191$$

$$\chi^2_{1-\frac{\alpha}{2}}(n - 1) = \chi^2_{0.975}(18 - 1) = 7.5642$$

在给定置信水平 $1 - \alpha$ 条件下，总体方差的置信区间为

$$\frac{(n - 1)s^2}{\chi^2_{\frac{\alpha}{2}}} \leq \sigma^2 \leq \frac{(n - 1)s^2}{\chi^2_{1-\frac{\alpha}{2}}}$$

代入上述数据得

$$\frac{(18 - 1)300^2}{30.191} \leq \sigma^2 \leq \frac{(18 - 1)300^2}{7.5642}$$

即 $\quad 50677.35 \leq \sigma^2 \leq 202268.58$

以 95% 的置信水平，估计这种电子管寿命方差的置信区间在 50677.35 至 202268.58 之间。

7. 解：

（1）已知 $N = 5600, \sigma = 10, Z_{\frac{\alpha}{2}} = 2, \Delta_{\bar{x}} = 1$

重复抽样条件下：$n = \dfrac{Z_{\frac{\alpha}{2}}^2 \sigma^2}{(\Delta_{\bar{x}})^2} = \dfrac{2^2 \times 10^2}{1^2} = 400（只）$

不重复抽样条件下：$n = \dfrac{Z_{\frac{\alpha}{2}}^2 \sigma^2 N}{(\Delta_{\bar{x}})^2 N + Z_{\frac{\alpha}{2}}^2 \sigma^2} = \dfrac{2^2 \times 10^2 \times 5600}{1^2 \times 5600 + 2^2 \times 10^2} \approx 373.3 = 374（只）$

即在不重复抽样条件下至少应该抽取 374 只节能灯。

（2）已知 $N = 5600, \sigma = 10, Z_{\frac{\alpha}{2}} = 2, \Delta_{\bar{x}} = 2$

重复抽样条件下：$n = \dfrac{Z_{\frac{\alpha}{2}}^2 \sigma^2}{(\Delta_{\bar{x}})^2} = \dfrac{2^2 \times 10^2}{2^2} = 100（只）$

不重复抽样条件下：$n = \dfrac{Z_{\frac{\alpha}{2}}^2 \sigma^2 N}{(\Delta_{\bar{x}})^2 N + Z_{\frac{\alpha}{2}}^2 \sigma^2} = \dfrac{2^2 \times 10^2 \times 5600}{2^2 \times 5600 + 2^2 \times 10^2} \approx 98.2 = 99（只）$

即在不重复抽样条件下至少应该抽取 99 只节能灯。

8. 解：

已知 $p = 98\%, \Delta_p = 2.3\%, Z_{\frac{\alpha}{2}} = 1.96, n = \dfrac{Z_{\frac{\alpha}{2}}^2 P(1-P)}{(\Delta_p)^2} = \dfrac{1.96^2 \times 0.98 \times (1-0.98)}{0.023^2} \approx$

$142.3 = 143(\text{包})$

即应抽 143 包茶叶进行检验。

9. 解：

样本平均数 $\bar{x} = \dfrac{\sum xf}{\sum f} = \dfrac{32 \times 600 + 36 \times 300}{600 + 300} = 33.33$

平均组内方差 $\overline{\sigma^2} = \dfrac{\sum s^2 f}{\sum f} = \dfrac{20^2 \times 600 + 30^2 \times 300}{600 + 300} = 566.67$

抽样平均误差 $\mu_{\bar{x}} = \sqrt{\dfrac{\overline{\sigma^2}}{n}} = \sqrt{\dfrac{566.67}{900}} = 0.79$

平均数范围：$\bar{x} - Z_{\frac{\alpha}{2}} \mu_{\bar{x}} \leqslant \bar{X} \leqslant \bar{x} + Z_{\frac{\alpha}{2}} \mu_{\bar{x}}$

即为：$33.33 - 1.96 \times 0.79 \leqslant \bar{X} \leqslant 33.33 + 1.96 \times 0.79, 31.77 \leqslant \bar{X} \leqslant 34.88$

10. 解：

（1）已知 $\sigma = 25.5, \Delta_{\bar{x}} = 9, Z_{\frac{\alpha}{2}} = 2, n = \dfrac{Z_{\frac{\alpha}{2}}^2 \sigma^2}{(\Delta_{\bar{x}})^2} = \dfrac{2^2 \times 25.5^2}{9^2} \approx 32.1 = 33(\text{户})$，在重复抽样条件下至少要抽 33 户居民进行调查。

（2）已知 $\sigma = 25.5, \Delta_{\bar{x}} = 9 \times 0.5 = 4.5, Z_{\frac{\alpha}{2}} = 2, n = \dfrac{Z_{\frac{\alpha}{2}}^2 \sigma^2}{(\Delta_{\bar{x}})^2} = \dfrac{2^2 \times 25.5^2}{4.5^2} \approx 128.4 =$ $129(\text{户})$，若允许误差缩小为原来的 0.5 倍，至少应该抽 129 户居民进行调查。

11. 解：

整理数据得下表：

身高(x)/m	0.9	1.0	1.1	1.2	1.3	1.4	1.5	合计
人数(f)/人	1	3	7	10	6	2	1	30

$\bar{x} = \dfrac{\sum xf}{\sum f} = \dfrac{0.9 \times 1 + \cdots + 1.5 \times 1}{30} = 35.7/30 = 1.19(\text{m})$

$s = \sqrt{\dfrac{\sum(x-\bar{x})^2 f}{\sum f - 1}} = \sqrt{\dfrac{(0.9-1.19)^2 \times 1 + \cdots + (1.5-1.19)^2 \times 1}{30-1}} = 0.132(\text{m})$

$\mu_{\bar{x}} = \sqrt{\dfrac{s^2}{n}} = 0.024(\text{m})$

该校学生的平均身高为 1.19 米，标准差为 0.132 米，抽样平均误差为 0.024 米。

12. 解：

（1）$\mu_{\bar{x}} = \sqrt{\dfrac{s^2}{n}} = \sqrt{\dfrac{100^2}{50}} = 14.14(\text{克})$

(2)$\bar{x} - Z_{\frac{\alpha}{2}}\mu_{\bar{x}} \leq \bar{X} \leq \bar{x} + Z_{\frac{\alpha}{2}}\mu_{\bar{x}}$，即:

$500 - 2 \times 14.14 \leq \bar{X} \leq 500 + 2 \times 14.14, 471.72 \leq \bar{X} \leq 528.28$

(3)$\bar{x} - Z_{\frac{\alpha}{2}}\mu_{\bar{x}} \leq \bar{X} \leq \bar{x} + Z_{\frac{\alpha}{2}}\mu_{\bar{x}}$，即

$500 - 3 \times 14.14 \leq \bar{X} \leq 500 + 3 \times 14.14, 457.58 \leq \bar{X} \leq 542.42$

（4）2000 亩 = 12000000 平方尺 = 1200000 十平方尺，2000 亩小麦的总产量的置信区间为（471.72 × 1200000, 528.28 × 1200000），即（566064000, 633936000）。在 95.45% 的置信水平下，2000 亩小麦地的总产量在 566064 千克至 633936 千克之间。

13. 解:

已知 $Z_{\frac{\alpha}{2}} = 2$，$\Delta_p = 0.025$，根据过去进行的三次同样调查得到的电视机的合格率数据，求出合格率方差的最大值为 $P(1-P) = 99.1\%(1 - 99.1\%) = 0.8919\%$，因此

$$n = \frac{Z_{\frac{\alpha}{2}}^2 P(1-P)}{(\Delta_p)^2} = \frac{2^2 \times 0.8919\%}{0.025^2} = 58(台)$$

应抽 58 台电视机进行质量检查。

14. 解:

此抽样组织形式属于等比例的分层抽样，

样本平均数 $\bar{x} = \sum x \frac{f}{\sum f} = 260 \times (1/2.5) + 200 \times (1.5/2.5) = 224(小时)$，

平均组内方差 $\overline{\sigma^2} = \frac{\sum s^2 f}{\sum f} = 10^2 \times (1/2.5) + 13^2 \times (1.5/2.5) = 141.4$，

$$\mu_{\bar{x}} = \sqrt{\frac{\overline{\sigma^2}}{n}} = \sqrt{\frac{141.4}{50}} = 1.68(小时)$$

平均数范围:$\bar{x} - Z_{\frac{\alpha}{2}}\mu_{\bar{x}} \leq \bar{X} \leq \bar{x} + Z_{\frac{\alpha}{2}}\mu_{\bar{x}}, 224 - 1.96 \times 1.68 \leq \bar{X} \leq 224 + 1.96 \times 1.68$，

即 $220.70 \leq \bar{X} \leq 227.29$。

15. 解:

此抽样组织形式属于整群抽样。

已知 $n = 30$，$N = 30 \times 24 = 720$，$\sigma_r^2 = 0.01$，$Z_{\frac{\alpha}{2}} = 2$

$$\mu_p = \sqrt{\frac{\sigma_r^2}{n}\left(\frac{N-n}{N-1}\right)} \times 100\% = \sqrt{\frac{0.01}{30}\left(\frac{720-30}{720-1}\right)} \times 100\% = 1.79\%$$

$p - Z_{\frac{\alpha}{2}}\mu_p \leq P \leq p + Z_{\frac{\alpha}{2}}\mu_p$

$$98\% - 2 \times 1.79\% \leq P \leq 98\% + 2 \times 1.79\%$$

$$92.06\% \leq P \leq 99.94\%$$

按置信水平为 95.45% 推断本月电子零件的合格率在 92.06% 至 99.94% 之间。

第七章　假设检验

一、单选题

1-5：AADBC　　　6-10：DCBBA

二、多选题

1. ABC　　　2. ABD　　　3. AE　　　4. ABCD　　　5. BCDE

三、判断改错题

1. √。

2. ×。判断原假设 H0 是否成立的一个法则：当 H0 成立时，会有 $|Z| = \dfrac{|\bar{x} - \mu_0|}{\delta / \sqrt{n}} \leq c$（临界值），此时接受 H0；若 $|Z| > c$，此时拒绝 H0。

3. ×。假设检验中的两类错误的第二类错误是当 H0 本来不成立时，样本观测值却落入接受域而错误地接受了 H0，也称为"纳伪"错误。

4. ×。假设检验中的两类错误的第一类错误和第二类错误发生的概率分别为 α 和 β，则二者之间的关系是 α 越大，β 越小；α 越小，β 越大。

5. ×。显著性水平通常是一个取值低于 0.1 的小概率。

6. ×。在对单个总体的均值参数进行假设检验时，如果总体服从正态分布但方差未知，来自正态总体的样本为小样本，应该选择 t 统计量作为检验统计量。

7. ×。对于服从二项分布的 $X \sim B(n, p)$，当 n 很大，而且 np 和 $n(1-p)$ 均大于 5 时，二项分布近似于正态分布。

8. ×。在右侧检验条件下，检验统计量 $t = \dfrac{\bar{x} - \mu_0}{s / \sqrt{n}}$ 在显著性水平 α 下的拒绝域是：$t > t_\alpha(n-1)$。

9. ×。对总体方差做单侧检验时，在给定的显著性水平 α 下，原假设 $H0 : \delta^2 = \delta_0^2$ 的拒绝域为：$\chi_\alpha^2(n-1) < \chi^2$，$\chi^2 < \chi_{1-\alpha}^2(n-1)$。

10. ×。在对两个服从正态分布的总体均值之差进行假设检验时，如果两个总体的方差分别为 δ_1^2 和 δ_2^2，而且它们是已知的，均值分别为 μ_1 和 μ_2，来自两个总体的两个相互独立的样本的均值分别为 $\bar{x}$ 和 $\bar{y}$，则：$\bar{x} - \bar{y} \sim N(\mu_1 - \mu_2, \dfrac{\delta_1^2}{n_1} + \dfrac{\delta_2^2}{n_2})$。

11. ×。在对两个服从正态分布的总体均值之差进行假设检验时，如果两个总体的方差分别为 δ_1^2 和 δ_2^2，而且它们是未知的，但是 $\delta_1^2 = \delta_2^2 = \delta^2$，均值分别为 μ_1 和 μ_2，来自两个总体的两个相互独立的样本的均值分别为 $\bar{x}$ 和 $\bar{y}$，则选用合并方差 s_p^2 来估计 δ^2，合并方差 s_p^2 的正确计算形式是$s_p^2 = \dfrac{(n_1 - 1) s_1^2 + (n_2 - 1) s_2^2}{n_1 + n_2 - 2}$。

四、问答题

1. 假设检验和参数估计有何异同？

答：(1)假设检验和参数估计的相同之处：假设检验和参数估计同属于推断统计的两个组成部分，都是利用样本信息对总体参数作出推断。

(2)假设检验和参数估计的不同之处：假设检验和参数估计这二者在利用样本信息对总体作出推断时，研究的角度不同。参数估计是在总体参数未知的情况下，利用样本统计量去推断总体参数；但是假设检验却是事先对总体参数作出某种假设，然后利用样本信息去检验这个假设是否成立，并利用检验的结果作出某种决策。

2. 何谓假设检验中的第一类错误和第二类错误？它们之间是什么关系？

答：(1)假设检验中的第一类错误：当原假设 H0 本来为真时，样本观测值却落入拒绝域，由此错误地拒绝原假设 H0，这就是假设检验中的第一类错误，或称为"弃真"错误。其概率记为 α。

假设检验中的第二类错误：当原假设 H0 本来不成立时，样本观测值却落入接受域，由此错误地接受了原假设 H0，这就是假设检验中的第二类错误，或称为"纳伪"错误。其概率记为 β。

(2)在假设检验中，犯两类错误的可能性都存在。对于一定的样本容量 n，犯两类错误的概率存在此消彼长的关系。即 α 越大，β 就越小；反之，α 越小，β 就越大。

3. 如何理解假设检验中的显著性水平 α？确定显著性水平 α 的原则是什么？

答：(1)假设检验中的显著性水平 α，实际就是在做假设检验时犯第一类错误或者说犯"弃真"错误的概率值。如果显著性水平 α 越大，也就是犯第一类错误的可能性越大，越有可能拒绝真实的原假设。

(2)确定显著性水平 α 的原则是：在假设检验中将可能带来的后果越严重、危害越大的那一类错误作为首要的控制目标。主要是通过控制犯第一类错误来实现这一目标。一般做法是将最关心的问题作为原假设提出，将较严重的错误放到第一类错误上，如此就可以对第一类错误实施有效的控制。因此，在一对对立的假设中，选择原假设需要慎重。显著性水平 α 的取值的大小必须根据问题的性质选择一个恰当的值，通常情况下显著性水平 α 的取值低于 0.1 的小概率。

4. 假设检验依据的基本原理是什么？

答：假设检验依据的基本原理是：在某种原假设成立的条件下，利用适当的统计量和给定的显著性水平 α，构造一个小概率事件，可以认为小概率事件在一次观察中基本不会发生，如果该事件发生了，就认为原假设不真，从而拒绝原假设，接受备择假设。

5. 在对一个服从正态分布、总体方差未知的总体均值进行假设检验时，应该使用什么检验？请阐述理由。

答：在对一个服从正态分布、总体方差未知的总体均值进行假设检验时，应该根据获得的样本容量的大小分别选择 Z 检验或者 t 检验。

理由：

（1）在大样本情况下，无论总体是何分布，检验统计量 Z 依然服从标准正态分布，在计算检验统计量 Z 时，只不过由于总体方差未知，要用样本标准差代替总体标准差。所以，在大样本条件下用 Z 检验。

（2）在小样本情况下，由于总体服从正态分布，样本是来自正态总体的随机样本，但是总体方差未知，在计算检验统计量的时候，只能用样本标准差代替总体标准差，此时，样本容量为小样本，检验统计量不再服从标准正态分布，而是服从自由度为 $n-1$ 的 t 分布。故而采用 t 检验。

6. 简述假设检验的一般步骤。

答：假设检验一般包括以下五个步骤：

（1）确定适当的原假设和备择假设。根据研究问题的需要提出原假设和其对立的备择假设。原假设必须包括等号在内。

（2）确定检验的统计量及其分布。要对原假设是否成立作出判断，就必须要选定和假设内容密切相关的检验统计量，以及检验统计量服从什么样的分布，统计量的分布又取决于总体的分布、总体方差是否已知、样本是否为大样本等因素。

（3）确定显著性水平 α 的取值，根据统计量的抽样分布来确定统计量的临界值，从而确定拒绝域。显著性水平 α 的值到底多大合适取决于犯第一类错误和第二类错误后产生的后果及人们所需付出的代价。显著性水平 α 的取值的大小必须根据问题的性质选择一个恰当的值，通常情况下显著性水平 α 的取值是在 0.001 ~ 0.05 之间的一个小概率。

（4）计算样本统计量的值，并与统计量的临界值比较，以确定是否落入拒绝域。

（5）得出结论，作出决策。

7. 你是赞成还是反对以下说法："你在假设检验中，若设定很低的显著性水平 α，比如说 0.001，则你将很少出现误差。因此，你总应当如此行事。"

答：我反对以下说法："你在假设检验中，若设定很低的显著性水平 α，比如说 0.001，则你将很少出现误差。因此，你总应当如此行事。"

因为，在假设检验中设定很低的显著性水平 α，比如说 0.001，这只能是在样本容量一定的情况下，降低了犯第一类错误的概率，也就是犯"弃真"错误的可能性很小；但是在设定很低的显著性水平 α 的同时，就会增大犯第二类错误的概率，即出现更大可能的"纳伪"错误。所以，在进行假设检验时，并不是设定很低的显著性水平 α，就会很少出现误差。不能总是这样来设定很低的显著性水平 α，而是必须根据问题的性质选择一个恰当的显著性水平 α。

8. 请解释临界值在假设检验中的作用。

答：以检验总体均值 $\mu = \mu_0$ 为例，在原假设 H0: $\mu = \mu_0$ 成立的条件下，样本均值 $\bar{x}$ 与假定的总体均值 μ_0 相差不应过大，即偏差 $|\bar{x} - \mu_0|$ 不应过大。如果偏差 $|\bar{x} - \mu_0|$ 过大，就有理由认为原假设 H0: $\mu = \mu_0$ 不成立。由于在原假设 H0 成立时，样本统计量 $Z = \dfrac{\bar{x} - \mu_0}{\delta / \sqrt{n}}$ ~

$N(0,1)$，因此，衡量偏差 $|\bar{x} - \mu_0|$ 的大小等价于衡量 $|Z|$ 的大小，问题是 $|Z|$ 大到何种程度才算过大，才有理由怀疑原假设而拒绝它，这就需要确定一个界限，用 c 表示这个界限，由此获得判断原假设是否成立的法则，这个 c 就是假设检验中的临界值，它就是判断原假设是否成立的一个数量界限，或者说它是一个区分接受域和拒绝域的数量界限。

五、计算分析题

1. 解：

提出的问题就是要检验这批电子元件的平均使用寿命是否发生显著变化，也就是在总体方差已知的条件下，检验总体均值是否等于 2350 小时的问题。已知总体均值 $\mu_0 = 2350$，总体方差为 25^2，样本容量 $n = 15$ 为小样本。

（1）提出原假设 $H0:\mu = 2350$；备择假设 $H1:\mu \neq 2350$。

（2）在 H0 成立的条件下，由于电子元件的使用寿命服从正态分布，总体方差已知，所以选择检验统计量 $Z = \dfrac{\bar{x} - \mu_0}{\delta / \sqrt{n}} \sim N(0,1)$。

（3）给定显著性水平 $\alpha = 0.05$ 条件下，查 Z 分布表，找出统计量的临界值为 $Z_{0.025} = 1.96$，故得此问题的拒绝域为：$Z < -1.96$ 或者 $Z > 1.96$。

（4）计算检验统计量：

$$\bar{x} = \frac{\sum x}{n} = \frac{2315 + 2360 + \cdots + 2370}{15} = 35175/15 = 2345$$

$$Z = \frac{\bar{x} - \mu_0}{\delta / \sqrt{n}} = \frac{2345 - 2350}{25 / \sqrt{15}} = -0.7746$$

可见，统计量 $Z > -1.96$，统计量的值落在接受域内，说明这批电子元件的平均使用寿命没有发生显著变化。

2. 解：

此题提出的问题就是要检验两砖窑所产砖的抗压强度有无明显差异，也就是要检验在总体方差已知的条件下，检验两个总体均值是否相等的问题。已知总体方差 $\delta^2 = 0.6^2$，甲砖窑 $n_1 = 10$，乙砖窑 $n_2 = 8$，$\delta_1^2 = \delta_2^2 = \delta^2$。

（1）提出原假设 $H0:\mu_1 - \mu_2 = 0$；备择假设 $H1:\mu_1 - \mu_2 \neq 0$。

（2）在原假设 H0 成立的条件下，选择检验统计量：

$$Z = \frac{(\bar{x} - \bar{y}) - (\mu_1 - \mu_2)}{\sqrt{\dfrac{\delta_1^2}{n_1} + \dfrac{\delta_2^2}{n_2}}} \sim N(0,1)$$

（3）给定显著性水平 $\alpha = 0.05$ 条件下，查 Z 分布表，找出统计量的临界值为 $Z_{0.025} = 1.96$，故得此问题的拒绝域为：$Z < -1.96$ 或者 $Z > 1.96$。

（4）计算检验统计量：

甲砖窑的样本砖平均抗压强度 $\bar{x} = \dfrac{\sum x}{n_1} = \dfrac{3.05 + 2.55 + \cdots + 2.53}{10} = 2.99$

乙砖窑的样本砖平均抗压强度 $\bar{y} = \dfrac{\sum y}{n_2} = \dfrac{2.66 + 2.56 + \cdots + 3.37}{8} = 3.11$

$$Z = \frac{(\bar{x} - \bar{y}) - (\mu_1 - \mu_2)}{\sqrt{\dfrac{\delta_1^2}{n_1} + \dfrac{\delta_2^2}{n_2}}} = \frac{(2.99 - 3.11) - 0}{\sqrt{\dfrac{0.6^2}{10} + \dfrac{0.6^2}{8}}} = -0.42$$

可见，统计量 $Z > -1.96$，统计量的值落在接受域内，说明两砖窑所产砖的抗压强度并无明显差异。

3. 解：

本题提出的问题是检验这批矿砂的含镍量是否在 3.25%，也就是要检验在总体服从正态分布，总体方差未知，样本为小样本的情况下，检验这批矿砂的含镍量均值是否等于 3.25%。

（1）提出原假设 H0：$\mu = 3.25\%$；备择假设 H1：$\mu \neq 3.25\%$。

（2）在 H0 成立的条件下，由于矿砂的含镍量服从正态分布，总体方差未知，所以选择检验统计量 $t = \dfrac{\bar{x} - \mu_0}{s/\sqrt{n}} \sim t(n-1)$。

（3）给定显著性水平 $\alpha = 0.01$ 条件下，查 t 分布表，找出统计量的临界值为 $t_{0.005} = 3.25$，故得此问题的拒绝域为 $t < -3.25$ 或者 $t > 3.25$。

（4）计算检验统计量：

$$\bar{x} = \frac{\sum x}{n} = \frac{3.25 + 3.28 + \cdots + 3.28}{10} = 32.55/10 = 3.255$$

$$s = \sqrt{\frac{\sum (x - \bar{x})^2}{n-1}} = \sqrt{\frac{(3.25 - 3.255)^2 + (3.28 - 3.255)^2 + \cdots + (3.28 - 3.255)^2}{10 - 1}}$$
$$= 0.02838$$

$$t = \frac{\bar{x} - \mu_0}{s/\sqrt{n}} = \frac{3.255 - 3.25}{0.02838/\sqrt{10}} = 0.557$$

可见，统计量 $t < 3.25$，统计量的值落在接受域内，说明这批矿砂的含镍量是 3.25%。

4. 解：

本题中的 $n = 400$ 为大样本，且 np 和 $n(1-p)$ 均大于 5，此二项分布近似于正态分布。$p = 22/400 = 0.055$，总体比率 $p_0 = 5\%$，$n = 400$。

（1）提出原假设与备择假设：H0：$\tilde{p} \leq 5\%$；H1：$\tilde{p} > 5\%$。

（2）在原假设 H0 成立的条件下，选择检验统计量：$Z = \dfrac{p - p_0}{\sqrt{p_0(1-p_0)/n}} \sim N(0,1)$。

（3）在显著性水平 $\alpha = 0.05$ 条件下，查标准正态分布表，得临界值 $Z_{0.05} = 1.645$，故得此问题的拒绝域为：$Z > 1.645$。

（4）计算检验统计量：$Z = \dfrac{p - p_0}{\sqrt{p_0(1-p_0)/n}} = \dfrac{0.055 - 0.05}{\sqrt{0.05(1 - 0.05)/400}} = 0.4588$

可见，检验统计量 Z 落入接受域，故说明上述样本数据不支持这个负责人的看法。

5. 解：

此题是针对单个总体方差提出的检验问题。已知标准差 $\delta_0 = 10g$ 即方差 $\delta_0^2 = 100$，$n = 12$，显著性水平 $\alpha = 0.05$。

（1）提出原假设 H0：$\delta^2 = \delta_0^2 = 100$；备择假设 H1：$\delta^2 \neq 100$。

（2）在 H0 成立的条件下,选择检验统计量: $\chi^2 = \dfrac{(n-1)s^2}{\delta_0^2} \sim \chi^2(n-1)$。

（3）给定显著性水平 $\alpha = 0.05$,得此问题的拒绝域:

$$\chi^2 < \chi^2_{1-\frac{\alpha}{2}}(n-1) \text{ 和 } \chi^2 > \chi^2_{\frac{\alpha}{2}}(n-1)$$

查 χ^2 分布表,得自由度为 11 的临界值为

$$\chi^2_{0.025}(12-1) = 21.92 \; \chi^2_{0.975}(12-1) = 3.81575$$

（4）计算检验统计量:

首先根据样本数据计算样本平均数:

$$\bar{x} = \frac{\sum x}{n} = \frac{501 + 497 + \cdots + 513}{12} = 5952/12 = 496$$

样本标准差:

$$s = \sqrt{\frac{\sum (x - \bar{x})^2}{n-1}} = \sqrt{\frac{(501-496)^2 + (497-496)^2 + \cdots + (513-496)^2}{12-1}}$$

$$s^2 = 1278/11 = 116.182$$

检验统计量:

$$\chi^2 = \frac{(n-1)s^2}{\delta_0^2} = \frac{(12-1)116.182}{100} = 12.78$$

可见,检验统计量的值落在接受域内,说明该日生产的精肉每包重量的标准差是正常的。

6. 解:

此题仍然是一个针对单个总体方差提出的检验问题。已知标准差 $\delta_0 = 1.4$,即方差 $\delta_0^2 = 1.96, n = 25$, 样本 $s^2 = 1.38^2$,显著性水平 $\alpha = 0.05$。

（1）提出原假设 H0: $\delta^2 = \delta_0^2 = 1.96$;备择假设 H1: $\delta^2 \neq 1.96$。

（2）在 H0 成立的条件下,选择检验统计量:

$$\chi^2 = \frac{(n-1)s^2}{\delta_0^2} \sim \chi^2(n-1)$$

（3）给定显著性水平 $\alpha = 0.05$,得此问题的拒绝域:

$$\chi^2 < \chi^2_{1-\frac{\alpha}{2}}(n-1) \text{ 和 } \chi^2 > \chi^2_{\frac{\alpha}{2}}(n-1)$$

查 χ^2 分布表,得自由度为 24 的临界值为

$$\chi^2_{0.025}(25-1) = 39.3641 \; \chi^2_{0.975}(25-1) = 12.4011$$

（4）计算检验统计量:

$$\chi^2 = \frac{(n-1)s^2}{\delta_0^2} = \frac{(25-1)1.38^2}{1.4^2} = 23.32$$

可见,检验统计量的值落在接受域内,说明改进工艺后纤维的抗拉强度的标准差是符合要求的。

7. 解:

此题提出的问题是一个对两个总体比率是否相等的假设检验问题。已知天然材料的随机样本的不合格率为 $p_1 = 36/400 = 0.09$,合成材料的随机样本的不合格率为 $p_2 = 42/400 =$

$0.105, x_1 = 36, x_2 = 42, n_1 = n_2 = 400$ 都是大样本,且 np 和 $n(1-p)$ 均大于 5,此二项分布近似于正态分布。

（1）提出原假设 H0: $\tilde{p}_1 - \tilde{p}_2 = 0$;备择假设 H1: $\tilde{p}_1 - \tilde{p}_2 \neq 0$。

（2）在 H0 成立的条件下,选择检验统计量:

$$Z = \frac{p_1 - p_2}{\sqrt{\bar{p}(1-\bar{p})\left(\frac{1}{n_1} + \frac{1}{n_2}\right)}} \sim N(0,1)$$

（3）在给定的显著性水平 $\alpha = 0.05$ 条件下,查标准正态分布表,得临界值 $Z_{0.025} = 1.96$,故得此问题的拒绝域为

$$Z < -1.96 \text{ 或者 } Z > 1.96$$

（4）计算检验统计量:

首先要根据样本数据,计算公共比率的联合估计值:

$$\bar{p} = \frac{x_1 + x_2}{n_1 + n_2} = \frac{36 + 42}{400 + 400} = 0.0975$$

将上述公共比率的联合估计值代入下式计算检验统计量:

$$Z = \frac{p_1 - p_2}{\sqrt{\bar{p}(1-\bar{p})\left(\frac{1}{n_1} + \frac{1}{n_2}\right)}} = \frac{0.09 - 0.105}{\sqrt{0.0975(1 - 0.0975)\left(\frac{1}{400} + \frac{1}{400}\right)}} = -0.715$$

可见,检验统计量 Z 落在接受域,说明上述样本数据不支持"这两种材料的耐热性有差别"的结论。

8. 解:

此题提出的问题是一个对两个总体均值是否相等的假设检验问题。已知显著性水平 $\alpha = 0.02$,处理前后的两个样本的样本容量分别为 $n_1 = 9, n_2 = 10$,方差 δ_1^2, δ_2^2 未知,设 $\delta_1^2 = \delta_2^2 = \delta^2$。此时要用合并方差 $s_p^2 = \frac{(n_1 - 1)s_1^2 + (n_2 - 1)s_2^2}{n_1 + n_2 - 2}$ 来估计 δ^2。

（1）提出原假设 H0: $\mu_1 - \mu_2 = 0$;备择假设 H1: $\mu_1 - \mu_2 \neq 0$。

（2）在原假设 H0 成立的条件下,选择检验统计量:

$$t = \frac{(\bar{x} - \bar{y}) - (\mu_1 - \mu_2)}{s_p\sqrt{\frac{1}{n_1} + \frac{1}{n_2}}} \sim t(n_1 + n_2 - 2)$$

（3）给定显著性水平 $\alpha = 0.02$ 条件下,查 t 分布表,找出统计量的临界值为 $t_{0.01}(17) = 2.567$,故得此问题的拒绝域为

$$t < -2.567 \text{ 或者 } t > 2.567$$

（4）计算检验统计量:

处理前的样本均值 $\bar{x} = \frac{\sum x}{n_1} = \frac{0.19 + 0.18 + \cdots + 0.32}{9} = 0.25$

处理后的样本均值 $\bar{y} = \frac{\sum y}{n_2} = \frac{0.15 + 0.13 + \cdots + 0.16}{10} = 0.134$

$$s_1^2 = \frac{\sum (x - \bar{x})^2}{n_1 - 1} = \frac{(0.19 - 0.25)^2 + (0.18 - 0.25)^2 + \cdots + (0.32 - 0.25)^2}{9 - 1}$$

$$= 0.00755$$

$$s_2^2 = \frac{\sum (y - \bar{y})^2}{n_2 - 1} = \frac{(0.15 - 0.134)^2 + (0.13 - 0.134)^2 + \cdots + (0.16 - 0.134)^2}{10 - 1}$$

$$= 0.0031155$$

合并方差：

$$s_p^2 = \frac{(n_1 - 1)s_1^2 + (n_2 - 1)s_2^2}{n_1 + n_2 - 2} = \frac{(9 - 1) \times 0.00755 + (10 - 1) \times 0.0031155}{9 + 10 - 2}$$

$$= (0.0604 + 0.028)/17 = 0.0052$$

$$s_p = 0.0721$$

然后计算检验统计量：$t = \dfrac{(\bar{x} - \bar{y}) - (\mu_1 - \mu_2)}{s_p \sqrt{\dfrac{1}{n_1} + \dfrac{1}{n_2}}} = \dfrac{(0.25 - 0.134) - 0}{0.0721 \sqrt{\dfrac{1}{9} + \dfrac{1}{10}}} = 3.502$

可见，检验统计量 t 大于临界值 $t_{0.01}(17) = 2.567$，t 落在拒绝域内，说明处理前后食品含脂率差异是显著的。

9. 解：

本题所提出的问题是一个对单个总体参数均值的假设检验中的单侧检验问题。已知电子元件寿命服从正态分布，均值为 $\mu_0 = 500$ 小时，方差未知，样本容量为 $n = 15$，是一个小样本，$\alpha = 0.05$。

(1) 提出原假设 H0：$\mu \leqslant \mu_0$；备择假设 H1：$\mu > \mu_0$。

(2) 在原假设 H0 成立的条件下，选择检验统计量：$t = \dfrac{\bar{x} - \mu_0}{s/\sqrt{n}} \sim t(n - 1)$。

(3) 给定显著性水平 $\alpha = 0.05$ 条件下，查 t 分布表，找出统计量的临界值为 $t_{0.05}(15 - 1) = 1.761$，故得此问题的拒绝域为 $t > 1.761$。

(4) 计算检验统计量：

首先计算改进生产工艺后的随机样本的电子元件的平均寿命：

$$\bar{x} = \frac{\sum x}{n} = \frac{502 + 509 + \cdots + 496}{15} = 505$$

$$s = \sqrt{\frac{\sum (x - \bar{x})^2}{n - 1}} = \sqrt{\frac{(502 - 505)^2 + (509 - 505)^2 + \cdots + (496 - 505)^2}{15 - 1}} = 5.503246$$

$$t = \frac{\bar{x} - \mu_0}{s/\sqrt{n}} = \frac{505 - 500}{5.503246/\sqrt{15}} = 3.52$$

可见，统计量 t 值为 3.52 大于 $t_{0.05}(15 - 1)$ 的值 1.761，统计量的值落在拒绝域内，说明原假设 H0：$\mu \leqslant \mu_0$ 不成立，接受备择假设，表明改进生产工艺后这种电子元件的寿命有所延长。

10. 解:

假设两个总体均服从正态分布,但是均值都是未知的,此时应该采用 F 检验法对两个总体的方差是否存在显著差异进行假设检验。已知:$n_1 = n_2 = 8, s_1^2 = 4836, s_2^2 = 3024$, $\alpha = 0.05$。

(1)提出原假设 H0:$\delta_1^2 = \delta_2^2$;备择假设 H1:$\delta_1^2 \neq \delta_2^2$。

(2)在原假设 H0 成立的条件下,选择检验统计量:$F = \dfrac{s_1^2}{s_2^2} \sim F(n_1 - 1, n_2 - 1)$。

(3)在给定的 $\alpha = 0.05$ 条件下,得到该问题的拒绝域为:
$$F > F_{0.025}(7,7) \text{ 或 } F < F_{0.975}(7,7)$$
查 F 分布表,得 $F_{0.025}(7,7) = 4.99$,可以推算出 $F_{0.975}(7,7) = 1/F_{0.025}(7,7) = 0.2$

(4)计算检验统计量:$F = \dfrac{s_1^2}{s_2^2} = 4836/3024 = 1.599$。

可见,统计量 F 值为 1.599 没有落在拒绝域内,说明不能拒绝原假设,即在显著性水平 $\alpha = 0.05$ 条件下两种药物在解除职员精神紧张上没有显著差异。

第八章　方差分析

一、单选题

1-5:CDBCB　　　　6-10:DCCCB

二、多选题

1.ABD　　　2.ACE　　　3.BD　　　4.CDABE

三、判断改错题

1.√。

2.×。方差分析中,如果拒绝原假设,则表明各总体的均值相互之间不全相等。

3.√。

4.√。

5.×。在单因素方差分析中,从不同水平下抽取的样本容量可以相等,也可以不等。

6.×。单因素方差分析的组内离差平方和反映各相同水平下观测值的分散程度。

7.×。在单因素方差分析中,组间均方除以组内均方的值服从 F 分布。

四、问答题

1. 什么是方差分析?方差分析有哪些类型?

答:方差分析是指检验多个总体均值是否存在显著差异的统计方法。

方差分析按分类自变量个数多少的不同,可以分为单因素方差分析、双因素方差分析和多因素方差分析。

2. 方差分析中有哪些基本假定?

答:方差分析的基本假定包括:

(1)每个总体都服从正态分布。

(2)每个总体的方差必须相同。

(3)观测值是独立的。

3. 举例说明方差分析中因素、水平、观测值的含义。

答:方差分析所要检验的对象称为因素,每个因素的具体表现称为水平,每个水平下得到的样本数据称为观测值。

4. 单因素方差分析的基本步骤有哪些?

答:单因素方差分析的基本步骤:

(1)确定原假设和备择假设。

(2)计算数据误差:计算均值;计算离差平方和。

(3)进行显著性检验:确定检验统计量、根据显著性水平确定临界值、统计决策。

5. 解释总离差平方和、组间离差平方和、组内离差平方和的含义。

答:总离差平方和是全部观测值与总均值的离差平方和,反映全部观测值相对于总平均数的分散程度。组间离差平方和是各水平的均值与总均值的离差平方和,反映各水平的样本均值之间的分散程度。组内离差平方和是各水平的观测值与其相应均值的离差平方和,反映各相同水平下观察值的分散程度。

五、计算分析题

1. 解:(1)确定假设: $H0:\mu_1 = \mu_2 = \mu_3$

$H1:\mu_1 、\mu_2 、\mu_3$ 不全相等

(2)计算数据误差: $\bar{x} = 49 、\bar{x}_1 = 49 、\bar{x}_2 = 48 、\bar{x}_3 = 50$

$SST = \sum\sum(x_{ij} - \bar{x})^2 = 14, SSA = \sum\sum(\bar{x}_i - \bar{x})^2 = 8$

$SSE = \sum\sum(x_{ij} - \bar{x}_i)^2 = 6$

(3)进行显著性检验

$$MSA = \frac{SSA}{k-1} = \frac{8}{2} = 4 \qquad MSE = \frac{SSE}{n-k} = \frac{6}{9} = 0.67$$

$$F = \frac{MSA}{MSE} = \frac{4}{0.67} = 5.97$$

$\alpha = 0.05, F_{0.05}(2,9) = 4.26$

因 $F > F_{0.05}$,拒绝原假设,表明三种品牌的月饼重量有显著差异。

2. 解:(1)确定假设: $H0:\mu_1 = \mu_2 = \mu_3$

$H1:\mu_1 、\mu_2 、\mu_3$ 不全相等

(2)计算数据误差: $\bar{x} = 65.1 、\bar{x}_1 = 62.4 、\bar{x}_2 = 66.6 、\bar{x}_3 = 66.2$

$SST = \sum\sum(x_{ij} - \bar{x})^2 = 833.64, SSA = \sum\sum(\bar{x}_i - \bar{x})^2 = 53.75$

$SSE = \sum\sum(x_{ij} - \bar{x}_i)^2 = 779.89$

（3）进行显著性检验：

$$\text{MSA} = \frac{\text{SSA}}{k-1} = \frac{53.75}{2} = 26.875 \qquad \text{MSE} = \frac{\text{SSE}}{n-k} = \frac{779.89}{12} = 64.99$$

$$F = \frac{\text{MSA}}{\text{MSE}} = \frac{26.875}{64.99} = 0.41$$

$\alpha = 0.01, F_{0.01}(2,12) = 6.93$

因 $F < F_{0.01}$，不拒绝原假设，表明三种包装形式的纯牛奶销售量之间无显著差异。

3. 解：

（1）

差异源	SS	df	MS	F
组间	340	2	170	
组内	810	15	54	—
总计	1150	17	—	—

（2）确定假设：H0：$\mu_1 = \mu_2 = \mu_3$

H1：μ_1、μ_2、μ_3 不全相等

计算检验统计量：$F = \dfrac{\text{MSA}}{\text{MAE}} = \dfrac{170}{54} = 3.15$

$\alpha = 0.15, \qquad F_{0.05}(2,15) = 2.7$

因为 $F > F_{0.05}$，拒绝原假设，表明三种教学方法的学生成绩有显著差异。

第九章　相关分析与回归分析

一、单选题

1-5：BDDCC　　6-10：BBCCC　　11-15：ACCDD　　16-20：CBCBD

二、多选题

1. ABCE　　2. AB　　3. AE　　4. ABDE　　5. DE

6. BC　　7. ACE　　8. ABCD　　9. ABCE　　10. ACE

三、判断改错题

1. ×。回归分析所研究的变量不是对等的，必须确定其中的自变量和因变量。

2. ×。若变量 X 和 Y 之间具有线性相关关系，且相关程度为显著性的，就可以建立简单线性回归模型进行回归分析。

3. √。

4. ×。简单线性回归方程 $\hat{y} = -10.35 + 0.72x$,说明自变量和因变量之间存在正相关关系。

5. ×。相关系数能反映变量间线性相关程度,不能确定变量的因果关系。

6. √。

7. ×。两变量呈负相关,可能为线性相关,也可能为非线性相关。

8. √。

9. √。

10. ×。可决系数越接近于 1,说明回归系数拟合优度越高,反之越低。

11. ×。相关系数值越大,相关程度越高,估计标准误差值越小。

12. ×。回归系数的 t 检验中,若 $|t| > t_{\frac{\alpha}{2}}$,表明变量之间存在显著的相关关系。

四、问答题

1. 什么是相关关系?它与因果关系有何区别?

答:相关关系是指现象之间数量关系不确定的一种依存关系。它与因果关系有何区别:① 存在相关关系不代表存在因果关系;② 存在因果关系必定存在相关关系。

2. 相关分析与回归分析的联系和区别是什么?

答:相关分析与回归分析的联系:相关分析是回归分析的前提,回归分析是相关分析的继续和发展。相关分析与回归分析的区别:① 相关分析所研究变量之间是对等关系。回归分析所研究变量之间不是对等关系,需确定自变量和因变量。② 相关分析中改变变量的位置,不会影响相关程度指标的结果。回归分析中变量因果关系不明确或互为因果时,可分别建立不同的回归模型。③ 相关分析中相关的变量均视为随机变量。回归分析中通常假定自变量是非随机变量,因变量是随机变量。

3. 相关分析和回归分析的主要内容分别有哪些?

答:相关分析的主要内容:① 确定现象之间是否存在相关关系以及表现形式;② 测定相关关系的密切程度。回归分析的主要内容:① 建立相关关系的数学表达式——回归模型;② 对回归模型进行显著性检验;③ 进行估计和预测。

4. 解释总离差平方和、回归平方和、残差平方和的含义,并说明其关系。

答:总离差平方和反映因变量的 n 个观测值与其均值的总偏差。回归平方和反映自变量的变化对因变量取值变化的影响。残差平方和反映除自变量以外的其他因素对因变量取值的影响。三者的关系是:总离差平方和等于回归平方和加上残差平方和。

5. 如何进行简单线性回归方程的显著性检验?

答:对简单线性回归方程进行显著性检验包括对回归系数的 t 检验或线性关系的 F 检验。其具体步骤有:提出检验假设、计算检验统计量、给定显著性水平确定临界值、确定原假设的拒绝法则、进行统计决策。

五、计算分析题

1. 解:(1) 相关图略,可判断广告费支出与销售额之间为线性相关关系。

(2) 根据相关系数的计算公式可得:

单位:万元

超市	广告费支出 x	销售额 y	x^2	y^2	xy
1	2	20	4	400	40
2	3	25	9	625	75
3	4	48	16	2304	192
4	6	65	36	4225	390
5	10	93	100	8649	930
6	14	135	196	18225	1890
7	20	189	400	35721	3780
8	25	236	625	55696	5900
9	31	299	961	89401	9269
10	38	365	1444	133225	13870
合计	153	1475	3791	348471	36336

$$r = \frac{n\sum xy - \sum x \sum y}{\sqrt{n\sum x^2 - \left(\sum x\right)^2} \cdot \sqrt{n\sum y^2 - \left(\sum y\right)^2}}$$

$$= \frac{10 \times 36336 - 153 \times 1475}{\sqrt{10 \times 3791 - 153^2} \cdot \sqrt{10 \times 348471 - 1475^2}} = 0.999$$

计算结果说明广告费支出与销售额之间为高度正相关。

$$(3) b = \frac{n\sum xy - \sum x \sum y}{n\sum x^2 - \left(\sum x\right)^2} = \frac{10 \times 36336 - 153 \times 1475}{10 \times 3791 - 153^2} = 9.49$$

$$a = \bar{y} - b\bar{x} = \frac{1475}{10} - 9.49 \times \frac{153}{10} = 2.30$$

故:$y_c = 2.30 + 9.49x$

$$(4) \text{SST} = \sum y^2 - \frac{1}{n}\left(\sum y\right)^2 = 348471 - \frac{1}{10} \times 1475^2 = 130908.5$$

$$\text{SSR} = \frac{\left(\sum xy - \frac{1}{n}\sum x \sum y\right)^2}{\sum x^2 - \frac{1}{n}\left(\sum x\right)^2} = \frac{\left(36336 - \frac{1}{10} \times 153 \times 1475\right)^2}{3791 - \frac{1}{10} \times 153^2} = 130730.01$$

$$r^2 = \frac{\text{SSR}}{\text{SST}} = \frac{130730.0133}{130908.5} \approx 0.9986$$

计算结果表明,销售额的变动中,有 99.86% 可以由广告费支出的变动来解释。

$$(5) S_{Y/X} = \sqrt{\frac{\text{SSE}}{n-2}} = \sqrt{\frac{178.4867}{10-2}} \approx 4.7234$$

计算结果表明,根据广告费支出来预测销售额,平均误差为 4.7234 万元。

(6) 提出假设:

$$H_0 : \beta = 0$$

$$H_1 : \beta \neq 0$$

计算检验统计量 $t = \dfrac{b}{se_b} = \dfrac{9.49}{0.124} = 76.53$

给定 $\alpha = 0.05, t_{\alpha/2} = t_{0.025} = 2.306$

因为 $t = 76.53 > t_{0.025} = 2.306$，拒绝原假设，表明广告费支出对销售额具有显著影响。

2. 解：(1) 散点图略。

$$(2)\, b = \frac{n\sum xy - \sum x \sum y}{n\sum x^2 - (\sum x)^2} = \frac{7 \times 2841 - 57 \times 294}{7 \times 753 - 57^2} = 1.55$$

$$a = \bar{y} - b\bar{x} = \frac{294}{7} - 1.55 \times \frac{57}{7} = 29.38$$

故：$\hat{y} = a + bx = 29.38 + 1.55x$

回归系数 b 的经济意义：产品产量每增加 1 万件，生产费用平均增加 1.55 万元。

(3) 当产品产量达到 30 万件时，生产费用为：

$$\hat{y} = 29.38 + 1.55 \times 30 = 75.88（万元）$$

3. 解：(1)

$$r = \frac{n\sum xy - \sum x \sum y}{\sqrt{n\sum x^2 - (\sum x)^2} \cdot \sqrt{n\sum y^2 - (\sum y)^2}}$$

$$= \frac{8 \times 264.23 - 34.6 \times 57.1}{\sqrt{8 \times 163.82 - 34.6^2} \cdot \sqrt{8 \times 431.07 - 57.1^2}}$$

$$= 0.946$$

结果表明，职工工作年限与劳动生产率呈高度正相关。

(2) 设职工工作年限为自变量，劳动生产率为因变量，估计的回归方程为

$$\hat{y} = a + bx$$

根据最小二乘法进行估计可得

$$b = \frac{n\sum xy - \sum x \sum y}{n\sum x^2 - (\sum x)^2} = \frac{8 \times 264.23 - 34.6 \times 57.1}{8 \times 163.82 - 34.6^2} = 1.22$$

$$a = \bar{y} - b\bar{x} = \frac{57.1}{8} - 1.22 \times \frac{34.6}{8} = 1.86$$

故：$\hat{y} = a + bx = 1.86 + 1.22x$

(3) 提出假设 H0：$\alpha = \beta = 0$，两个变量之间的线性关系不显著
计算检验统计量 F：

$$F = \frac{SSR/1}{SSE/(n-2)} = \frac{168.18/1}{19.78/6} = 51.0$$

根据 $\alpha = 0.05, F_{0.05} = 5.99$。由于 $F > F_{0.05}$，拒绝原假设，表明职工工作年限与劳动生产率之间的线性关系是显著的。

第十章　时间序列分析

一、单选题

1-5：CDCDA　　　6-10：CBDBA　　　11-15：DCAAB　　　16-20：DABAB

二、多选题

1. AE　　　2.BE　　　3.ACD　　　4.ABCE　　　5. ABCDE
6. CDE　　　7.ACE　　　8.ABC　　　9.ACD　　　10.ACE
11. ACE　　　12.ABC　　　13.ABC　　　14.ABCE　　　15.ABCDE

三、判断改错题

1. ×。时间序列中的时期数列的各项指标数值都可以直接相加。

2. √。

3. ×。定基发展速度等于相应各环比发展速度的连乘积,定基增长速度等于相应定基发展速度减1。

4. ×。某企业产量10年内翻了两番,则表示该企业产量10年内增长了3倍。

5. ×。某企业2019年产值比2009年增长了4倍,比2015年增长了150%,则2015年产值比2009年增长了100%。

6. ×。时间数列又称动态数列,其常用的分析方法有指标分析法、构成因素分析法。

7. √。

8. ×。某地计划五年后粮食产量增长30%,预计总人口增长10%,那么五年后人均粮食增长18.18%。

9. ×。某企业某种产品的产量从1990年的50台增加到2009年的250台,即2009年比1990年的产量增长了4倍。倘若该厂决定从1990年起对该产品缩减生产,从50台下降到2009年的10台,则2009年比1990年的产量减少了80%。

10. √。

11. √。

12. ×。用水平法计算平均发展速度,其值的大小只取决于最初水平和最末水平。

13. ×。在使用按月平均法测定季节指数时,各月季节指数之和应等于1200%;在使用按季平均法测定季节指数时,各季季节指数之和应等于400%。

14. √。

15. √。

四、问答题

1. 简述时间数列的概念和种类。

答:(1)时间数列的概念:时间数列是把反映现象数量特征的某一统计指标在不同时

间上的数值,按照时间先后顺序排列起来所形成的统计数列,也称动态数列。它由两个基本要素构成,即现象所属的时间和反映现象数量特征的统计指标。

(2)时间数列的种类:时间数列按其数列中统计指标的表现形式不同,可分为:

①绝对数时间数列,即把某一绝对数指标在不同的时间上的数值按其时间先后顺序排列而形成的时间数列。它反映现象在各个时间所达到的绝对水平及其发展变化情况。将绝对数时间数列按其数列中所排列指标反映的时间状况不同,又分为时期数列和时点数列。

②相对数时间数列,即把某一相对数指标在不同时间上的数值按其时间先后顺序排列而形成的时间数列。它反映各个时间上现象间的数量关系及这种关系的变化情况。

③平均数时间数列,即把某一平均数指标在不同时间上的数值按其时间先后顺序排列而形成的时间数列。它反映现象在各个时间的一般水平及其发展变化情况。

以上三种数列中,绝对数时间数列是基本的时间数列,而相对数时间数列和平均数时间数列是派生的时间数列。

2. 时期数列和时点数列各有何不同的特点?

答:时期数列和时点数列是绝对数时间数列的两个不同的数列类型。

(1)时期数列:它是将反映现象在一段时期内发展变化总量的时期指标按照时间的先后顺序排列起来形成的时间数列。时期数列具有以下特点:

第一,数列中各项指标数值可以相加,相加后的指标数值表现出更长时期内发展而达到的总量。

第二,数列中各项指标数值的大小与其时间长短有直接联系。一般地,时间越长,指标数就越大,反之就越小。

第三,数列中的指标数值通常都是通过连续登记而取得的。

(2)时点数列:它是将反映现象在一定时点上的发展变化总量的时点指标按照时间的先后顺序排列起来形成的时间数列。时点数列有以下特点:

第一,数列中各项指标数值相加后,没有实际意义;

第二,数列中各项指标数值的大小与其时间间隔长短没有直接关系;

第三,数列中各项指标数值通常是用间断计数的方法取得的。

3. 阐述时间序列的编制原则。

答:编制时间数列最基本的原则是可比性原则,即保持时间数列中各项指标数值的可比性。即是要求时间数列中的各个指标值所属时间、总体范围、经济内容、计算方法、计算价格、计量单位等可比。具体包含以下内容:

(1)各个指标值所属时间可比:时间数列的长短或时点间隔长短应该相等。

(2)各个指标值所属总体范围可比:时间数列中各项指标值在所有时间条件下的总体范围应该前后保持一致。

(3)各个指标值的经济内容可比:随着社会经济条件的变化,时间数列中某些指标的经济内容也在发生变化,此时要使得时间数列中的各个指标值可比,就要根据变化了的经济内容进行调整。

(4)各个指标值的计算方法可比:时间数列中指标的计量方法应该前后保持一致。同一个指标,由于计算方法的不同会产生不同的结果,这样就会导致时间数列中指标值的不可比性,所以应该保证计算方法的统一。

(5)各个指标值的计算价格和计量单位可比。

4. 阐述环比发展速度与定基发展速度之间的关系。

答:环比发展速度是报告期水平与前一期水平之比,说明报告期水平较前一期水平的发展程度,用公式表示为 $a_i/a_{i-1}(i=1,2,\cdots,n)$。定基发展速度是报告期水平与固定基期水平之比,说明报告期水平较固定基期水平的发展程度,它也是现象在较长时期内总的发展速度,故又称总速度。用公式表示为 $a_i/a_0(i=1,2,\cdots,n)$。

两者间的联系是:

(1)定基发展速度等于各环比发展速度的连乘积,

即 $a_n/a_0 = (a_1/a_0) \times (a_2/a_1) \times \cdots \times (a_n/a_{n-1})$ $(i=1,2,\cdots,n)$

或者写成:$\prod_{i=1}^{n} \dfrac{a_i}{a_{i-1}} = \dfrac{a_n}{a_0}$

(2)两个相邻的定基发展速度的后者除以前者等于相应时期的环比发展速度,即 $\dfrac{a_i}{a_0} \div \dfrac{a_{i-1}}{a_0} = \dfrac{a_i}{a_{i-1}}$。可以根据上述两者之间的关系,由一种发展速度推算另一种发展速度。

5. 阐述序时平均数和静态平均数的异同。

答:(1)两者的共同之处:序时平均数和静态平均数都是平均数,都是将数列中所研究的变量的个别数量差异抽象化,概括地反映现象的一般水平。

(2)两者的差异:序时平均数所平均的是时间数列中现象在不同时间上的数量差异,从动态的角度说明现象在某一发展阶段的一般水平,计算序时平均数是依据时间数列计算出来的;而静态平均数是将总体在同一时间条件下各单位某一数量标志的数量差异抽象化的结果,是站在静态的角度说明在具体历史条件下某一数量标志的一般水平,其计算依据的是统计数列中的变量数列。

6. 计算平均发展速度的水平法和累计法有何不同?

答:测定平均发展速度的两种方法分别是:几何平均法,也称"水平法";方程法,也称"累计法"。两种测定方法的不同之处:

(1)从水平上看,几何平均法要求现象在最初水平(a_0)基础上,各期以平均发展速度发展,以达到期末水平(a_n),故又称"水平法";方程式法则要求现象各期按平均发展速度发展的各期水平之和等于实际各期发展水平之和,故称"累计法"。从速度上看,几何平均法要求现象各期按平均发展速度发展,最后达到总速度;方程式法要求按平均发展速度发展的各期定基发展速度之和等于实际各定基发展速度之和。

(2)几何平均法计算平均发展速度,用公式表示为

$$\bar{R} = \sqrt[n]{\dfrac{a_1}{a_0} \times \dfrac{a_2}{a_1} \times \cdots \times \dfrac{a_n}{a_{n-1}}} = \sqrt[n]{\dfrac{a_n}{a_0}} = \sqrt[n]{R}$$

其中:$\bar{R}$ 表示平均发展速度,R 表示总速度。

方程式法计算平均发展速度,用公式表示为

$$\bar{x} + \bar{x}^2 + \bar{x}^3 + \cdots + \bar{x}^n = \dfrac{\sum\limits_{i=1}^{n} a_i}{a_0}$$

其中:$\bar{x}$ 表示平均发展速度。

综上,如果分析的历史资料是时期数列、时点数列、平均数时间数列或由强度相对数组成的时间数列,而所关心的是这种现象在最末一个时期达到的水平,则应用几何平均法计算平均发展速度;如果分析的历史资料是时期数列,而所关心的是这种现象在整个时期发展水平累计达到的总和,则应用方程法计算平均发展速度。

7. 影响时间数列的因素有哪几类? 说明其含义。

答:影响时间数列的因素有以下四类:长期趋势、季节变动、循环变动和不规则变动。

(1)长期趋势:客观现象在较长的一段时间内所表现出来的稳定的趋势性。例如,农业生产中的作物亩产水平,由于作物品种的改良,田间管理水平的不断提高,作物亩产水平表现出较长时期稳定增长的趋势。

(2)季节变动:客观现象表现出来的与日历周期同步的周期性。例如,商场羽绒服的销售量就会表现出明显的季节变动的特点:冬季销售量大增,而夏季销售量锐减。

(3)循环变动:是指周期性变动比季节变动周期性更长的变动。例如,最突出的资本主义世界的经济危机。

(4)不规则变动:由各种偶然的或者微小的随机影响因素引起的数列波动,一般不表现出明显的规律性。例如,农业生产过程中,尽管作物亩产水平呈现的是稳定增长的趋势,但是作物生长还要依赖其他生长环境和条件,比如突然的旱灾、涝灾,或者战争等因素的影响,就会导致作物亩产水平的大幅度下降。

五、计算分析题

1. 解:$\bar{a} = \dfrac{\dfrac{a_1 + a_2}{2}f_1 + \dfrac{a_2 + a_3}{2}f_2 + \cdots + \dfrac{a_{n-1} + a_n}{2}f_{n-1}}{\displaystyle\sum_{i=1}^{n-1} f_i}$

$= \dfrac{\dfrac{15.2 + 14.2}{2} \times 2 + \dfrac{14.2 + 17.6}{2} \times 4 + \dfrac{17.6 + 16.3}{2} \times 3 + \dfrac{16.3 + 15.8}{2} \times 3}{12}$

$= 192/12$

$= 16(元)$

2. 解:$\bar{a} = \dfrac{\dfrac{a_1}{2} + a_2 + a_3 + \cdots + \dfrac{a_n}{2}}{n-1}$

$= \dfrac{\dfrac{1400}{2} + 1510 + 1460 + \dfrac{1420}{2}}{4-1}$

$= 1460(人)$

3. 解:$\bar{c} = \dfrac{\bar{a}}{\bar{b}} = \dfrac{\dfrac{50}{2} + 50 + \cdots + \dfrac{82}{2}}{\dfrac{1000}{2} + 1020 + \cdots + \dfrac{1425}{2}} = 306/5655.5 = 5.41\%$

4. 解: $\bar{c} = \dfrac{\bar{a}}{\bar{b}} = \dfrac{\dfrac{400000 + 462000 + 494500}{3}}{\dfrac{400 + 420 + 430}{3}} = 1085.2(元)$

5. 解:(1)

	6月	7月	8月	9月	10月	11月	12月
月末工人数／人	1100	1240	1300	1290	1310	1390	1410
月平均工人数／人	—	1170	1270	1295	1300	1350	1400

(2) 第三季度平均工人数 $\bar{a} = \dfrac{\dfrac{a_1}{2} + a_2 + a_3 + \cdots + \dfrac{a_n}{2}}{n - 1}$

$$= \dfrac{\dfrac{1100}{2} + 1240 + 1300 + \dfrac{1290}{2}}{4 - 1}$$

$$= 1245(人)$$

第四季度平均工人数 $\bar{a} = \dfrac{\dfrac{a_1}{2} + a_2 + a_3 + \cdots + \dfrac{a_n}{2}}{n - 1}$

$$= \dfrac{\dfrac{1290}{2} + 1310 + 1390 + \dfrac{1410}{2}}{4 - 1}$$

$$= 1350(人)$$

(3) 2020 年下半年平均工人数:

$$\bar{a} = \dfrac{\dfrac{a_1}{2} + a_2 + a_3 + \cdots + \dfrac{a_n}{2}}{n - 1}$$

$$= \dfrac{\dfrac{1100}{2} + 1240 + \cdots + \dfrac{1410}{2}}{7 - 1}$$

$$= 1297.5(人)$$

6. 解: $\bar{a} = \dfrac{\sum a}{n} = \dfrac{1500 + 1600 + \cdots + 1950}{5} = 8600/5 = 1720(万元)$

7. 解:(1)10 月劳动生产率 $= \dfrac{3250}{\dfrac{2500 + 2600}{2}} = 1.2745(万元)$

11 月劳动生产率 $= \dfrac{3390}{\dfrac{2600 + 2600}{2}} = 1.3038(万元)$

$$12\text{ 月劳动生产率} = \frac{3320}{\frac{2600 + 2650}{2}} = 1.2648(\text{万元})$$

（2）第四季度月平均劳动生产率 $\bar{c} = \dfrac{\bar{a}}{\bar{b}}$

$$= \frac{\dfrac{3250 + 3390 + 3320}{3}}{\dfrac{\dfrac{2500}{2} + 2600 + 2600 + \dfrac{2650}{2}}{3}}$$

$$= 9960/7775$$

$$= 1.2810(\text{万元})$$

（3）第四季度劳动生产率 $= \dfrac{3250 + 3390 + 3320}{\dfrac{\dfrac{2500}{2} + 2600 + 2600 + \dfrac{2650}{2}}{3}}$

$$= 3.843(\text{万元})$$

8.解:（1）产量的逐期增长量大致相等,所以该地区粮食生产发展趋势接近直线型趋势。

年份	2011	2012	2013	2014	2015	2016	2017	2018	2019	2020
t	-9	-7	-5	-3	-1	1	3	5	7	9
产量 Y	230	236	241	246	252	257	262	266	271	276
tY	-2070	-1652	-1205	-738	-252	257	786	1330	1897	2484
t^2	81	49	25	9	1	1	9	25	49	81
逐期增长量	—	6	5	5	6	5	5	4	5	5

（2）设线性回归方程为:$Y_c = a + bt$

将时间年份变量从 2011—2020 年设成 -9、-7、-5、-3、-1、1、3、5、7、9,即使 $\sum t = 0$,将下面用于计算参数 a、b 估计值的计算式:

$$b = \frac{n\sum tY - \sum t \sum Y}{n\sum t^2 - (\sum t)^2}$$

$$a = \bar{Y} - b\bar{t}$$

简化为:$\begin{cases} b = \dfrac{\sum tY}{\sum t^2} \\[4mm] a = \dfrac{\sum Y}{n} \end{cases}$

则可以根据上表中的数据计算出 $\sum tY = 837$，$\sum t^2 = 330$，$\sum Y = 2537$

代入简化式：$b = \dfrac{\sum tY}{\sum t^2} = 837/330 = 2.54$

$$a = \dfrac{\sum Y}{n} = 2537/10 = 253.7$$

得简单线性回归方程：$Y_c = 253.7 + 2.54t$

（3）预测 2021 年的产量，即取 11，代入回归方程可得 $Y_c = 281.64$。

9. 解：将时间年份变量从 2014—2020 年设计成 -3、-2、-1、0、1、2、3，即使 $\sum t = 0$，将下面用于计算参数 a、b 估计值的计算式用于计算 a、b：

$$\begin{cases} b = \dfrac{\sum tY}{\sum t^2} \\[3mm] a = \dfrac{\sum Y}{n} \end{cases}$$

得：$b = \dfrac{\sum tY}{\sum t^2} = 50$

$$a = \dfrac{\sum Y}{n} = 999.2857$$

得到线性趋势方程：$Y_c = 999.2857 + 50t$

说明该工厂工业总产值的发展，平均来说，每年比前一年的总产值提高 50 万元。

10. 解：（1）① 按季平均法：

第一步：将各年同季度数值加总，计算同季度平均数。

第二步：将三年 12 个季度的数值加总，计算出三年的季度平均数：

各季度总平均数 = 同季度平均数之和 /4 = 286/4 = 71.5

第三步：计算季节指数 S = 同季度平均数 / 各季度总平均数。

如下表所示：

年份	一季度	二季度	三季度	四季度
2018	51	75	87	54
2019	65	67	82	62
2020	76	77	89	73
同季度平均数	64	73	86	63
季节指数 /%	89.51	102.10	120.28	88.11

例如：第一季度季节指数 = 64/71.5 × 100% = 89.51%

② 移动平均趋势剔除法:

年份	季度	销售额 (1)	四项移动 平均	移正平均 T (2)	剔除长期趋势的销售额 (3) = (1)/(2)
2018	1	51	—	—	—
	2	75	66.75	—	—
	3	87	70.25	68.5	1.27
	4	54	68.25	69.25	0.7798
2019	1	65	67	67.625	0.9612
	2	67	69	68	0.9853
	3	82	71.75	70.375	1.1652
	4	62	74.25	73	0.8493
2020	1	76	76	75.125	1.0116
	2	77	78.75	77.375	0.9952
	3	89	—	—	—
	4	73	—	—	—

由此,可以计算季节指数,如下表所示:

	一季度	二季度	三季度	四季度
2018	—	—	1.2700	0.7798
2019	0.9612	0.9853	1.1652	0.8493
2020	1.0116	0.9952	—	—
季度平均	0.9864	0.9903	1.2176	0.8146
总平均	1.0022	—	—	—
季节指数/%	98.64	99.03	121.76	81.46
调整后的季节指数/%	98.42	98.81	121.49	81.28

季节指数的调整系数 = 400.89/400 = 1.002225

第一季度的季节指数为 98.64/1.002225 = 98.42

第二季度的季节指数为 99.03/1.002225 = 98.81

第三季度的季节指数为 121.76/1.002225 = 121.49

第四季度的季节指数为 81.46/1.002225 = 81.28

(2) 在无季节变动的情况下,季节指数为 100%,所以 2020 年各个季度的销售额分别为

一季度:76/98.42% = 77.22

二季度:77/98.81% = 77.93

三季度:89/121.49% = 73.26

四季度:73/81.28% = 89.81

第十一章　统计指数

一、单选题

1-5：CCDDA　　　　6-10：CBBAA　　　　11-12：AC

二、多选题

1. ABD	2. BD	3. ACD	4. AC	5. AC
6. BCE	7. AE	8. AB	9. AE	10. BCDE
11. BCDE	12. CD			

三、判断改错题

1. ×。用来反映不能直接相加和对比的复杂现象总体数量对比关系的相对数称为总指数。

2. ×。在编制质量指标综合指数时，一般应将作为同度量因素的数量指标值固定在报告期。

3. ×。某厂产品单位成本本月比上月下降3%，生产费用上升3%，这是因为其产量增加6.19%。

4. √。

5. √。

6. √。

7. ×。某商场零售商品销售量增长了10%，销售额增长15%，这是因为同期价格增长4.55%。

8. ×。平均指数是一种独立于综合指数的总指数形式，只是在恰当的权数条件下成为综合指数的一种变形指数。

9. ×。德国学者派许提出的数量指标指数的计算公式是 $\overline{K}_q = \dfrac{\sum q_1 p_1}{\sum q_0 p_1}$，或者改为德国学者拉斯贝尔提出的数量指标指数的计算公式是 $\overline{K}_q = \dfrac{\sum q_1 p_0}{\sum q_0 p_0}$。

10. √。

11. ×。在"销售额指数＝销售量指数×销售价格指数"的关系中，销售额指数是现象总体指数，还是动态指数；销售量指数和销售价格指数都是影响因素指数，也都是动态指数。

12. √。

13. ×。平均指标指数体系中的固定构成指数的计算公式是 $\bar{K}_f = \dfrac{\dfrac{\sum x_1 f_1}{\sum f_1}}{\dfrac{\sum x_0 f_1}{\sum f_1}}$。

四、问答题

1. 什么是统计指数？统计指数有哪些种类？统计指数有何作用？

答：统计指数的概念有广义和狭义之分：

（1）广义的统计指数是指同类社会经济现象数量对比的相对数，包括动态相对数、比较相对数、计划完成程度相对数等。

狭义的统计指数是一种特殊的动态相对数，是反映由不能直接加总的多要素所构成的复杂社会经济现象总体数量综合变动程度的动态相对数。

（2）统计指数是多种多样的，可以从不同的角度对其加以分类。①统计指数按其反映对象的范围不同分为个体指数和总指数。②统计指数按指数化指标性质不同，可分为数量指标指数和质量指标指数。③统计指数按其在指数数列中采用的基期不同，分为定基指数和环比指数。④统计指数按其对比的两个数值是否为同一时间，可分为动态指数和静态指数。⑤统计指数按其在指数体系中所处的位置与作用不同，可分为现象总体指数和影响因素指数。

（3）统计指数的作用主要表现在以下几个方面：①利用统计指数可以反映复杂社会经济现象变动的方向和程度。复杂社会经济现象往往是由不能直接加总的许多个别事物构成的，统计指数的主要作用就在于对这些复杂社会经济现象总体能够进行综合，并能反映其总的变动方向和变动程度。②利用统计指数体系可以分析受多种因素影响的复杂现象数量总变动中，各个因素的影响方向和影响程度。③利用统计指数体系可以测定平均指标变动中各组平均水平和总体构成变动的影响程度。④利用统计指数可以研究现象在长时间内的变动趋势和规律。

2. 什么是综合指数？编制综合指数的一般原则是什么？

答：（1）综合指数是计算总指数的一种基本形式，是由两个综合的总量指标对比而形成的指数。它是将不同度量的各个个别现象的数值，通过同度量因素转化为相同度量的数值，然后再把它们相加起来，进行对比所得的总指数，用于说明复杂现象的对比情况。

（2）编制综合指数的一般原则是：编制数量指标综合指数时，一般将作为同度量因素的质量指标固定在基期，即编制数量指标综合指数采用拉氏公式；编制质量指标综合指数时，一般将作为同度量因素的数量指标固定在报告期，即采用派氏公式。

3. 什么是同度量因素？为什么在编制总指数时要引入同度量因素？

答：将不同度量的各个个别现象的数值过渡为相同度量的数值的媒介因素，被称为同度量因素。在计算总指数时，同度量因素起着同度量的作用。由于总指数所要反映的现象是一个由多种不同事物所构成的复杂现象总体，要从整体上说明复杂现象总体数量的变动方向和变动程度，就必须将不能同度量的多种不同事物的量综合起来，要实现这一要求，就只有引入另外一个可以将不同度量的数值过渡为同度量的数值的媒介因素，即所谓的同度量因素。

4. 什么是平均指数？平均指数有哪些种类？

答：(1) 平均指数是除综合指数外的总指数的另一种形式,它是个体指数的加权平均数。平均指数既是一种独立的指数形式,在一定条件下,又能转化为综合指数,称为综合指数变形。

(2) 由于平均的方法不同,平均指数可分为两种:一是简单平均指数;二是加权平均指数,而加权平均指数又分为加权算术平均指数和加权调和平均指数。

简单平均指数是对个体指数采用简单平均方法求得的总指数形式。

加权算术平均指数是用加权算术平均数的计算方法编制的平均指数。它主要适用于编制数量指标平均指数。例如,编制数量指标平均指数时,若掌握了物量个体指数(k_q)及其基期价值量指标,则以基期价值量为权数对物量个体指数进行加权算术平均便得到加权算术平均指数,用公式表示为 $\bar{K}_q = \dfrac{\sum k_q p_0 q_0}{\sum p_0 q_0}$。

加权调和平均指数是用加权调和平均数的计算方法编制的平均指数。它主要适用于编制质量指标平均指数。例如,编制质量指标平均指数时,若掌握了价格个体指数(k_p)及其报告期价格量指标,则以报告期价值量为权数对价格个体指数进行加权调和平均便得到加权调和平均指数,它是相应的价格综合指数变形,用公式表示为 $\bar{K}_p = \dfrac{\sum p_1 q_1}{\sum \frac{1}{K_p} p_1 q_1}$。

5. 说明综合指数和平均指数的联系与区别。

答：(1) 综合指数和平均指数的联系:

以数量指标指数为例,数量指标综合指数的计算公式为: $\bar{K}_q = \dfrac{\sum q_1 p_0}{\sum q_0 p_0}$

设数量指标个体指数 $k_q = \dfrac{q_1}{q_0}$,权数为基期的价值量指标 $q_0 p_0$,则加权算术平均指数的计算公式为 $\bar{K}_q = \dfrac{\sum k_q p_0 q_0}{\sum p_0 q_0}$,此时根据 $k_q = \dfrac{q_1}{q_0}$,将其代入 $\bar{K}_q = \dfrac{\sum k_q p_0 q_0}{\sum p_0 q_0}$,就可以得到综合指数的计算公式 $\bar{K}_q = \dfrac{\sum q_1 p_0}{\sum q_0 p_0}$。也就是说加权算术平均指数可以由综合指数演变而来。

同样,加权调和平均指数可以由综合指数演变而来,质量指标综合指数公式为: $\bar{K}_p = \dfrac{\sum q_1 p_1}{\sum q_1 p_0}$,设质量指标个体指数 $k_p = \dfrac{p_1}{p_0}$,则综合指数可以演变为以下调和平均指数:

$$\bar{K}_p = \dfrac{\sum p_1 q_1}{\sum \frac{1}{K_p} p_1 q_1}。$$

(2) 综合指数和平均指数的区别:平均指数不仅是综合指数的变形,而且它本身具有独立的意义。①计算条件不同:运用综合指数要求掌握计算对象的全面资料,而平均指数既可以根据全面资料计算,也可以根据非全面资料计算,尤其在难以获得全面资料的情况下。②权数不同:综合指数所采用的权数是某一时期的物量或价格的实际值,平均指数使用的权数是某一时期的价值总量。③计算程序不同:综合指数是先借助权数进行综合,然后用报告期的综合量除以基期的综合量,其程序是先综合、后对比。加权平均指数是先计算各个个体指数,然后对个体指数进行加权平均,其程序是先对比、后综合。④计算结果不同:如果使用全面资料,两者的计算结果是一样的,但是如果使用的是非全面资料,两者的计算结果就不同。

6. 什么是指数体系?怎样构建指数体系?在利用指数体系进行总量指标变动的多因素分析时,必须关注的两个要点是什么?

答:(1)社会经济现象不是孤立存在的,而是相互联系、相互依存的。在复杂现象总体的变动中,往往存在若干因素的影响。指数体系是指根据现象之间的客观联系而建立起来的复杂现象,总体指数等于它的各个因素指数之连乘积的特定指数关系。指数体系属于统计指标体系的一个方面。例如:总产值指数 = 产品产量指数 × 产品价格指数。

(2)指数体系是由一系列相互联系的指数所构成的整体,要构建适合统计分析所要求的指数体系,就要在构建指数体系的时候做到以下几点:①分析被研究对象中各个因素之间存在的必然联系。指数体系中各个指数之间的数量关系反映了客观现象与其影响因素之间的动态联系,而这种动态联系是由它们固有的内在联系所决定的。②确定数量指标指数和质量指标指数及其关系。正确确定指数体系中的影响因素指数的性质,影响因素指数的顺次乘积必须有实际的意义。③区分各指数内的指数化因素和同度量因素。在指数体系的影响因素指数中,都包含指数化因素和同度量因素,其中只有一个因素是指数化因素,其余为同度量因素。指数化因素与同度量因素的区分应该与数量指标和质量指标的准确定位相衔接,以便正确地选择同度量因素的固定时期。

(3)利用指数体系进行多因素分析时,由于包括的影响因素较多,指数的编制过程比较复杂,为了正确测定各个影响因素指数的影响方向和程度,必须关注以下两个要点:

①在测定某一因素的变动影响时,要把其他两个或者两个以上的因素固定不变。例如,分析企业原材料总成本的变化受产品产量、原材料单耗、原材料单价三个因素的影响时,建立如下统计指数体系:

原材料总成本指数 = 产品产量指数 × 原材料单耗指数 × 原材料单价指数

在考察原材料单耗变动的影响时,就要将产品产量和原材料单价固定不变。

②要分清各因素指标的性质和各个因素的排列顺序。判断各个因素之间的排列顺序是否正确,使用如下两条原则:一是数量指标在前,质量指标在后的原则;二是两个相邻指标相乘必须有实际意义,只有这样排列才能保持各因素之间彼此适应和相互结合。例如,在原材料总成本 = 产品产量 × 原材料单耗 × 原材料单价这样一个指标体系中,对原材料总成本产生影响的三个因素的排列顺序就是产品产量 → 原材料单耗 → 原材料单价。

7. 什么是可变构成指数、固定构成指数和结构影响指数?三者之间有何关系?

答:(1)可变构成指数是对现象总体进行分析,表明总体某一数量标志平均水平变动的相对数。这种指数既反映总体各单位或各组水平的变动,也反映总体结构变动的影响。它有两个特点,一是它反映总体各组水平的变动,但不受各组指数变动范围的约束;二是由于它受总体结构变动的影响,其数值可以超出所综合的各个组指数的范围,在总体构成发生较大变化时,还可能出现总体平均数与组平均数变动方向不一致的矛盾现象。

固定构成指数是在总体平均水平的变动中固定总体结构,只反映各组水平变动影响的相对数。总体结构一般固定在报告期,表明在没有结构变动影响的条件下,总体内各平均水平的变动方向和程度以及对总平均数变动的影响,两个平均数各自的分子和分母的差数说明对总平均数变动的实际影响额。

结构影响指数是在总体平均水平的变动中将各组平均水平固定,只反映总体结构变动的影响的相对数。各组平均水平一般固定在基期。

(2)可变构成指数、固定构成指数和结构影响指数是在分析总平均指标变动的因素分析中建立起来的三个指数,它们之间的关系是一个完整的指数体系关系:

$$可变构成指数 = 固定构成指数 \times 结构影响指数$$

用公式符号表示出来就是:

$$\frac{\dfrac{\sum x_1 f_1}{\sum f_1}}{\dfrac{\sum x_0 f_0}{\sum f_0}} = \frac{\dfrac{\sum x_1 f_1}{\sum f_1}}{\dfrac{\sum x_0 f_1}{\sum f_1}} \times \frac{\dfrac{\sum x_0 f_1}{\sum f_1}}{\dfrac{\sum x_0 f_0}{\sum f_0}}$$

其各个指数的分子减去分母之后可以构成如下恒等关系:

$$\frac{\sum x_1 f_1}{\sum f_1} - \frac{\sum x_0 f_0}{\sum f_0} = \left(\frac{\sum x_1 f_1}{\sum f_1} - \frac{\sum x_0 f_1}{\sum f_1}\right) + \left(\frac{\sum x_0 f_1}{\sum f_1} - \frac{\sum x_0 f_0}{\sum f_0}\right)$$

五、计算分析题

1. 解:此问题属于总量指标变动的两因素分析。用 q 表示产量,用 p 表示出厂价格,则建立指数体系如下:

$$\frac{\sum q_1 p_1}{\sum q_0 p_0} = \frac{\sum q_1 p_0}{\sum q_0 p_0} \times \frac{\sum q_1 p_1}{\sum q_1 p_0}$$

$$\sum q_1 p_1 - \sum q_0 p_0 = \left(\sum q_1 p_0 - \sum q_0 p_0\right) + \left(\sum q_1 p_1 - \sum q_1 p_0\right)$$

从绝对数和相对数两个方面对总产值的因素变动所产生的影响进行分析。

产品名称	$p_1 q_1$	$p_0 q_0$	$p_0 q_1$	产量		出厂价格	
				基期 q_0	报告期 q_1	基期 p_0	报告期 p_1
甲	500000	660000	550000	6000	5000	110	100
乙	720000	500000	600000	10000	12000	50	60
丙	820000	800000	820000	40000	41000	20	20
合计	2040000	1960000	1970000	—	—	—	—

产品总产值指数 $\bar{K} = \dfrac{\sum q_1 p_1}{\sum q_0 p_0} = 2040000/1960000 = 104.08\%$

$$\sum q_1 p_1 - \sum q_0 p_0 = 2040000 - 1960000 = 80000(元)$$

以上计算结果表明,该厂三种产品报告期的总产值比基期提高了 4.08%,增加的绝对量是 80000 元。

$$产品产量指数 \overline{K}_q = \frac{\sum q_1 p_0}{\sum q_0 p_0} = 1970000/1960000 = 100.51\%$$

$$\sum q_1 p_0 - \sum q_0 p_0 = 1970000 - 1960000 = 10000(元)$$

以上计算结果表明,三种产品报告期的产量比基期提高了 0.51%,由此导致总产值报告期比基期增加了 10000 元。

$$产品出厂价格指数 \overline{K}_p = \frac{\sum q_1 p_1}{\sum q_1 p_0} = 2040000/1970000 = 103.55\%$$

$$\sum q_1 p_1 - \sum q_1 p_0 = 2040000 - 1970000 = 70000(元)$$

以上计算结果表明,三种产品报告期的出厂价格比基期上升了 3.55%,由此导致总产值报告期比基期增加了 70000 元。

综上所述,该厂三种产品总产值报告期比基期提高了 4.08%,这是由于三种产品报告期的产量比基期提高了 0.51%,三种产品报告期的出厂价格比基期上升了 3.55% 共同影响的结果。用指数体系反映即

$$104.08\% = 100.51\% \times 103.55\%$$

该厂三种产品总产值报告期比基期增加了 60000 元,这是由于三种产品报告期的产量比基期下降而减少了 10000 元,三种产品报告期的出厂价格比基期上升而增加了 70000 元的综合影响的结果。即

$$80000 = 10000 + 70000$$

2. 解:工资总额指数 = 职工人数指数 × 平均工资指数

$$\frac{5670000}{5000000} = \frac{1050}{1000} \times \frac{5400}{5000}$$

$$113.4\% = 105\% \times 108\%$$

工资总额变动额 = 职工人数变动引起的工资变动额 + 平均工资变动引起的工资变动额

工资总额变动额 = 5670000 - 5000000 = 670000(元)

职工人数变动引起的工资变动额 = $(q_1 - q_0)p_0$

$$= (1050 - 1000)5000 = 250000(元)$$

平均工资变动引起的工资变动额 = $(p_1 - p_0)q_1$

$$= (5400 - 5000)1050 = 420000(元)$$

即 670000 = 250000 + 420000

3. 解:(1)

产品名称	总产值 / 万元		产量增长百分数 /%	个体产量指数 /% k_q
	基期 $p_0 q_0$	报告期 $p_1 q_1$		
A	120	150	10	110
B	200	210	5	105
C	400	440	20	120
合计	720	800	—	—

总产值指数 $\dfrac{\sum q_1 p_1}{\sum q_0 p_0} = 800/720 = 111.11\%$

$\sum q_1 p_1 - \sum q_0 p_0 = 800 - 720 = 80($ 万元 $)$

（2）产量总指数 $\bar{K}_q = \dfrac{\sum k_q p_0 q_0}{\sum p_0 q_0} = \dfrac{110\% \times 120 + 105\% \times 200 + 120\% \times 400}{720}$

$$= (132 + 210 + 480)/720$$

$$= 114.17\%$$

$\sum k_q q_0 p_0 - \sum q_0 p_0 = 822 - 720 = 102($ 万元 $)$

（3）因为总产值指数 = 产量总指数 × 物价总指数

所以物价总指数 = 总产值指数 / 产量总指数

$$= 111.11\%/114.17\% = 97.32\%$$

物价变动对总产值的绝对影响额 = 总产值变动额 - 产量变动对总产值的绝对影响额 = $80 - 102 = -22($ 万元 $)$。即由于物价下跌引起总产值减少 22 万元。

4. 解:（1）

工人分组	月工资水平 / 元		工人人数 / 人		工资总额 / 元		
	基期 x_0	报告期 x_1	基期 f_0	报告期 f_1	$x_0 f_0$	$x_1 f_1$	$x_0 f_1$
技术工	1880	1920	245	280	460600	537600	526400
辅助工	1560	1720	120	150	187200	258000	234000
合计	—	—	365	430	647800	795600	760400

工资总额指数 = 工人人数指数 × 工资水平指数

$$\frac{\sum x_1 f_1}{\sum x_0 f_0} = \frac{\sum f_1}{\sum f_0} \times \frac{\dfrac{\sum x_1 f_1}{\sum f_1}}{\dfrac{\sum x_0 f_0}{\sum f_0}}$$

$$\frac{\sum x_1 f_1}{\sum x_0 f_0} = 795600/647800 = 122.816\%$$

$$\frac{\sum f_1}{\sum f_0} = 430/365 = 117.808\%$$

$$\frac{\dfrac{\sum x_1 f_1}{\sum f_1}}{\dfrac{\sum x_0 f_0}{\sum f_0}} = (795600/430)/(647800/365) = 1850.23/1774.79 = 104.25\%$$

于是有:$122.816\% = 117.808\% \times 104.25\%$

$$\sum x_1 f_1 - \sum x_0 f_0 = \left(\sum f_1 - \sum f_0\right)\frac{\sum x_0 f_0}{\sum f_0} + \left(\frac{\sum x_1 f_1}{\sum f_1} - \frac{\sum x_0 f_0}{\sum f_0}\right)\sum f_1$$

工资总额变动额:795600 − 647800 = 147800(元)

由于工人人数的变动引起的工资变动额:

$$\left(\sum f_1 - \sum f_0\right)\frac{\sum x_0 f_0}{\sum f_0} = (430 - 365)1774.79 = 115361(元)$$

由于工人总平均工资的变动引起的工资变动额:

$$\left(\frac{\sum x_1 f_1}{\sum f_1} - \frac{\sum x_0 f_0}{\sum f_0}\right)\sum f_1 = (1850.23 - 1774.79)430 = 32439(元)$$

于是有:147800 = 115361 + 32439

(2) 工资水平指数 = 固定构成指数 × 结构影响指数

即

$$\frac{\dfrac{\sum x_1 f_1}{\sum f_1}}{\dfrac{\sum x_0 f_0}{\sum f_0}} = \frac{\dfrac{\sum x_1 f_1}{\sum f_1}}{\dfrac{\sum x_0 f_1}{\sum f_1}} \times \frac{\dfrac{\sum x_0 f_1}{\sum f_1}}{\dfrac{\sum x_0 f_0}{\sum f_0}}$$

固定构成指数 $\dfrac{\dfrac{\sum x_1 f_1}{\sum f_1}}{\dfrac{\sum x_0 f_1}{\sum f_1}} = 1850.23/1768.37 = 104.629\%$

结构影响指数 $\dfrac{\dfrac{\sum x_0 f_1}{\sum f_1}}{\dfrac{\sum x_0 f_0}{\sum f_0}} = (760400/430)/(647800/365)$

$$= 1768.37/1774.79 = 99.638\%$$

那么:工资总额指数 = 工人人数指数 × 工资水平指数

= 工人人数指数 × 固定构成指数 × 结构影响指数

$$\frac{\sum x_1 f_1}{\sum x_0 f_0} = \frac{\sum f_1}{\sum f_0} \times \frac{\dfrac{\sum x_1 f_1}{\sum f_1}}{\dfrac{\sum x_0 f_0}{\sum f_0}} = \frac{\sum f_1}{\sum f_0} \times \frac{\dfrac{\sum x_1 f_1}{\sum f_1}}{\dfrac{\sum x_0 f_1}{\sum f_1}} \times \frac{\dfrac{\sum x_0 f_1}{\sum f_1}}{\dfrac{\sum x_0 f_0}{\sum f_0}}$$

$$\sum x_1 f_1 - \sum x_0 f_0 = \left(\sum f_1 - \sum f_0\right)\frac{\sum x_0 f_0}{\sum f_0} + \left(\frac{\sum x_1 f_1}{\sum f_1} - \frac{\sum x_0 f_1}{\sum f_1}\right)\sum f_1 +$$

$$\left(\frac{\sum x_0 f_1}{\sum f_1} - \frac{\sum x_0 f_0}{\sum f_0}\right)\sum f_1$$

由于各组工人工资水平的变动引起的工资变动额:

$$\left(\frac{\sum x_1 f_1}{\sum f_1} - \frac{\sum x_0 f_1}{\sum f_1}\right)\sum f_1 = (1850.23 - 1768.37)430 = 35199(元)$$

由于各组工人人数结构的变动引起的工资变动额:

$$\left(\frac{\sum x_0 f_1}{\sum f_1} - \frac{\sum x_0 f_0}{\sum f_0}\right)\sum f_1 = (1768.37 - 1774.79)430 = -2760(元)$$

于是有:122.816% = 117.808% × 104.629% × 99.638%

147800 = 115361 + 35199 - 2760

5. 解:从指数体系的相对数方面进行分析:

总厂所属分厂	单位成本/元		产量/件		总成本/元		
	基期 x_0	报告期 x_1	基期 f_0	报告期 f_1	$x_0 f_0$	$x_1 f_1$	$x_0 f_1$
甲分厂	10.0	9.0	300	1300	3000	11700	13000
乙分厂	12.0	12.2	700	700	8400	8540	8400
合计			1000	2000	11400	20240	21400

总厂平均单位成本指数 = 结构影响指数 × 固定构成指数

$$\frac{\dfrac{\sum x_1 f_1}{\sum f_1}}{\dfrac{\sum x_0 f_0}{\sum f_0}} = \frac{\dfrac{\sum x_1 f_1}{\sum f_1}}{\dfrac{\sum x_0 f_1}{\sum f_1}} \times \frac{\dfrac{\sum x_0 f_1}{\sum f_1}}{\dfrac{\sum x_0 f_0}{\sum f_0}}$$

总厂平均单位成本指数 $\dfrac{\dfrac{\sum x_1 f_1}{\sum f_1}}{\dfrac{\sum x_0 f_0}{\sum f_0}} = \dfrac{\dfrac{20240}{2000}}{\dfrac{11400}{1000}} = \dfrac{10.12}{11.4} = 88.77\%$

结构影响指数 $\dfrac{\dfrac{\sum x_0 f_1}{\sum f_1}}{\dfrac{\sum x_0 f_0}{\sum f_0}} = \dfrac{\dfrac{21400}{2000}}{\dfrac{11400}{1000}} = \dfrac{10.7}{11.4} = 93.86\%$

固定构成指数 $\dfrac{\dfrac{\sum x_1 f_1}{\sum f_1}}{\dfrac{\sum x_0 f_1}{\sum f_1}} = \dfrac{\dfrac{20240}{2000}}{\dfrac{21400}{2000}} = 10.12/10.7 = 94.58\%$

即 88.77% = 93.86% × 94.58%

从指数体系的绝对数方面进行分析:

$$\frac{\sum x_1 f_1}{\sum f_1} - \frac{\sum x_0 f_0}{\sum f_0} = \left(\frac{\sum x_1 f_1}{\sum f_1} - \frac{\sum x_0 f_1}{\sum f_1}\right) + \left(\frac{\sum x_0 f_1}{\sum f_1} - \frac{\sum x_0 f_0}{\sum f_0}\right)$$

$$10.12 - 11.4 = (10.12 - 10.7) + (10.7 - 11.4)$$

$$-1.28 = (-0.58) + (0.7)$$

以上分析说明,从相对数来看,总厂平均单位成本报告期比基期下降了11.23%,是由于两个分厂的产量结构变动引起总厂平均单位成本报告期比基期下降了6.14%和由于两个分厂的单位成本变动引起总厂单位成本报告期比基期下降了5.42%综合作用的结果。从平均数的绝对差额来看,总厂平均单位成本报告期比基期下降了1.28元,是由于两个分厂的产量结构变动引起总厂平均单位成本报告期比基期下降了0.7元和由于两个分厂的单位成本变动引起总厂单位成本报告期比基期下降了0.58元综合作用的结果。

6. 解:(1)

产品名称	计量单位	产量		不变价格／元	pq_0
		基期 q_0	报告期 q_1	p	
A	件	1100	1280	30	33000
B	台	50	60	650	32500
C	套	380	390	5	1900
合计	—	—	—	—	67400

A 产品的个体产量指数$\frac{q_1}{q_0}$ = 1280/1100 = 116.36%

B 产品的个体产量指数$\frac{q_1}{q_0}$ = 60/50 = 120%

C 产品的个体产量指数$\frac{q_1}{q_0}$ = 390/380 = 102.63%

产量总指数:

$$\bar{K}_q = \frac{\sum k_q pq_0}{\sum pq_0} = \frac{116.36\% \times 33000 + 120\% \times 32500 + 102.63\% \times 1900}{67400}$$

$$= 79350/67400 = 117.73\%$$

(2)报告期由于产量的增加所增加的产值:

$$\sum k_q pq_0 - \sum pq_0 = 79350 - 67400 = 11950(元)$$

7. 解:(1)计算商品价格总指数采用加权调和平均指数的计算公式:

$$\bar{K}_p = \frac{\sum p_1 q_1}{\sum \frac{1}{K_p} p_1 q_1}$$

$$= \frac{4200 + 250 + 474}{\frac{1}{0.95} \times 4200 + \frac{1}{1.2052} \times 250 + \frac{1}{1.0025} \times 474}$$

$$= \frac{4924}{5101.30} = 96.52\%$$

从以上计算结果可以看出,在三种商品中,尽管只有 A 商品的价格下降了 5%,另外两种商品的价格都上升了,而且 B 商品价格上涨的幅度达到了 20.52%,但是由于 A 商品的销售额在三种商品销售总额中占有绝对多数的比重,所以最终的平均价格仍然是下降了 3.48%。

(2) 由于三种商品综合价格的下降引起该百货公司销售额减少。

将上述计算商品价格指数公式 $\bar{K}_p = \dfrac{\sum p_1 q_1}{\sum \dfrac{1}{K_p} p_1 q_1}$ 中的分子减去分母得

4924 - 5101.30 = -177.3(千元)

由于三种商品综合价格的下降引起该百货公司销售额减少 177.3 千元。

8. 解:(1)

产品名称	产值 / 万元		报告期产量比基期产量增减 /%	产量个体指数 /% k_q
	基期 $p_0 q_0$	报告期 $p_1 q_1$		
甲	200	220	15	115
乙	245	270	10	110
丙	530	540	11	111
丁	320	370	16	116
合计	1295	1400	—	—

$$\text{产量总指数 } \bar{K}_q = \frac{\sum k_q p_0 q_0}{\sum p_0 q_0}$$

$$= \frac{115\% \times 200 + 110\% \times 245 + \cdots + 116\% \times 320}{1295}$$

$$= (230 + 269.5 + 588.3 + 371.2)/1295$$

$$= 1459/1295$$

$$= 112.66\%$$

(2) 产值总指数 $\bar{K} = \dfrac{\sum q_1 p_1}{\sum q_0 p_0} = 1400/1295 = 108.11\%$

$\sum q_1 p_1 - \sum q_0 p_0 = 1400 - 1295 = 105(万元)$

产量总指数 $\bar{K}_q = \dfrac{\sum k_q p_0 q_0}{\sum p_0 q_0} = 112.66\%$

将产量总指数的分子减去分母即是 1459 - 1295 = 164(万元)

价格总指数 $\bar{K}_p$ = 产值总指数 / 产量总指数

$$= 108.11\%/112.66\% = 95.96\%$$

由于平均价格的下降引起产值减少:105 - 164 = - 59(万元)

从以上分析可以看出,该企业产值的变动情况:

108.11% = 112.66% × 95.96%

105 = 164 + (- 59)

9. 解:用 q 表示配件产量,m 表示原材料单耗,p 表示原材料单价,得到各种原材料总成本数据如下表所示:

建立如下指数体系:

$$\frac{\sum q_1 m_1 p_1}{\sum q_0 m_0 p_0} = \frac{\sum q_1 m_0 p_0}{\sum q_0 m_0 p_0} \times \frac{\sum q_1 m_1 p_0}{\sum q_1 m_0 p_0} \times \frac{\sum q_1 m_1 p_1}{\sum q_1 m_1 p_0}$$

$$\frac{\sum q_1 m_0 p_0}{\sum q_0 m_0 p_0} = 54000/47200 = 114.41\%$$

电视机配件产量、原材料单耗和成本表

生产小组	配件产量 q/ 件		原材料				原材料总成本 / 元			
			单耗 m/(kg·件$^{-1}$)		单价 p/(元·kg^{-1})					
	基期 q_0	报告期 q_1	基期 m_0	报告期 m_1	基期 p_0	报告期 p_1	$q_0 m_0 p_0$	$q_1 m_0 p_0$	$q_1 m_1 p_0$	$q_1 m_1 p_1$
甲	110	120	11	10.5	20	22	24200	26400	25200	27720
乙	100	120	11.5	10.5	20	22	23000	27600	25200	27720
合计	210	240	—	—	—	—	47200	54000	50400	55440

$$\frac{\sum q_1 m_1 p_0}{\sum q_1 m_0 p_0} = 50400/54000 = 93.33\%$$

$$\frac{\sum q_1 m_1 p_1}{\sum q_1 m_1 p_0} = 55440/50400 = 110\%$$

即 117.46% = 114.41% × 93.33% × 110%

55440 - 47200 = (54000 - 47200) + (50400 - 54000) + (55440 - 50400)

8240 = 6800 + (- 3600) + 5040

综合以上分析结果,说明原材料总成本报告期比基期增加了 17.46%,是以下三方面因素共同作用的结果:一是配件产量报告期比基期增加了 14.41%,二是原材料单耗报告期比基期下降了 6.67%,三是原材料价格报告期比基期上涨了 10%。

原材料总成本报告期比基期的绝对额上升了 8240 元,是由于以下三方面因素共同作用的结果:一是配件产量报告期比基期增加了导致原材料成本增加 6800 元,二是原材料单耗报告期比基期下降了导致原材料成本下降 3600 元,三是原材料价格报告期比基期上涨了导致原材料成本上升了 5040 元。